JN059748

ワークブック

国際ビジネス

The International Business Workbook

【第3版】

米澤 聡士

［著］

文眞堂

はじめに

　本書は，国境を越えて事業展開する多国籍企業の諸活動全般を「国際ビジネス」として幅広く捉え，その基本的な知識を習得する目的で書かれた入門書である。したがって本書は，国際経営論，多国籍企業論，国際ビジネス論などを初めて学ぶ大学2年生から3年生の読者を主な対象とし，読者が国際ビジネスの専門的な知識によりなじみやすくアクセスできるよう，内容はできるだけ平易にまとめることを心がけた。

　本書の特徴は，国際ビジネスの諸問題について，テーマごとに重要なポイントをコンパクトにまとめただけでなく，各章末に読者の理解度を確認するための「Exercise」と，各章で学習した知識をもとに議論するための問題提起として「Group Discussion」を設けたことにある。読者はこの Exercise を活用し，教室で学んだ知識をより確実に理解して頂きたい。また，ゼミナールなどにおいて Group Discussion 課題に取り組み，学習した知識をより効果的にアウトプットできるようにトレーニングして下されば幸いである。

　本書は，国際ビジネスの基本的な知識を習得することを目的としているため，各テーマについて，極めて基本的なレベルの内容を記述するに留めている。このため，本書の学習を通じて各論に興味をもった読者は，参考文献などを参照し，より専門的な研究を深めて下されば幸いである。さらに，本書の学習と合わせ，新聞や雑誌，インターネットなどを通じて，国際ビジネスの現場で現在起こっている諸事象をご検討下されば，より理解が容易になると考えている。

　本書は，1998年に初版が発刊され，その後，多国籍企業活動ないし国際ビジネスの変化に鑑み，内容を見直すことによって版を重ねてきた。改訂にあたっては，テキストとして本書をご活用下さった先生方や受講生諸君のご意見，アイデアを参考に，より読みやすく使いやすい国際ビジネスの入門書に近づけるよう心がけている。この点からも，今後とも関係各位のご叱正を心より

お願いしたいと考えている。

　2020年以降の新型コロナウイルス感染症の流行に伴って，大学の授業にオンライン方式が導入されたのを機に，筆者は，担当科目である国際経営論と多国籍企業論の講義内容を見直すこととした。今回の改訂では，大学で筆者が担当する講義の内容に合わせる形で，主に人的資源管理やマーケティングを中心に修正を加えている。

　最後に，筆者自身が学生として初めて国際ビジネス論を学んで以来，ご丁寧にご指導・ご鞭撻を賜わり，本書発刊のきっかけをいただいた江夏健一早稲田大学名誉教授，出版・改訂にあたってご尽力を賜わった株式会社文眞堂の各位に，厚く御礼申し上げる次第である。

2023年4月

米澤聡士

目　　次

序章　本書の概要と活用法

【1】本書の目的

　本書の目的は，国際ビジネス論を初めて学ぶ大学2-3年生を主な対象として，読者が国際ビジネスに関する基本的な仕組みを理解すると同時に，習得した知識を用いて，所定の課題を解決できる力を身につけることである。

　国際ビジネスとは，企業が国境を越えて製品やサービスを供給するプロセスである。現在では，経済のグローバル化が進むにつれて，国際ビジネスの性質も変化している。わが国においては，とりわけ2008年のリーマン・ショック以降，国際ビジネスの担い手が多様化し，内需産業や中小企業，地方企業も積極的に海外展開するようになった。また近年では，企業の進出先として，欧米やアジアの先進工業国だけでなく，タイやインドネシアなどの新興国，ベトナムやカンボジアなどの発展途上国が注目されるようになり，国際ビジネスの地理的な広がりも加速している。他方，近年の顕著な傾向として，外国企業が日本に進出するケースが増加している。さらに，日本企業においても，国内拠点での外国人材の採用や配置といった人材のグローバル化も進展している。このため，今日では，本書の主要な読者である大学生の誰しもが，近い将来，様々な場面で国際ビジネスの一端を経験する時代になっている。2020年以降の新型コロナウイルス感染症の世界的流行や，2022年のロシアによるウクライナ侵攻など，一時的な阻害要因

は懸念されるが，中・長期的に見れば，ビジネスのグローバル化はいっそう進展すると考えられる。このような経済・産業のグローバル化に鑑みれば，国際ビジネス論の知識や，それに基づく発想は，今後ビジネスの現場を担うビジネス・パーソンにとって不可欠であると言える。

【2】本書の構成

　本書は，国際ビジネスの担い手である多国籍企業の活動を対象に，その基本的な仕組みを学習する内容になっている。

　本書の前半では，多国籍企業および海外直接投資の仕組みや，多国籍企業を取り巻く経営環境のうち重要なテーマについて学習する。

　第1章では，国際ビジネスの担い手である多国籍企業について，その概念や基本的な仕組みを説明する。今日では，業種や規模を問わず，多くの企業が多国籍化しているが，その目的やマネジメントの形態は様々である。本章では，多国籍企業の定義，特徴，類型を中心に説明する。

　第2章では，多国籍企業理論を概観する。多国籍企業理論とは，主に企業が国境を越えて事業活動を行う決定要因や，国境を越えて展開する戦略の性質を説明したものである。つまり，なぜ企業は国際化するのか，どのように国際的に成功をおさめるのかという問いに対する諸見解が，多国籍企業理論である。本章では，古典理論を中心に，代表的な多国籍企業理論を概観する。

　第3章では，海外直接投資の概念や特徴，経済に及ぼすインパクトを中心に説明する。海外直接投資とは，企業が外国に現地法人を設立し，そこでの事業活動をコントロールするために行う投資である。この海外直接投資を行う企

業を多国籍企業という。外国市場への参入形態のなかでも，海外直接投資による参入は，外国へのコミットメントが最も大きい形態であり，それに伴う多国籍企業の事業展開は，世界経済の動向に対して，著しく大きなインパクトを与えると言える。

　第4章では，多国籍企業活動に影響を及ぼす通商政策を取り上げ，とりわけ国際ビジネスに大きなインパクトを及ぼすWTO（世界貿易機関）とFTA（自由貿易協定）の取り組みに焦点を当てる。本章では，これらの政策枠組の内容や役割を概観し，国際ビジネスとの関係を明らかにする。

　第5章では，多国籍企業による立地選択に焦点を当てる。多国籍企業は，立地優位性の存在する国や地域に付加価値活動の拠点を配置し，それを世界レベルで調整することによってベネフィットを獲得する。本章では，多国籍企業による立地選択の本質を踏まえ，立地優位性の概念を中心に検討する。

　第6章では，多国籍企業によって行われるサプライチェーン・マネジメントについて学習する。現在では，中間財の生産から，完成品の生産，流通，販売に至る一連のサプライチェーンが，国境を跨いで形成されるケースも多い。そこで本章では，サプライチェーン・マネジメントの基本概念を踏まえ，サプライチェーンが国境を越えることによる制約要因や，国境を越えたサプライチェーン・マネジメントの成功要件を中心に説明する。

　本書の後半では，多国籍企業によって行われる国際ビジネスの諸戦略について学習する。

　第7章では，多国籍企業におけるマーケティング戦略を取り上げる。マーケティングとは，どの市場にどのような製品もしくはサービスを供給するかを決定するプロセスで

ある。マーケティングは，製品計画，価格設定，流通経路選定，販売促進の4つのプロセスに分類することができる。本章では，マーケティングの基本的なプロセスについて，国境を越えることで生じる問題点を含めて説明する。さらに，近年注目されているデジタルマーケティングと伝統的マーケティングとの関係についても議論する。

　第8章では，マーケティング戦略を構成する重要なプロセスとして，プロモーション戦略に焦点を当てる。一般的にプロモーションは，広告，PR，イベント，体験などの活動によって構成される。本書では，とりわけ中心的な位置づけである広告活動について，基本的な仕組みを学習する。

　第9章では，サービス・マネジメントを取り上げる。サービス産業の国際化が活発化し，今日では小売業，外食業，アパレル・ブランドなどの企業が，国境を越えて事業展開を行っている。本書では，国境を越えた要素を加味しながら，企業のサービス現場におけるマネジメントを中心に検討する。

　第10章では，多国籍企業における人的資源管理について論じる。多国籍企業は，国境を越えて事業展開を行うため，そこに存在する人的資源も様々である。ここでは，人的資源管理の基本的な機能を踏まえた上で，多国籍企業における人的資源管理の概念と，国境を越えた知識移転を中心に概観する。

　第11章では，ダイバーシティ・マネジメントと異文化マネジメントに焦点を当てる。前章でも述べるように，多国籍企業で働く人的資源は，国籍だけでなく，言語や習慣，ビジネスに関する価値観や文化的バックグラウンドが極めて多様である。このような多様性をダイバーシティと呼び，多様性を優位性に転換する経営手法をダイバーシ

ティ・マネジメントという。多国籍企業のもつダイバーシ
ティのなかでも，とりわけ重要なのが文化的側面である。
本章では同時に，異文化マネジメントについても触れるこ
とにする。

　第12章では，人的資源のグローバル統合について議論
する。人的資源のグローバル統合とは，従業員の国籍や
バックグラウンドに関わらず，多国籍企業が世界レベルで
人的資源を有効活用する人的資源管理の手法である。本章
では，人的資源のグローバル統合の概念やベネフィット，
具体的な施策について整理する。

　第13章では，インターナル・マーケティングとリテン
ション・マネジメントについて検討する。サービス企業を
中心に，人的資源を重視する企業では，従業員を顧客とみ
なし，従業員満足を導出するための人的資源管理施策を展
開している。このことが，結果的に企業の業績を向上させ
ると考えられている。また，高業績を挙げる従業員を自社
に引き留めるために，離職意思を抑制する心理・行動過程
をどのように生み出すかが重要な課題となる。本章では，
人的資源管理におけるこれらの戦略的な取り組みについて
学習する。

　第14章では，戦略提携を取り上げる。戦略提携とは，
事業活動の様々な側面において，他社の優位性を利用する
目的で，戦略的に提携関係を結ぶことである。近年におけ
る経済のグローバル化，技術の複雑化などの動きに伴っ
て，国境を越えた戦略提携の重要性は，いっそう増大して
いると言える。

　第15章では，多国籍企業の社会的責任に注目し，社会
貢献を中心とするCSR戦略を取り上げる。プレゼンスの
大きい多国籍企業は，活動を行う国々の社会において「良
き企業市民」として受け入れられなければ，各国市場でベ

ネフィットを獲得するのは困難である。そこで，多国籍企業が CSR 戦略を通じていかなるベネフィットを獲得するかを中心に検討する。

【3】本書の活用法

　本書は，国際ビジネスの重要なテーマについて，それぞれテーマごとに章立てを構成し，各章とも，本文，Exercise, Group Discussion の3つのパートから構成されている。読者は，まず本文を精読し，それぞれのテーマについての基本的な知識を習得してほしい。各章の記述量や内容の難易度については，標準的な大学生が理解しやすいように工夫されている。テーマによっては，やや難解な部分も含まれるが，本文が難解であると感じた読者は，同じテーマについて何度か繰り返し熟読することを勧める。また，抽象的な内容が理解しづらければ，具体的な例をイメージしながら読み進む方法が効果的である。この意味でも，日頃から新聞やビジネスニュース，ビジネス情報誌などに習慣的に接し，ビジネスの現場で何が起こっているのかを，リアルタイムでフォローすることが重要である。次に，各章末の Exercise を活用し，各章の内容を整理して頂きたい。Exercise は，本文の各項目に対応しており，穴埋め形式にすることで，読者が本文の内容を容易に記憶できるよう工夫されている。さらに，本文の内容を習得した後，Group Discussion として提示した課題について，可能であれば複数のメンバーで議論してほしい。Group Discussion では，各設問に対して単なる印象論を語るのではなく，各章で学習した内容を用いて発想することが重要となる。

　本書の Group Discussion には，あえて模範解答を用意

していない。なぜならば，本書で問われる設問に「正解」「不正解」はないからであり，それはビジネスの現場でも同様である。Group Discussion の解答として重要なのは，以下の 3 点である。第 1 に，各設問に対する答えが，明確な根拠に基づいて導かれたものであること。第 2 に，各設問に対する答えが，最初から最後まで矛盾なく一貫性をもっていること。第 3 に，各設問に対する答えが，学習した知識を的確に反映させたものであることである。この Group Discussion の目的は，アウトプット場において，知識を効果的に活用する力を身につけることである。たとえば，学生諸君であれば，就職活動やインターンシップでのグループワークのみならず，将来身を置くビジネスの現場でも，戦略立案のベースとして活用して頂ければ幸いである。

第1章　多国籍企業

　世界各国で事業展開を行い，国際ビジネスの担い手となるのが，多国籍企業である。多国籍企業は，自社のもつ優位性と，事業展開を行うそれぞれの国の立地優位性とを戦略的に適合させ，それらを全社レベルでコントロールすることによってベネフィットを獲得する。近年の日本では，従来の内需産業や中小企業のグローバル化が進展しており，多国籍企業の存在は，より身近なものとなっている。他方，新興国をはじめとする発展途上国の企業も，自国の経済発展に伴って積極的に国際ビジネスに参画している。多国籍企業は，その活動規模や戦略の性質から，世界経済において重要な役割を果たすプレーヤーであると言える。本章では，多国籍企業の概念や類型，戦略の特性について学習する。

【1】多国籍企業の概念

1

多国籍企業

定義

出資比率

　国際ビジネスの担い手は「多国籍企業」と呼ばれる企業グループである。多国籍企業の定義については様々な見解があるが，UNCTAD（国連貿易開発会議）による最もオーソドックスな定義は，「本拠を置く国以外で，資産や事業をコントロールする企業」であり，一般的には出資比率 10％以上となる株式の所有によって，外国の関連会社をコントロールするとされている[1]。資産とは，主に生産やサービスを行う施設を指し，工場や店舗，事務所，物流施設，研究開発施設などがこれに当たる。本書では，世界に展開する多国籍企業の組織において，本拠を置く国で全社的な意思決定を行い，戦略を策定する中心的な企業を

5

10

親会社	「親会社」とする。さらに，外国において，親会社が50％ 1
	以上の株式を所有し，その活動を完全にコントロールして
子会社	いる企業を「子会社」，親会社の出資比率が50％未満であ
関連会社	る企業を「関連会社」，子会社が50％以上の株式を所有す
孫会社	る企業を「孫会社」として区別する。 5

　　多国籍企業は，上述のような資産を所有もしくは運営す
る外国の子会社や関連会社に対し，その経営権を行使する
ことによって，外国での事業展開をコントロールする。し

提携　かしながら今日では，出資関係はなくても，外国企業と提
携を結び，外国でのマネジメントを実質的にコントロール 10
している場合も多い。たとえば，アメリカのカジュアル
ウェア・ブランドの企業が，中国にある衣料品メーカーに

生産委託　自社ブランドの製品を生産委託し，世界に展開する自社の
店舗で販売しているケースがこれに当たる。この場合，ア
メリカ企業と中国の衣料品メーカーとの間には，一般的に 15

出資関係　出資関係はない。しかし，中国の衣料品メーカーは，アメ
リカ企業との契約に基づいて，同社がデザインした製品
を，同社の戦略にしたがって生産するという点において，
アメリカ企業が中国での生産活動をコントロールしている
と言える。このことから，本書では，外国企業との間に出 20
資関係のない場合でも，外国での事業展開をコントロール

広義の多国籍企業　する企業を，広義の多国籍企業として捉える。

　　また今日では，海外進出した先の子会社が成長し，その
子会社が第三国の企業に出資を行ったり，他社と提携関係
を結んだりするケースもある。このように，多国籍企業の 25
構造は，いっそう複雑化しているのである。

事業規模　　　世界経済のグローバル化に伴って，多国籍企業の事業規
GDP　模も拡大し，年間の売上が一国のGDPを上回る企業もあ
る。たとえば，世界最大の小売企業であるアメリカの
Walmart Storesは，世界24か国で約230万人の従業員を 30

雇用し，様々な形態の小売店を約1万500店舗運営してい 　1
る。同社の世界規模の売上は，2021年約5,728億ドルで[2]，
ノルウェーやフィンランド，オーストリアなどのGDPを
上回る規模である。つまり，1年間に先進工業国1か国で
生産されたあらゆる財やサービスの合計よりも，同じ期間 　5
にわずか1社の多国籍企業が生産した財やサービスの方
が，大きな規模になるケースもあるということである。し
たがって，世界経済の動向に対する多国籍企業の影響力は
非常に大きい。具体的には，多国籍企業による生産だけで
なく，雇用や貿易，産業構造，技術などの面において，各 　10
経済動向　　　　　国の経済動向を捉える上で，多国籍企業の諸活動を考慮す
ることが不可欠であると言える。

内需産業　　　　　　今日の日本企業による動向の特徴として，従来の内需産
中小企業　　　　　業や，中小企業，地方企業のグローバル化が進展している
地方企業　　　　　点が挙げられる。すなわち，これまでは国内のみで活動 　15
し，十分なベネフィットを得てきた企業が，とりわけ
2008年のリーマン・ショック後，国内市場の縮小に伴っ
て，外国市場に活路を求めて進出したり，未進出の国に海
外事業を拡充する傾向が強まっている。たとえば，大手コ
ンビニエンス・ストアチェーンや大規模商業施設を運営す 　20
る小売企業が，タイやマレーシア，ベトナムなど東南アジ
ア各国への出店を積極的に行ったり，国内でこれらの企業
中間財メーカー　　　と取引のあった中間財メーカーや金融機関などが，現地で
金融機関　　　　　の顧客のニーズに合わせて海外展開するケースも多い。た
とえば，日本の小規模な金属部品メーカーが，取引先であ 　25
る自動車メーカーの現地生産の拡充に合わせてタイに進出
するケースがこれに当たる。このことは，今日の日本企業
が，企業の業種や規模，進出先を問わずグローバル化を進
めていることを示している。これに加えて，中国やインド
などの新興国をはじめ，発展途上国の企業もグローバル化 　30

が進展している。たとえば，中国のスマートフォンメー　1
カーが日本に進出し，研究開発や生産といった付加価値活
動を展開しているケースもある。したがって，もはや多国
籍企業イコール巨大企業，先進国企業という論理は成り立
たないのが，今日の世界における国際ビジネスの潮流であ　5
る。

【2】 多国籍企業の性質と特徴

　多国籍企業は，様々な指標から，その多国籍化の度合い
と性質がわかる。多国籍企業のグローバル化の度合いや性
質を示す基準として，Heenan and Perlmutter（1979）は，　10
組織構造基準，成果基準，姿勢基準の3つを挙げてい
る[3]。本書では，グローバル化の度合いを示す指標とし
て，さらに人的資源に関する基準を加えて説明する。すな
わち第1に，組織構造の基準として，進出相手国数，海外
子会社数，地域別分布などが挙げられる。進出相手国数や　15
海外子会社数は，企業のグローバル化の度合いを示すわか
りやすい指標であるが，それぞれの国でどのような付加価
値活動を行っているかによって，その国における事業展開
の深度がわかる。すなわち，グローバル化の初期段階で
は，外国に設置された子会社が，本国もしくは第三国から　20
輸入された自社製品の販売を目的とするケースが多いのに
対して，時間的経過を経て当該国における事業展開の重要
性が高まると，現地の市場環境に対応した製品開発を行う
ことを目的として，研究開発拠点としての子会社が設置さ
れる場合が多い。　25
　また，企業のもつ優位性や戦略の性質によって，進出先
国の地理的分布が異なっている。たとえば，日本で100円
ショップを展開する小売企業は，海外26か国で本国と同

組織構造基準
成果基準
姿勢基準

進出相手国数
海外子会社数
地域別分布

様の店舗を運営しているが，その地理的分布を見ると，日 1
本企業があまり進出していない中東諸国や，東南アジア諸
国に多くの子会社をもっていることがわかる。このこと
は，同社のコンセプトやビジネスモデルの優位性が，それ
らの国々の市場ニーズに適合し，海外においても成功裏に 5
事業展開を行っていることを示している。

　　第2に，経営成果の基準として，世界全体に占める外国

売上比率
生産比率
世界シェア

の売上比率や生産比率，特定の製品市場における世界シェ
ア，もしくは特定の国における同製品のシェアなどが考え
られる。特定の企業における本国と外国の売上もしくは販 10
売量の比率を見ると，市場のグローバル化がどの程度進ん
でいるかがわかる。たとえば，日本の大手自動車メーカー
は，世界各国で自社の製品を販売しているが，世界の販売
台数に占める海外の比率が90％を超え，日本企業であり
ながら，もはや海外の顧客に支えられていると言っても過 15
言ではない。

本国人従業員数
外国人従業員数

　　第3に，人的資源の基準として，外国子会社における本
国人従業員数やそのポジション，本国親会社における外国
人従業員数やその比率などの指標が挙げられ，これらの水
準によって，その企業のグローバル化の度合いや性質がわ 20
かる。同様に，本国拠点での外国人従業員数や，外国拠点
での本国人従業員数を見ると，その企業における人的資源
のグローバル化がどの程度進展しているかがわかる。近年
の日本企業では，外国人を経営者として登用し，多様な経
営手法を活用したり，新卒者のうち一定割合を外国人枠と 25
して，留学生や海外の学生を採用するケースも増加してい
る。他方，在外子会社では，進出当初から時間が経過する
のに伴って，現地人従業員に業務の権限を委譲し，それま
で本国人従業員が担ってきた重要なポジションにも，現地
人従業員を配置する傾向が強い。したがって，一般的に 30

は，人的資源のグローバル化が進展する企業ほど，在外子　1
会社における本国人従業員が少なくなると考えられる。

　ただし，グローバル化が進展する過程で，未開拓の国に
進出する場合や，本国人従業員のもつ何らかの技術やスキ
ルが，外国において企業の優位性となる場合などは，外国　5
の子会社においても本国人従業員が多く配置される。たと
えば，すでに海外初進出から約20年が経過した日本の小
売企業が新たにカンボジアに進出する場合，当初は現地子
会社の経営者や店舗運営の責任者，各部門のマネジャーな
どに多くの日本人従業員が配置される。また，ミャンマー　10
で鉄道事業に参画する日本の鉄道会社は，鉄道設備のメン
テナンス技術や，運行管理システムの運営ノウハウなどに
関する知識をもつ日本人技術者を多く現地に派遣し，それ
らの知識を現地の鉄道事業に活用することによって，日本
企業に固有の優位性を現地で発揮している。　15

【3】多国籍企業活動の本質

付加価値活動　　　多国籍企業活動の本質は，付加価値活動の個々の機能
を，最適な立地優位性が存在する立地に配置し，また分散
した立地間において，個々の活動を調整するという2つの
次元で構成される（Porter, 1998, 邦訳, p. 248）。付加価値　20
活動とは，主に原材料や部品の調達，完成品の生産，販
売，物流，研究開発，マーケティング，財務，人的資源管
理など，企業が行う諸活動を指し，これらが密接な関係を
もつことから，Porter は付加価値活動の一連の流れを
価値連鎖　　　「価値連鎖」と呼んだ（Porter, 1985, 邦訳, pp. 48-49）[4]。　25
すなわち，多国籍企業は，これらの付加価値活動を世界中
の選択肢のなかから最適な国や地域に配置し，それらを効
率的に組織化することによって，多国籍企業に固有の優位

性を獲得すると言える。   1

配置   　配置とは，価値連鎖のそれぞれの活動をどこに立地する
かの選択であり，付加価値活動の性質によって，1か所も
しくは少数の拠点に集中させるか，多くの立地に分散させ
るかを決定する。この立地選択の決定要因として，中間財   5
や労働力を獲得する上での比較優位が挙げられている。付
加価値活動を集中させるベネフィットとして，規模の経済
の獲得や，経験の蓄積による生産性の向上，付加価値活動
を分散させるベネフィットとしては，輸送・保管コストの
最小化，リスクの分散，各国の市場特性に対する適切な対   10
応，各国市場に固有の知識の獲得などが挙げられる
（Porter, 1998, 邦訳, pp. 248-250）。グローバル化が進展す
る今日では，多国籍企業が特定の付加価値活動を世界中で
1か所のみに集中させることは稀である。したがって，多
国籍企業活動の配置においては，特定の付加価値活動を，   15
どの国や地域に，どの程度分散させるかに焦点が当てられ
ると言える。

調整   　他方，調整とは，各国に分散したそれぞれの活動を，世
界レベルで統合化するか，自律的に各活動を展開するかと
いう選択である。調整の具体的な方法として，全社レベル   20
での共通基準の設定や情報交換，世界的視点での各拠点の
責任分担などの方法が挙げられる。多国籍企業は，分散し
比較優位   た活動を調整することによって，各国の比較優位が変化し
た場合の適切な対応や，各国で獲得した知識を全社レベル
で共有することが可能となる（Porter, 1998, 邦訳, pp. 251   25
-252）。

　多国籍企業は，世界レベルで分散した各拠点の役割を明
確に分担し，全社レベルで効率的に調整することによっ
て，優位性を獲得する。世界レベルで効率的に付加価値活
動の調整が行われれば，世界に分散した拠点における技術   30

や経営ノウハウを世界レベルで活用することが可能になる　1
だけでなく，世界レベルで経営環境の変化に対応し，諸活
動を柔軟に変更することが可能である。すなわち，多国籍
企業は，全社レベルの戦略に基づいて，それぞれの付加価
値活動を最適な立地に配置すると同時に，それらの活動を　5
全社戦略として統合化する必要がある。多国籍企業は，こ
のような付加価値活動の配置と調整を世界レベルで行い，
その過程において，自社のもつ優位性を活用するか，もし
くは立地優位性要素を自社の優位性に転換する。他方，多
国籍企業が選択した立地の優位性も，多国籍企業による付　10
加価値活動を通じて，その水準がさらに高度化すると考え
られる。

【4】多国籍企業の類型

　多国籍企業を，組織の複雑性，意思決定の方法，親会社
と子会社間のコミュニケーションの方法，人的資源管理の　15
方法などの観点から類型化すると，次の4つに区分でき
る。Heenan and Perlmutter は，グローバル化の度合いに
応じて，本国志向（ethnocentric），現地志向（polycen-
tric），地域志向（regiocentric），世界志向（geocentric）

E-P-R-G プロファ
イル
の4段階に分類し，これをE-P-R-G プロファイルと呼ん　20
だ（Heenan and Perlmutter, 1979）。

本国志向
　本国志向の企業とは，重要な意思決定をすべて本国で行
い，現地での活動は本国の親会社によってコントロールす
る企業を指す。現地の子会社には，意思決定に関する裁量
はほとんどなく，関連会社のマネジメントも本国から派遣　25
された管理職によって行われる。外国の子会社は，本国の
親会社が策定する戦略や指示にしたがって，現地における
それぞれの役割を果たす。外国の子会社では，一定レベル

以上の重要な職位には本国から派遣される従業員が配置さ 1
れ，現地人従業員は，主に本国人従業員の指示のもとで業
務を遂行する。

　本国志向のメリットとして，本国の親会社によるコント
ロールがすべての外国拠点に及ぶことで，全社レベルで戦 5
略の一貫性が維持できる点が挙げられる。たとえば，アメ
リカの大手IT企業は，アメリカで開発されたスマート
フォンの端末を世界各国で販売しており，本国の技術的優
位性を世界各国での競争優位に転換する本国志向の戦略を
とっている。 10

現地志向　　　　　現地志向の企業は，全社レベルでの戦略の策定や，重要
事項に関する意思決定は本国で行い，現地での業務に関す
る日常的な意思決定は現地の子会社で行う。親会社と外国
の子会社との情報の流れやコミュニケーションは双方向で
発生するが，外国の子会社間でのコミュニケーションはほ 15
とんど行われないのが一般的である。意思決定に関する現
地への権限委譲の度合いは企業によって異なるが，現地子
会社における重要なポジションにも現地人従業員が配置さ
れることが多い。

　現地志向のメリットとして，現地市場のニーズなどの経 20
営環境を，現地での事業活動に適切に反映させることが比
較的容易な点が挙げられる。たとえば，日本の大手生活消
費財メーカーは，アジア各国のベビーケア市場で高いシェ
アを獲得しているが，同社はインドに研究開発拠点を設
け，現地での徹底した市場調査に基づいて，日本とは異な 25
る現地市場のニーズを的確に反映させた現地向けの製品開
発を行っている。

地域志向　　　　　地域志向の企業とは，外国での事業展開を，一国ベース
ではなく地域ベースで行う企業である。進出する国が増え
るにしたがって，製品の開発や部品の調達，販売経路の設 30

定などに関して，ひとつの地域を単位とした活動を展開す　1
ることにより，経営資源の効率的な配分が可能となる。こ
のような企業は，地域ごとに業務を統括する地域本社機能
を設置することが多く，地域本社と親会社との間で情報を
共有し，地域本社をはじめ地域内で各国の従業員が異動す　5
る。一般的には，自社が事業展開する各国を，北米，欧
州，中国，中国以外のアジアに区分し，それぞれの地域の
中心的な都市に設置された地域本社が，各地域内でのマー
ケティングや生産，調達，物流，財務，人的資源管理など
の諸活動を統括する企業が多い。このタイプの企業におい　10
て，情報やコミュニケーションのフローは，地域本社を中
心に，地域本社と地域内各国の子会社との間，地域本社と
親会社との間で発生するのが一般的である。

　地域志向のメリットとして，グローバル化が進展し，事
業展開を行う国の増加した企業が，地域ごとに付加価値活　15
動を管理することで，規模の経済性を獲得するだけでな
く，各国での事業の重複や無駄を避け，効率よく経営資源
を活用できると同時に，意思決定を迅速化し，各国の経営
環境の変化に素早く対応できることが挙げられる。たとえ
ば，海外120か国で事業展開を行う日本の大手化粧品メー　20
カーは，日本のほか，米州，欧州，アジア太平洋，中国の
各地域に本社機能を設置し，それらの地域本社の権限で，
地域ごとにブランド戦略を策定・遂行している。これに
よって，意思決定が迅速化するだけでなく，地域ごとに異
なる製品市場のニーズに的確に応えることが可能になると　25
考えられる。

世界志向　　　　　　　世界志向の企業とは，グローバルなレベルで経営資源を
共有し，それらを利用することによって，企業グループ全
体での利潤の追求を目指す企業である。本国の親会社と外
国の子会社は有機的に結合しており，意思決定システムが　30

全体的に統合されている。すなわち，世界各地に展開する　1
拠点が，ひとつのフレームワークによってコントロールさ
れる。とりわけ人的資源管理に関しては，国籍にかかわら
ず世界レベルで従業員の採用や配置，評価が決定され，同
一部門の同一職種であれば，同じ内容の教育・訓練が行わ　5
れたり，従業員の評価基準や給与体系が世界レベルで統一
されている場合もある。

　世界志向のマネジメントによる最大のメリットは，自社
のもつ経営資源を世界レベルで有効活用することである。
また，製品やサービスなどの様々なアウトプットの水準　10
を，世界レベルで標準化することが可能となる。たとえ
ば，アメリカの大手生活消費財メーカーは，70か国で事
業展開しているが，従業員の採用や評価の基準を全社レベ
ルで統一し，能力水準の標準化を図っているほか，従業員
の配置に関しても，国籍に関わらず能力ベースで世界の拠　15
点に配置する。これによって，各国拠点での業務ニーズ
と，従業員の能力プロファイルを最適化し，世界レベルで
人的資源の有効活用が可能となる。

　これまで述べたように，最もグローバル化の進んだ多国
籍企業は世界志向型であると言えるが，必ずしも企業は上　20
述のプロセスを経て多国籍化するとは限らない。また，各
企業が行う事業の性質によっても，どのプロファイルを選
択するのが最適であるかは異なるのである。さらに，付加
価値活動ごとにマネジメントの性質が異なる場合もある。
たとえば，研究開発機能を本国に集中させ，本国志向のイ　25
ノベーションを行う一方で，人的資源管理に関しては，各
国の労働市場の特性を踏まえ，従業員の採用方法や給与体
系などを国ごとに変更する現地志向となっている企業も多
い。したがって，重要なのは，付加価値活動ごとに最適な
プロファイルを選択することであると言える。　　　　　　30

【5】親会社と子会社の関係

　上述のような多国籍企業の類型を考えるとき，論点とな
るのが親会社と子会社との関係である。多国籍企業のマネ
ジメントにおいては，自社の組織全体のなかで，本国の親
会社と外国に設置した子会社の双方が果たす役割と責任が
どのようなものであるか明確にする必要がある。Bartlett
and Ghoshal は，組織の特徴の観点から，多国籍企業をイ
ンターナショナル企業，マルチナショナル企業，グローバ
ル企業，トランスナショナル企業の4つに区分し，トラン
スナショナル企業の優位性を強調した（Bartlett and
Ghoshal, 1989）。それによると，能力と組織の構成，海外
事業の役割，知識の開発と普及の3つの観点から，それぞ
れ以下のように説明できるとされている[5]。

インターナショナル企業　　インターナショナル企業とは，企業がもつ様々な能力を
本国の中核部に集中させ，海外事業では本国の親会社がも
つ能力を適応させて活用する企業をいう。また，このよう
な企業では，研究開発などの知識創造機能を本国に置き，
そこで開発された知識を海外の組織単位に移転して活用す
る形態をとる。このよう企業は，海外拠点で自社の製品を
販売したり，本国で開発された製品を，限られた海外拠点
で生産するなどの活動を行うことが考えられる。

グローバル企業　　グローバル企業とは，組織の性質が中央集権的ではある
が，組織単位がグローバル規模に分散している企業を言
う。このような企業では，親会社がグローバル・レベルで
の戦略を策定し，海外の子会社は，親会社の戦略を実行す
るという位置づけである。

マルチナショナル企業　　マルチナショナル企業とは，世界レベルで分散する子会
社が自立しており，それぞれの子会社が現地の市場環境に

合わせて戦略を遂行する企業を言う。このような企業は，
海外に分散する各組織単位内で知識を開発して保有する。
たとえば，市場規模の大きい重要拠点に研究開発施設を設
置し，現地市場のニーズに適合した製品を開発して，現地
もしくは周辺地域の市場で販売する企業がこれに当たる。

**トランスナショナル
企業**

トランスナショナル企業とは，組織は世界レベルに分散
しているが，各組織単位が相互依存の関係にある企業を言
う。このような企業は，海外の組織単位が効率的に役割を
分担し，世界レベルで経営を統合化する。また，トランス
ナショナル企業では，世界の各組織単位が共同で知識を開
発し，それらの知識を世界レベルで共有・活用する。この
ような企業では，世界の拠点に分散する人的資源や技術，
情報などの経営資源を，国境を越えて活発に移転・活用す
ることによって，多国籍企業に固有の優位性を発揮するこ
とができる。

【6】現地適応とグローバル統合

多国籍企業においては，本国の親会社と外国の子会社と
が，それぞれ上述のような役割を果たしているが，自社の
様々な付加価値活動を現地の経営環境に適応させるか，全
社レベルで統合するか，または両者のバランスをどのよう
にとるかが重要な課題となる。

**現地適応
グローバル統合**

この点について，Ghoshal は，業種レベル，企業レベ
ル，付加価値活動レベル，機能レベルの4つの次元におい
て，現地適応およびグローバル統合のベネフィットのバラ
ンスが，両者の度合いを決定するとのフレームワークを提
示した（Ghoshal, 1987, p. 429）[6]。

業種レベル

第1に，業種レベルにおいては，産業部門の特性によっ
て，グローバル統合と現地適応のベネフィットの度合いが

異なる。たとえば，携帯端末メーカーは，その国籍を問わ　1
ず，世界的に概ね標準化された製品を各国で販売している
ため，グローバル統合のもとでの製品戦略が展開されてい
ると言える。他方，食品メーカーは，現地の食志向や食品
規制，宗教などによる制約に確実に対応する必要があるこ　5
とから，現地適応型の製品を開発する傾向が強い。

企業レベル　　　第2に，同一の業種に属する企業であっても，市場の範
囲や製品の性質，事業展開の特性によって，個々の企業レ
ベルでグローバル統合および現地適応のベネフィットが異
なり，効率化やイノベーションの効果を競争優位に転換す　10
る上で，いずれの戦略が適切であるかが異なる。たとえ
ば，自動車メーカーのなかには，世界の主要な市場に開発
拠点を設け，地域のニーズにより適応した製品を開発して
いる現地適応型の企業がある一方で，本国で開発・生産さ
れた製品を世界市場に輸出するグローバル統合型の企業も　15
ある。

付加価値活動レベル　　第3に，同一の企業であっても，付加価値活動レベルに
おいて，グローバル統合と現地適応のベネフィットは異
なっている。Ghoshal は，研究開発に関してはグローバル
統合によるベネフィットが大きいが，販売に関しては現地　20
適応から多くのベネフィットが得られるとしている。たと
えば，スウェーデンを本拠とする世界最大の家具製造・小
売チェーンは，28 か国に店舗を展開しているが，標準化
した製品を世界各国で販売する一方で，店舗の設計や販売
手法の一部は，進出先国の住居事情を反映させたものに　25
なっている。

機能レベル　　　第4に，同一の付加価値活動においても，それぞれの機
能レベルで，グローバル統合と現地適応のいずれを選択す
べきかが異なっている。たとえば，マーケティングという
ひとつの付加価値活動においても，製品計画，価格設定，　30

宣伝，資金調達，プロモーションといった下位の機能が存 1
在し，それぞれについて，グローバル統合と現地適応のい
ずれからより多くのベネフィットを獲得できるかが異なっ
ている。たとえば，アメリカの大手外食チェーンは，約
120か国に店舗を展開しているが，製品計画に関しては概 5
ね世界レベルで統合し，標準化している一方で，価格設定
やプロモーションに関しては，各国の市場環境に適応した
形をとっている。

○ Group Discussion

1) 1年間の売上が先進工業国のGDPを上回る多国籍企業の例を，本文とは別に
1社挙げ，具体的な国のGDPと数値を比較しよう。
2) 従業員数300人以下（サービス業は100人以下）の中小企業と，地方に本拠
を置く企業で，海外展開を進める企業をそれぞれ挙げ，海外進出する動機は
何か考えよう。
3) 任意の業種を1つ選び，その業種に属する複数の多国籍企業を取り上げ，各
社のグローバル化の度合いを示す指標を比較しよう。
4) 3)の結果，比較した企業の特徴として何がわかるか考えよう。
5) 任意の多国籍企業を1社選び，その企業の戦略や組織を調べた上で，EPRGプ
ロファイルに示された4つの類型のうち，どれに該当するか考えよう。
6) 5)で挙げた企業の研究開発，生産，販売の3つの付加価値活動について，現
地適応とグローバル統合のバランスをどのようにとればよいか，その理由も
含めて考えよう。
7) 5)で挙げた企業のマーケティング戦略を考えるとき，製品計画，価格設定，
販売経路，プロモーションの4つの機能について，現地適応とグローバル統
合のバランスをどのようにとればよいか，本書のマーケティング戦略の章も
参考にしながら考えよう。

■ 注
1) UNCTADウェブサイト http://unctad.org/（2017年7月26日アクセス）。
2) Walmart 2022 Annual Report, p. 6. およびWalmart ウエブサイト https://corporate.
walmart.com（2022年9月28日アクセス）。

3）本書では，Heenan and Perlmutter（1979）の示す指標に若干の修正を加える。

4）Porter（1985）は，企業の競争戦略に関する基本概念を明確にし，競争優位を獲得するための戦略についてのフレームワークを提示している。

5）本書では，Bartlett and Ghoshal（1989）邦訳 p. 88，表 4-2 に基づいて説明する。

6）Ghoshal（1987），p. 429，Figure 1 に概念的フレームワークが示されている。

■ 参考文献

Bartlett, C. A. and S. Ghoshal (1989) *Managing Across Borders: The Transnational Solution*, Boston: Harvard Business School Press. 吉原英樹（監訳）（1990）『地球市場時代の企業戦略』日本経済新聞社。

江夏健一（1991）『多国籍企業要論』文眞堂。

江夏健一・桑名義晴（編）（2006）『理論とケースで学ぶ国際ビジネス』同文舘出版。

江夏健一・首藤信彦（編）（1993）『多国籍企業論』八千代出版。

Ghoshal, S. (1987) "Grobal Strategy: An Organizing Framework," *Strategic Management Journal*, Vol. 8, No. 5, pp. 425-440.

Heenan, D. A. and H. V. Perlmutter (1979) *Multinational Organization Development*, Reading: Addison-Wesley. 江夏健一（監訳）（1982）『多国籍企業―国際化のための組織開発』文眞堂。

小島清（1981）『多国籍企業の海外直接投資』ダイヤモンド社。

Porter, M. E. (1985) *Competitive Advantage*, New York: The Free Press. 土岐坤・中辻萬治・小野寺武夫（訳）（1985）『競争優位の戦略』ダイヤモンド社。

Porter, M. E. (1998) *On Competition*, Boston: Harvard Business School Press. 竹内弘高（訳）（1999）『競争戦略論 II』ダイヤモンド社。

Rugman, A. M., et al (1985) *International Business: Firm and Environment*, New York: McGraw-Hill. 江夏健一ほか（監訳）（1987）『インターナショナルビジネス・企業と環境（上）』マグロウヒル。

UNCTAD, *World Investment Report* (various years), United Nations pubn.

Exercise 1

【1】多国籍企業の概念と重要性について，空欄に記入し整理せよ。

(1)　多国籍企業の定義

本拠を置く国以外で（①　　　　　　）や（②　　　　　　）を（③　　　　　　）する企業。

（パターン）

a）出資比率50％以上となるよう（④　　　　　　）の株式を取得する。

b）出資比率50％未満の（⑤　　　　　　）を通じて外国での事業展開を行う。

c）出資関係はなくても（⑥　　　　　　）によって外国での事業展開を実質的にコントロールする。

d）（⑦　　　　　　）がさらに第三国の（⑧　　　　　　）に出資もしくは提携する。

(2)　多国籍企業の重要性

a）生産・（⑨　　　　　　）・（⑩　　　　　　）・（⑪　　　　　　）・技術などの面で様々なインパクトをもたらす。

b）（⑫　　　　　　）産業や（⑬　　　　　　）企業，地方企業も多国籍化している。

c）（⑭　　　　　　）の企業もグローバル化が進展している。

【2】グローバル化の性質と度合いの指標について，空欄に記入し整理せよ。

a）（①　　　　　　）の基準

・進出相手国数・（②　　　　　　）・（③　　　　　　）

b）（④　　　　　　）の基準

・（⑤　　　　　　）比率・生産比率・世界シェア

c)　（⑥　　　　　　　）の基準
・外国子会社における（⑦　　　　　　　）やポジション
・本国親会社における（⑧　　　　　　　）や比率

【3】多国籍企業活動の本質について，空欄に記入し整理せよ。

(1)　多国籍企業活動の本質
　　┌・付加価値活動の機能
　　│　──→ 最適な（①　　　　　　　）が存在する立地に（②　　　　　）
　　└・個々の活動を（③　　　　　　）

　　┌・（④　　　　　　）のそれぞれの機能をどこに立地させるか
　　│　＝最適な（⑤　　　　　　）を獲得できる場所はどこか
　　└・それらの付加価値活動を（⑥　　　　　　）
　　　　　──→ 多国籍企業に固有の（⑦　　　　　　）を獲得

付加価値活動とは
原材料の（⑧　　　　　　）・完成品の（⑨　　　　　　）・（⑩　　　　　　）・物
流・（⑪　　　　　　）・マーケティング・（⑫　　　　　　）・人的資源管理など
※「（⑬　　　　　　）」とも呼ばれる

(2)　配置の集中と分散
　　　a)　集中のベネフィット┌・（⑭　　　　　　）の獲得
　　　　　　　　　　　　　　└・経験の蓄積による（⑮　　　　　　）の向上

　　　b)　分散のベネフィット┌・（⑯　　　　　　）コストの最小化
　　　　　　　　　　　　　　│・（⑰　　　　　　）の分散
　　　　　　　　　　　　　　│・各国（⑱　　　　　　）への適切な対応
　　　　　　　　　　　　　　└・各国市場に固有の（⑲　　　　　　）の獲得

(3)　付加価値活動の調整

　　a)　調整の方法

　　　　・（⑳　　　　　）レベルでの共通基準の設定

　　　　・世界的視点での各拠点の（㉑　　　　　）

　　b)　調整の成果

　　　　・（㉒　　　　　）や経営ノウハウを世界レベルで活用できる

　　　　・世界の（㉓　　　　　）の変化に柔軟に対応できる

【4】多国籍企業の類型について，空欄に記入し整理せよ。

(1)　（①　　　　　）志向

　　a)　概念

　　　　・重要な意思決定はすべて（②　　　　　）で行う。

　　　　・現地の活動は（③　　　　　）から派遣された管理職がマネジメント
　　　　　する。

　　b)　メリット

　　　　・（④　　　　　）のコントロールがすべての外国拠点に及ぶ。

　　　　・全社レベルで戦略の（⑤　　　　　）が維持できる。

(2)　（⑥　　　　　）志向

　　a)　概念

　　　　・全社レベルでの（⑦　　　　　）や重要事項は（⑧　　　　　）で，
　　　　　日常的な意思決定は（⑨　　　　　）で行う。

　　　　・（⑩　　　　　）やコミュニケーションの流れは（⑪　　　　　）で
　　　　　発生する。

　　b)　メリット

　　　　・現地の（⑫　　　　　）を事業活動に的確に反映させられる。

(3)　(⑬　　　　　) 志向

　┌ a) 概念
　│ 　・外国での事業展開を (⑭　　　　　) ベースで行う。
　│ 　・地域ごとに (⑮　　　　　) 機能を設置することが多い。
　│ b) メリット
　│ 　・(⑯　　　　　) を獲得できる。
　│ 　・地域ごとに (⑰　　　　　) の効率的な配分が可能になる。
　└ 　・(⑱　　　　　) が迅速に行える。

(4)　(⑲　　　　　) 志向

　┌ a) 概念
　│ 　・グローバルなレベルで (⑳　　　　　) を共有する。
　│ 　・意思決定システムが全社レベルで (㉑　　　　　) されている。
　│ b) メリット
　│ 　・(㉒　　　　　) を世界レベルで有効に活用できる。
　└ 　・世界レベルでアウトプットの (㉓　　　　　) が可能になる。

【5】親会社と子会社の関係について，空欄に記入し整理せよ。

(1)　(①　　　　　) 企業

　┌ ・企業がもつ (②　　　　　) を本国の中核部に集中させる。
　└ ・海外事業では，親会社がもつ (③　　　　　) を適応させて活用する。

(2)　(④　　　　　) 企業

　┌ ・組織の性質は (⑤　　　　　) である。
　│ ・組織単位がグローバルに (⑥　　　　　) している。
　│ ・海外の子会社は (⑦　　　　　) の戦略を実行するという位置づけであ
　└ 　る。

(3)　（⑧　　　　　）企業

- ・世界レベルで分散する子会社が（⑨　　　　　）している。
- ・海外子会社が現地の（⑩　　　　　）に合わせて戦略を遂行する。
- ・海外子会社が（⑪　　　　　）を開発・保有する。

(4)　（⑫　　　　　）企業

- ・世界に分散する組織単位が（⑬　　　　　）関係にある。
- ・海外子会社が効率的に（⑭　　　　　）を分担し，世界レベルで経営を
　　（⑮　　　　　）する。

【6】グローバル統合と現地適応について，空欄に記入し整理せよ。

- a）グローバル統合──世界レベルで戦略を（①　　　　　）すること。
- b）現地適応─────各国の（②　　　　　）に適応すること。
　　　　──→ 両者のバランスをどうとるかが課題

（③　　　　　）レベル
（④　　　　　）レベル　それぞれのレベルで両者の（⑦　　　　　）を
（⑤　　　　　）レベル　考慮　──→ 最適な選択
（⑥　　　　　）レベル

第2章　多国籍企業理論

　　企業活動の国際化が進展するのに伴って，企業の多国籍化の要因を説明する理論が構築されてきた。これらの理論を多国籍企業理論という。多国籍企業理論は，企業がなぜ，自国だけでなく外国での事業展開に着手し，多国籍化するのかという点や，どのように国境を越えた経営を行うのかに焦点を当て，様々な観点からその仕組みを説明するものである。多国籍企業理論は，1960年代の企業活動を反映させたものから，2000年以降に提起されたものまで数多く存在するが，本章では，代表的な古典理論を中心に，多国籍企業活動を説明する理論的枠組の基本概念について学習する。

【1】EPRG プロファイル

EPRG プロファイル
企業姿勢
本国志向
現地志向
地域志向
世界志向

　　EPRG プロファイルは，外国人従業員，外国の発想，外国の経営資源に対する企業姿勢の観点から，多国籍企業を本国志向（Ethnocentric），現地志向（Polycentric），地域志向（Regiocentric），世界志向（Geocentric）の4つのタイプに類型化したものである（Perlmutter, 1969, p. 11）[1]。そのなかで，Perlmutter は，企業の特性を①組織の複雑性，②意思決定の権限，③評価とコントロール，④報酬と懲罰，⑤情報のフロー，⑥従業員の採用・配置・能力開発などの観点から分類することが可能であるとした（Perlmutter, 1969）。

本国志向型企業

　　本国志向型企業は，世界各国拠点の経営に関する意思決定の権限を本国の本社に集中させ，外国拠点の主要な地位には本国人従業員を配置し，外国の子会社は，本社の命令

や指示，助言のもとに活動する。この形態は，外国での事　1
業展開の経験が浅い企業に多く見られ，本国からのコント
ロールが外国拠点に及ぶため，全社レベルでの統制がとり

現地志向型企業　やすい（Heenan and Perlmutter, 1979）。これに対し，現
地志向型企業は，外国での意思決定の権限を現地拠点に委　5
譲し，現地における主要な地位に現地人従業員を配置する
傾向が強い。これによって，現地での経営環境に適応し，

地域志向型企業　迅速な対応が可能となる。地域志向型企業は，従業員の採
用，配置，教育・訓練，評価などを地域ベースで行う。こ
の形態は，ヨーロッパなどの統合化された市場で事業展開　10
する場合において多く見られ，職能上の合理化が可能にな
るなどのメリットがある（Heenan and Perlmutter, 1979）。

世界志向型企業　世界志向型企業は，意思決定に際して，世界的なシステ
ム・アプローチを図り，世界の各地域を統合しようとす
る。外国拠点の幹部社員も全社レベルのマネジメントチー　15
ムのメンバーとなり，外国拠点間で双方向の情報フローが
存在する。さらに，世界志向型企業は，世界中のあらゆる
主要部門に，国籍に関わらず最適な人材を能力ベースで配

資源配分の最適化　置する。これによって，世界レベルで資源配分の最適化を
図ることが可能となる（Heenan and Perlmutter, 1979）。　20

　　Perlmutter は，世界志向型企業を「真の意味での世界
的企業」と呼び，さらに世界志向型企業のコストとベネ

世界志向のコスト　フィットについても検討を加えている。すなわち，世界志
向のコストは，組織内のあらゆるレベルにおけるコミュニ
ケーションコスト，教育コスト，意思決定にかかる時間コ　25

世界志向のベネ　ストであるとしている。これに対し，世界志向のベネ
フィット　フィットは，世界レベルで製品やサービスの品質を向上さ
せられること，有益な経営資源を世界レベルで活用できる
こと，子会社の経営を改善できること，世界レベルでの目
標にコミットする姿勢を強化できることであると論じてい　30

る（Perlmutter, 1969, p. 15）。 1

　Heenan and Perlmutter（1979）は，Perlmutter（1969）
が示した EPRG プロファイルに基づいて，人事計画，人
事統制，人事管理の観点から，多国籍企業における本国志
向の要因と，世界志向の阻害要因を中心に検討を加えてい 5

世界志向型企業の
利点

る。そのなかで，世界志向型企業の利点が，① 最適な資
源配分，② 広範な世界展望，③ 情報交換の改善，④ 部門
別の利益向上であるとされ，国際的な事業展開を成功裏に
展開する要件として，従業員の昇進・特権・報酬の基盤を
国籍ではなく能力ベースで捉える点が指摘されている 10
（Heenan and Perlmutter, 1979, 邦訳, p. 61）。

　以上のことからわかるように，EPRG プロファイルで
は，主に組織における意思決定の方法や，人的資源の活用
に焦点が当てられている。また，一般的に，多国籍企業の
マネジメントは，外国での事業展開の進展に伴って，本国 15
志向型，現地志向型，地域志向型，世界志向型の順に進化
するとされている。

【2】資源移転論

資源移転論

　資源移転論は，多国籍企業が果たす役割の本質が，「資
源」の偏在に伴う需給関係によって生じる機会に応じて， 20
企業が各国間で資源を移動させる点にあるという概念であ
る。資源移転論は，① 基本的経済格差，② 資源移動の過
程に対する政府の影響，③ 多国籍企業のこれに関連した
特徴の 3 つの観点から，企業が国境を越えて資源を移転
し，多国籍化する要因を説明している。ここで言う「資 25

天然資源，資本，労
働,工業技術,経営管
理技術，企業家能力

源」とは，天然資源，資本，労働，工業技術，経営管理技
術，企業家能力の 6 つである（Fayerweather, 1979, 邦訳,
p. 25）。

Fayerweather は，国際経営を「2か国ないし，それ以 1
上の国にまたがって，事業を営む経営」と定義した上で，
次の2つのプロセスに区別できるとした（Fayerweather,
1979, 邦訳, p. 9）。すなわち第1に，国境を通過する経営
プロセスである。具体的には，商品の輸送，資金の移動， 5

経営資源の移動 人間の移動などの国境を越えた経営資源の移動や，経済的
な取引のプロセスを指す。そのプロセスを実行するにあ
たって，どの資源の移動が効率的で利益を生むか，有効な
輸送手段は何かを検討する（Fayerweather, 1979, 邦訳,

受入国社会との相関 pp. 10-12）。第2に，多国籍企業と受入国社会との相関関 10
関係 係である。Fayerweather は，多国籍企業が国境を越えて

イノベーション 資源を移転するプロセスにおいて，受入国にイノベーショ
ンがもたらされるかどうかが重要であるとした上で，受入
国社会の発展形態とイノベーションの適合性をいかに図る
かが戦略の成否を決定すると論じている（Fayerweather, 15
1979, 邦訳, p. 131）。

多国籍企業が，国境を越えて経営資源を成功裏に移転
し，受入国社会において有効なイノベーションを達成する
人的資源 上で，とりわけ重要な役割を果たす資源が，人的資源であ
る。企業が利用可能な資源の組み合わせは限られている 20
が，資源移転論では，特に重要な経営資源として，経営管
理および技術の水準を決定する人材と資本が挙げられてお
り，特に人材の確保は，多くの企業にとって重大な制約要
因となりうるとされている（Fayerweather, 1979, 邦訳, p.
46）。また，工業技術，経営管理に関するノウハウ，およ 25
び企業家の能力の組み合わせは，企業にとって最も大きな
力の源泉であり，企業において総合化された技術能力は，
従業員個人の技術を寄せ集めたものより優れている
（Fayerweather, 1979, 邦訳, p. 62）。

資源移転論においても，企業が国境を越えて経営資源を 30

移転し，それらを適切に組み合わせる上で，戦略上重要な　1
役割を果たすのは人的資源であるとされ，その確保が重要
かつ困難な課題として位置づけられている。

【3】プロダクト・ライフサイクル論

プロダクト・ライフ
サイクル

　　プロダクト・ライフサイクルとは，市場における製品の　5
寿命のことである。新製品が開発され，それが市場に出る
と，まず需要が急速に拡大し，時間が経つにつれて成熟期
を迎え，やがてその製品の需要は衰退していくというプロ
セスをたどる。

プロダクト・ライフ
サイクル論

新製品
成熟製品
標準化製品

　　プロダクト・ライフサイクル論は，アメリカを中心に，　10
その他の先進国と発展途上国の3つに世界を区分した上
で，アメリカ企業が，それぞれの国におけるプロダクト・
ライフサイクルの違いに対応して，新製品，成熟製品，標準
化製品のいずれかを供給するという概念である（Vernon,
1966）。すなわち，多国籍企業はまずアメリカで新製品を　15
開発し，アメリカの市場に新製品を供給する。やがてその
製品が成熟期を迎えるころ，ヨーロッパや日本のようなア
メリカ以外の先進国市場に新製品として供給するため，現
地に生産拠点をシフトさせる。そこでもその製品が成熟期
を迎えると，さらに発展途上国へシフトし，標準化製品と　20
して生産・供給するようになる[2]。

タイムラグ

所得レベル
労働コスト

　　プロダクト・ライフサイクル論では，特定の製品の世界
市場におけるプロダクト・ライフサイクルに，地域によっ
て時間的なラグがあるため，多国籍企業はそのタイムラグ
を世界的なレベルで利用し，世界のいずれかの市場で常に　25
需要の大きい製品を供給できるとされている。また，この
理論は，所得レベルと労働コストの違いによって，各国の
市場の性質や生産拠点としての優位性が変化するという前

提の上に成り立っている。 1

　しかしながら，この理論は，世界経済におけるアメリカのプレゼンスが極めて大きく，多国籍企業のほとんどがアメリカ企業であった 1960 年代に開発されたものである。現在では日本やヨーロッパ諸国をはじめ，当時の発展途上 5 国が著しく成長したため，国家間におけるプロダクト・ライフサイクルのタイムラグは，ほとんど消滅してしまった。国による労働コストの差異は依然として存在するため，生産拠点の立地選択という意味では説明可能な点もある。しかしながら，世界市場の需要は同質化し，多国籍企 10 業が世界で同時に新製品を供給しなければならないケースも珍しくない。また，戦後の経済発展に伴って，ヨーロッパ諸国や日本だけでなく，当時は発展途上国として捉えられた多くの国々でも，多国籍企業が生成・発展するようになった。さらに，現在では多国籍企業の戦略的意図が複雑 15 化し，必ずしも労働コストの低い国で生産活動が行われるとは言えず，生産拠点と販売市場の優位性を最適に組み合わせる現在のサプライチェーンでは，外国市場への参入形態が，本国からの輸出か現地生産かの二者択一ではなくなっている。これらの点から，アメリカ企業を唯一のプ 20 レーヤーと捉えていたプロダクト・ライフサイクル理論のみをもって，今日の多国籍企業活動を説明するのは困難となっている。

【4】寡占優位理論

寡占優位理論
産業組織論

市場の不完全性

　寡占優位理論は，産業組織論の観点から，企業による多 25 国籍化の動機を説明する理論である。それによると，企業が外国に進出し，国際生産を行う理由は，市場の不完全性にあるとされている。市場の不完全性とは，市場が歪曲化

プライスメカニズム　された結果，本来のプライスメカニズムが機能せず，売り　1
　　　　　　　　　　手と買い手の双方が，市場における取引から最適の利益を
　　　　　　　　　　得られないことをいう。そして，このような不完全性が存
不完全市場　　　　　在する市場を不完全市場ないし寡占市場という。市場の不
寡占市場　　　　　　完全性は，様々な要因から生じる。その要因として，ある　5
情報の非対称性　　　特定の市場における情報の非対称性や個々の企業の製品開
　　　　　　　　　　発力の差異，関税などの政策や為替レートの変動などが挙
　　　　　　　　　　げられる。
　　　　　　　　　　　寡占優位理論は，企業による多国籍化の動機が，このよ
競争の排除　　　　　うな不完全市場において，競争の排除と寡占優位によって　10
寡占優位　　　　　　利益を得ようとする点にあるという概念である（Hymer,
　　　　　　　　　　1976, 邦訳，p. 28）。
　　　　　　　　　　　競争の排除とは，ある特定の国の企業が，他の国の企業
　　　　　　　　　　の経営をコントロールすることで，両者間の競争を排除し
　　　　　　　　　　ようとすることである。たとえば，ある外国の市場に，自　15
　　　　　　　　　　社と同じ製品を供給する企業が数社あったとすると，その
　　　　　　　　　　企業がそのうちの1社を買収して，本来競争するはずの企
　　　　　　　　　　業を自社の支配下に入れることにより，競争する企業の数
　　　　　　　　　　を減らすことが可能である。また，外国の市場に，自社に
　　　　　　　　　　対して特定の原料や部品などの中間財を供給する企業が数　20
　　　　　　　　　　社あった場合，その企業は中間財サプライヤーのうち1社
　　　　　　　　　　を買収し，自社のコントロール下に置くことにより，独占
　　　　　　　　　　的に中間財の供給を受けられるようになる。
　　　　　　　　　　　寡占優位とは，特定の企業に固有の優位性，すなわち企
　　　　　　　　　　業の強みをいう。企業が外国の市場に対して自社の製品を　25
　　　　　　　　　　供給しようとするとき，現地の企業と比較すると，現地の
　　　　　　　　　　市場や法体系，ビジネス慣行などに関する知識が乏しいこ
　　　　　　　　　　とから，不利な立場に立つことは避けられない。したがっ
　　　　　　　　　　て，現地企業との競争を克服するためには，企業は何らか
　　　　　　　　　　の企業に固有の優位性，すなわち寡占優位をもっている必　30

要がある。

　　寡占優位を獲得しうる企業に固有の優位性には，製品開
発力やマーケティング能力，調達能力やファイナンス能
力，主に生産における規模の経済性などが挙げられる
（Hymer, 1976）。寡占優位理論において，多国籍企業は，
このような自社に固有の優位性を寡占的に活用し，国境を
越えた事業展開から利益を得るものとされている。

【5】内部化理論

内部化理論
市場の不完全性

　　内部化理論によれば，多国籍企業は，先に述べた市場の
不完全性を克服するために，国境を越えて市場を企業の内
部に創造する，すなわち国境を越えて市場を内部化すると
されている（Rugman, 1981）。

　　企業の活動は，研究開発，部品や原材料の調達，生産，
流通，販売といった様々な段階から成り立っている。世界
レベルでの経済構造の高度化にともなって，これらの各段
階で企業が行う経済取引の複雑化，多様化が進展する。そ
の過程で市場の不完全性が増大し，企業にとっての取引コ
ストが増加する。その結果，通常の市場取引ではカバーで
きない財やサービスの取引が増加するのである。企業の活
動が国際化し，企業活動の様々な段階の立地が国際的に多
様化するにしたがって，原料や部品などの中間財，最終製

企業内国際取引

経営資源の有効配分

品に関する企業内国際取引が活発化し，その重要性も増大
する。多国籍企業は，このような企業内取引を通じて，経
営資源の有効配分を実現し，競争力の強化に結びつけてい
ると言える。

　　企業が直面する市場の不完全性には，2つのタイプがあ
るとされている。ひとつは，各国の政府によって行われる
諸政策から発生するものであり，関税や輸入制限などの貿

易障壁，外国為替管理，海外直接投資や多国籍企業活動に　　1
関する様々な規制がこれにあたる。もうひとつは，自然的
に発生するものであり，個々の企業がもつ知識やスキルか
ら生じるものである。企業のもつ知識が高度なものになる
にしたがって，それらを企業内部で独占的に活用する，す　　5

内部化インセンティ
ブ
なわち取引を内部化しようとする誘因（内部化インセン
ティブ）が増大する（Rugman, 1981）。

内部化の本質は，不完全な外部市場に代替し，資源配分

経営管理命令
と流通上の問題を，経営管理命令を用いて解決することで

不完全市場
あり，不完全市場が存在するときあるいは外部市場におけ　　10

取引コスト
る取引コストが不当に高い場合，それらを内部化する理由
が発生する（Rugman, 1981, 邦訳, p. 9）。また，内部化理

知識
論においては，内部化の対象としての知識の重要性につい
て，中間財の形態をとる知識は企業特殊的な無形の資産で

不確実性
あり，その不確実性に対応するために，企業は自社が開発　　15
した知識の所有権を確立しようとするとされている。そし

内部市場
て，その最適な方法が，自社の内部市場を利用し，自社の保
有する知識の利用をコントロールすることである（Rugman,

中間財市場の不完全
性
1981, 邦訳, p. 135）。すなわち，多国籍企業は，中間財市
場の不完全性によって発生する取引コストを回避するため　　20
に，中間財の取引を企業内に内部化することによってその
所有権を占有し，自社の優位性を獲得するのである。

とりわけ，内部化の重要なインセンティブとして，技術
や情報，ノウハウといった経営資源の獲得が挙げられる。

経営資源の獲得

情報関連的資産
これらの「情報関連的資産」は，外国における企業の差別　　25
化要因であると同時に，競争力の源泉であると位置づけら
れ，情報関連的資産の形成には相当な時間とコストを要
し，汎用性が低く企業特殊的であるため，外部市場からの
調達が困難であるとされている（長谷川, 1998, p. 68）。情

暗黙知
報関連的資産の多くは，人的資源のなかに暗黙知の知識と　　30

して体化されており，それらは定式化やコード化，マニュ　1
アル化に馴染まないため，これらを異なるユニット間で移
転しようとすれば，人材教育や研修などを通じて，緊密な

ヒューマン・コンタ　ヒューマン・コンタクトを長期継続的に行うことが欠かせ
クト　ない（長谷川，1998, pp. 88-89）。したがって，これらの要　5
素を有益な競争力の源泉とするために，内部市場を通じて
これらを獲得し，高度化するインセンティブが働くのであ
る。

【6】折衷理論

折衷理論　折衷理論とは，多国籍企業活動の本質が，企業のもつ優　10
位性と事業活動を行う国がもつ優位性，企業活動を内部化
する優位性の3つの優位性を組み合わせ，事業展開を行う
各国において，それぞれの要素を効率的に利用することに
よって，ベネフィットを創出することにあるという理論仮
説である（Dunning, 1993）。　15

　ある国の企業が，他の国の市場に対して何らかのコミッ
トメントを行う目的は，外国または国内あるいはその両方
に，自社の製品あるいはサービスを供給することである。
それらの市場に製品またはサービスを供給するための生産
活動は，本国あるいは外国のいずれかに立地される。この　20
ような企業が，外国の生産拠点からいずれかの市場に製品
やサービスを供給する能力は，その企業が，他の企業では
利用できない資産を獲得できるかどうかに左右される。

所有特殊的優位　企業に固有の資産がもつ優位性を「所有特殊的優位」
（ownership advantages）という。所有特殊的優位には，　25
資本や人的資源といった有形の資産だけでなく，技術や情
報，経営管理スキル，マーケティングスキルなどの無形の
資産も含まれる。さらに，所有特殊的優位は，企業のもつ

無形の資産（Oa 優位），資産を組織化する能力（Ot 優 1
位），企業がもつ制度的優位（Oi 優位）の 3 つに区別され

Oa 優位
る。具体的に，Oa 優位とは，企業がもつイノベーション
能力やマーケティング能力，生産システム，コード化不能

Ot 優位
な知識などを指す。Ot 優位は，要素市場への独占的なア 5
クセスや，中間財を有利な条件で調達する能力など，取引

Oi 優位
において形成される優位性を言う。Oi 優位には，企業の
付加価値活動に影響を及ぼす公式および非公式の制度，行
動規範，企業文化などが含まれる（Dunning and Lundan,
2008, p. 101）。 10

これに対し，事業活動が立地される国に固有の優位性を

立地特殊的優位
「立地特殊的優位」（location advantages）という。立地特
殊的な要素には，その国の政府によって行われる様々な政
策や，その国の市場特性，法体系やビジネス慣行，さらに
は国民の生活習慣や宗教，文化といったものまで含まれ 15
る。これらの要素が企業にとって有利に作用するとき，そ
れが立地特殊的優位となるのである（Dunning, 1993）。

さらに，企業が所有特殊的優位のある資産を，他の企業
に売却したり，その使用権を他の企業に認めたりするより
も，自社の内部で付加価値をつけた方が，より高いベネ 20
フィットを獲得できると認識し，自社内部で付加価値活動

内部化インセンティ
ブ
を行おうとする誘因を「内部化インセンティブ」（internal-
ization incentive）といい，それを行うことによって発生

内部化優位
する優位性を「内部化優位」（internalization advantages）
という。この優位性は，企業の組織効率や，企業の支配の 25
下に資産に対する独占力を行使する能力によって決定され
る（Dunning, 1993）。

図表 2 は，これらの優位性の具体的な内容を示したもの
である[3]。企業は，直面するこれらの要素，あるいはいく
つかの要素を組み合わせることによって，企業が十分なべ 30

【図表2】　主要なOLI構成要素

所有特殊的優位 （O優位）	・製品開発能力　　・生産管理能力 ・マーケティングシステム　　・組織構造 ・人的資源の能力　　・イノベーション能力 ・リスク管理能力　　・企業規模　　・製品の多様性 ・経営資源や製品市場に対する特権的アクセス ・交渉能力
立地特殊的優位 （L優位）	・天然資源の賦存状況　　・地理的条件 ・「創造された資産」の賦存状況 ・経営資源のコストおよび生産性 ・輸送および通信コスト　　・政府による諸政策 ・市場の状況　　・インフラストラクチャーの整備状況 ・イデオロギー　　・言語　　・生活習慣　　・商慣習
内部化優位 （I優位）	・調査および交渉コストの回避 ・訴訟に関するコストの回避 ・買い手の不確実性の回避 ・中間財に関する売り手の対応 ・資源の供給や販売条件のコントロール

（出所）Dunning and Rundan（2008）p. 101 BOX4.1をもとに作成。

ネフィットを得られると判断したとき，外国での事業活動に着手するとされている。この折衷理論は，それぞれの優位性の頭文字をとって「OLIパラダイム」とも呼ばれており，多国籍企業の諸活動を最も包括的に説明する理論であるとされている。

OLIパラダイム

Group Discussion

1) 任意の多国籍企業1社を選び，その企業の会社情報などから，所有特殊的優位は何か，具体的に考えよう。

2) 上記1) の企業が，新たに未進出の国に進出するとする。生産や調達，販売などの付加価値活動を1つ選んだ上で，その付加価値活動に対する立地特殊的優位が存在する国を1つ挙げ，その企業にとっての立地特殊的優位は何か，具体的な要素を考えよう。

3) 上記2) の海外進出で，どのような取引コストが発生するか，具体的に考えよう。

4）上記3）の取引コストを回避するために，何を内部化するべきか，具体的に考えよ。

5）上記4）の内部化によって，その企業はどのようなベネフィットを得られるか，内部化理論を用いて具体的に説明せよ。

■ 注
1）EPRG プロファイルに示される4つの類型については，Heenan and Perlmutter（1979）邦訳，p. 22 に図式化されている。
2）プロダクト・ライフサイクル論の概念は，Vernon（1966）p. 199, Figure I に図式化されている。
3）OLI の構成要素に関して，より詳細に Dunning and Lundan（2008）p. 135, Table 5.1 に整理されている。

■ 参考文献
Dunning, J. H.（1993）*Multinational Enterprises and the Global Economy*, Wokingham: Addison Wesley.

Dunning, J. H. and S. M. Lundan（2008）*Multinational Enterprises and the Global Economy*, Cheltenham: Edward Elgar.

江夏健一（1984）『多国籍企業要論』文眞堂。

江夏健一・長谷川信次・長谷川礼（編著）（2008）『国際ビジネス理論』中央経済社。

江夏健一・首藤信彦（編著）（1993）『多国籍企業論』八千代出版。

Fayerweather, J.（1969）*International Business Management: A Conceptual Framework*, New York: McGraw-Hill. 戸田忠一（訳）（1975）『国際経営論』ダイヤモンド社。

長谷川信次（1998）『多国籍企業の内部化理論と戦略提携』同文舘出版。

Heenan, D. A. and H. V. Perlmutter（1979）*Multinational Organization Development*, Wokingham: Addison Wesley. 江夏健一（監訳）（1982）『多国籍企業―国際化のための組織開発』文眞堂。

Hymer, S. H.（1976）*The International Operations of National Firms: A Study of Direct Foreign Investment*, Massachusetts: The MIT Press. 宮崎義一（訳）（1979）『多国籍企業論』岩波書店。

Perlmutter, H. V.（1969）"The Tortuous Evolution of the Multinational Corporation," *Columbia Journal of World Business*, Vol. 4, No. 1, pp. 9-18.

Rugman, A. M.（1981）*Inside the Multinationals: The Economics of International Market*, New York: Columbia University Press. 江夏健一（訳）（1983）『多国籍企業と内部化理論』ミネルヴァ書房。

Vernon, R.（1966）"International Investment and International Trade in Product Cycle," *Quarterly Journal of Economics*, Vol. 80, No. 2, pp. 190-207.

【1】EPRG プロファイルについて，空欄に記入し整理せよ。

◎多国籍企業の行動パターンを（①　　　　　），外国の（②　　　　　），外
国の経営資源に対する（③　　　　　）の観点から4つに類型化。

(1)　企業の特性の分類基準

　　　　組織の（④　　　　　）性・（⑤　　　　　）の権限・評価と（⑥　　　　　）・
　　　（⑦　　　　　）と懲罰・（⑧　　　　　）のフロー・従業員の採用・
　　　（⑨　　　　　）・能力開発など

(2)　4つの類型

　　a)（⑩　　　　　）型企業
　　　　・意思決定の権限を（⑪　　　　　）に集中させる。
　　　　・外国拠点の主要な地位に（⑫　　　　　）従業員を配置する。
　　　　・外国の子会社は，（⑬　　　　　）の命令・指示・助言のもとに活動
　　　　する。
　　（メリット）
　　　　・外国拠点の（⑭　　　　　）がとりやすい。

　　b)（⑮　　　　　）型企業
　　　　・外国での意思決定の権限を（⑯　　　　　）に委譲する。
　　　　・外国拠点の主要な地位に（⑰　　　　　）従業員を配置する。
　　（メリット）
　　　　・現地の（⑱　　　　　）に適応し（⑲　　　　　）な対応がとれる。

　　c)（⑳　　　　　）型企業
　　　　・従業員の採用，（㉑　　　　　），教育・訓練，評価などを（㉒　　　　　）

　　ベースで行う。
（メリット）
　　・職能上の（㉓　　　　　）が可能。

d)（㉔　　　　　）型企業
　　・意思決定に際して，世界的な（㉕　　　　　）をとる。
　　・外国拠点間で（㉖　　　　　）の情報フローが存在する。
　　・世界中の主要部門に，（㉗　　　　　）に関わらず最適な人材を
　　　（㉘　　　　　）ベースで配置する。
（メリット）
　　・世界レベルで（㉙　　　　　）の最適化を図れる。
　　・世界レベルで製品やサービスの（㉚　　　　　）を向上させられる。
　　・世界レベルで目標に（㉛　　　　　）する姿勢を強化できる。

【2】資源移転論について，空欄に記入し整理せよ。

◎企業が多国籍化する理由を，（①　　　　　），資源移動の過程に対する
（②　　　　　）の影響，（③　　　　　）のこれに関連した特徴の観点から
説明。

(1)「資源」とは
　［（④　　　　　）・（⑤　　　　　）・（⑥　　　　　）・（⑦　　　　　）・
　　（⑧　　　　　）・（⑨　　　　　）　　　　　　　　　　　　　　　　　］

(2)　資源移転のプロセス
　　a)（⑩　　　　　）を通過する経営プロセス
　　　（⑪　　　　　）の移動や経済的な（⑫　　　　　）
　　　─→［・どの（⑬　　　　　）の移動が効率的で利益を生むか。
　　　　　・有効な（⑭　　　　　）は何か。

b)（⑮　　　　　）との相関関係

資源移転のプロセスにおける（⑯　　　　　）の重要性

──・（⑰　　　　　）の発展形態と（⑱　　　　　）との適合性を
いかに図るかで戦略の成否が決定される。

(3)　人的資源の重要性

a)（⑲　　　　　）および技術の水準を決定する重要な資源であり，その
確保が重大な（⑳　　　　　）となりうる。

b)　企業の力にとって最大の源泉は，（㉑　　　　　），（㉒　　　　　）に
関するノウハウ，（㉓　　　　　）能力の組み合わせである。

c)　企業において（㉔　　　　　）された技術能力が従業員個人の技術を
寄せ集めたものより優れている。

【3】プロダクト・ライフサイクル論について，空欄に記入し整理せよ。

◎多国籍企業活動を世界におけるプロダクト・ライフサイクルの差異によって
説明。

(1)　プロダクト・ライフサイクルとは
市場における製品の（①　　　　　）

(2)　プロダクト・ライフサイクル論とは
世界各国のプロダクト・ライフサイクルに応じて，（②　　　　　），
（③　　　　　），（④　　　　　）のいずれかを供給する。

↓

（⑤　　　　　）レベルと（⑥　　　　　）コストの差異によって，各
国の（⑦　　　　　）の性質や（⑧　　　　　）としての優位性が変化
する。

(3) プロダクト・ライフサイクル論の限界

欧州各国やアジア各国の経済発展

・プロダクト・ライフサイクルにおける（⑨   ）の消滅
・アメリカ企業以外の（⑩   ）の生成・発展
・多国籍企業の（⑪   ）の複雑化
・（⑫   ）の性質の変化

── 多国籍企業の行動パターンの説明には不十分

【4】寡占優位理論について，空欄に記入し整理せよ。

◎多国籍企業の活動を（①   ）論の観点から説明。

・企業が多国籍化する理由 ── 市場の（②   ）の克服

a)（③   ）の排除

b)（④   ）の利用

・（⑤   ）や（⑥   ）能力
・調達能力や（⑦   ）能力
・（⑧   ）性

【5】内部化理論について，空欄に記入し整理せよ。

◎多国籍企業活動の本質が，市場の（①   ）性の克服にあるとして説明。

(1) 市場の（②   ）性が生じる要因

a) 各国の政府によって行われる（③   ）

関税・（④   ）・（⑤   ）・多国籍企業活動に対する
（⑥   ）措置など

b) 個々の企業がもつ（⑦   ）やスキル

──（⑧   ）コストの増大＝内部化（⑨   ）

(2)　内部化の本質

```
┌ （⑩                ）な外部市場に代替し，（⑪               ）と流通上の問題 ┐
└ を（⑫              ）を用いて解決すること。                                        ┘
```

↓

企業は，（⑬   ）や最終製品，（⑭   ）の取引を企業に内部化することで，その所有権や利用をコントロールし，優位性を獲得する。

(3)　情報関連的資産の重要性

　　　　（⑮   ）・情報・（⑯   ）など

　　　　　　＝企業の競争優位の源泉として重要な経営資源

```
┌ ・形成に相当な時間と（⑰              ）がかかる
│ ・汎用性が高く（⑱              ）な性質をもつ
│ ・（⑲              ）市場からの調達が困難
│ ・人的資源のなかに（⑳              ）として体化されている
└ ・移転には緊密で長期継続的な（㉑              ）が必要
```

↓

　　（㉒   ）コスト が増大＝（㉓   ）インセンティブが増大

【6】折衷理論について，空欄に記入し整理せよ。

◎多国籍企業活動の本質を，所有・立地・内部化の３つの優位性を最適に組み合わせ，世界レベルで利潤を追求するものとして説明。

(1)　３つの優位性

　　a）所有特殊的優位（企業に固有の資産がもつ優位性）

```
┌ ・製品開発能力　・（①              ）能力
│ ・（②              ）システム　・組織構造　・（③              ）能力
│ ・イノベーション能力　・（④              ）管理能力　・企業規模
└ ・交渉能力　・製品の多様性　など
```

b) 立地特殊的優位（事業活動が立地される国がもつ優位性）

```
・（⑤          ）の賦存状況　・経営資源のコストおよび生産性
・（⑥     ）および通信コスト　・（⑦          ）の整備状況
・政府による（⑧        ）・市場の状況　など
```

c) 内部化優位（諸活動を企業内部で行うことによる優位性）

```
・調査および交渉コストの回避
・買い手の（⑨          ）への対応
・（⑩        ）の供給や販売条件のコントロール　など
```

(2) 多国籍企業活動の本質

企業が直面する3つの優位性の要素を組み合わせることによって，十分な（⑪   ）が得られると判断するとき，外国での事業活動を行う。

第3章　海外直接投資

国際ビジネスの3つのタイプのうち，企業が海外に子会社を設置した
り，その事業活動のために国境を越えて資金を移動させることを「海外直
接投資」という。海外直接投資は，企業が海外進出し，事業展開を行う上
で不可欠なものである。このため，企業は自社の国際ビジネス戦略に基づ
いて，直接投資の目的や投資先国，投資の規模を決定する。本章では，海
外直接投資の概念や類型を整理した上で，海外直接投資がもたらすインパ
クトや，企業が海外直接投資を含む外国市場への参入形態を選択する決定
要因について学習する。

【1】海外直接投資の概念

海外直接投資の定義　　海外直接投資の定義は，国ごとに異なっているが，ここ
では日本の財務省が示す定義に基づいて，次のように捉え
ることにする。すなわち「海外直接投資」とは，「特定の
国の投資家が，他の国にある企業に対して，永続的な経済
関係を樹立することを目的として行う投資」である。具体
出資比率
株式取得　　　　　　　的には，出資比率10%以上となる外国法人の株式取得や，
投資家と投資先との間で行われる資金の貸借や増資などを
貸借
増資　　　　　　　　含む。つまり，外国にある法人の経営に参画することを目
的として行われる投資が海外直接投資である。そして，海
外直接投資を行い，外国で様々な事業展開を行う企業が，
多国籍企業　　　　　　国際ビジネスの担い手である多国籍企業である。

財やサービスの国際取引には様々な形態がある。そのな
かで，国家間での「カネ」の取引を国際投資というが，国

証券投資

直接投資

経営資源

海外直接投資の目的

際投資には主に証券投資と直接投資とがある。証券投資と 　1
は，配当や利子，売買益などの獲得を目的として，外国の
債券や株式などを取引することである。これに対して直接
投資は，外国において企業の経営を行うことを目的として
行われる投資であり，両者の決定的な違いはこの点にあ 　5
る。

　したがって，海外直接投資は，単なる「カネ」の国際的
な移動にとどまらない。海外直接投資が行われれば，「カ
ネ」の他に「ヒト」「モノ」「情報」「技術」さらには「企
業文化」というような様々な経営資源が国境を越えて移動 　10
する。この点において，海外直接投資は，他の国際取引形
態とは異なった性質をもっており，海外直接投資の動向
は，貿易や産業の構造などを大きく変化させる重要な要因
となっている。このように，海外直接投資は，様々な面で
世界経済の動向に大きな影響を及ぼすため，それを行う多 　15
国籍企業の国際経営とともに，国際ビジネスにおいて最も
重要な要素であると言える。

【2】海外直接投資の類型

　海外直接投資は，その目的によって次の5つの類型に分
類できる（Dunning and Lundan, 2008）[1]。しかしながら， 　20
国際ビジネスの複雑化が進展するにしたがって，企業が海
外直接投資を行う目的も多様化しており，必ずしも以下の
類型のひとつだけに当てはまるとは限らない。企業にとっ
て重要なのは，海外直接投資の目的を明確にすると同時
に，目的の達成に最適な立地優位性をもつ受入国を選択 　25
し，適正な規模の投資を行うことであると言える。

(1)　市場追求型

市場追求型海外直接投資

　市場追求型海外直接投資とは，投資受入国の国内市場を標的として，その市場に供給するための生産活動やサービス活動を行うことを目的とするものである。このような投資が行われる背景には，単に大規模で有益な市場が存在するだけでなく，既存の貿易障壁や企業活動に関する規制を回避し，現地での供給を円滑に行うために，拠点を設置するケースや，為替リスクを回避するために，輸出から現地生産に切り替えるケースがある。

　たとえば，日本の百貨店は，大規模で旺盛な消費意欲をもつ中国市場に進出し，現地の顧客に対するサービスを展開している。サービス産業の特性として，生産と消費の同時性が挙げられる。したがって，このようなサービス多国籍企業は，顧客のいる場所でサービスを生産する。また，日本の自動車メーカーは，かつて欧米との貿易摩擦や輸出規制を回避する目的で現地生産を開始したが，今日では市場のある国で生産することが原則となり，現地市場のニーズに的確に対応するだけでなく，受注から納品までのリードタイムを最小化することで，企業の優位性を高度化させている。

(2)　コスト追求型

コスト追求型直接投資

　コスト追求型直接投資とは，外国における低コストの労働力を活用する目的で，主に労働集約的な産業部門の企業によって行われる海外直接投資である。このタイプの直接投資は，主に労働コストの低い東南アジアや東欧，中南米諸国に対して行われることが多い。とりわけ，繊維や電気機器などの労働集約産業は，人件費をはじめとする生産コストが価格競争力を著しく左右するため，低コスト生産が可能となる国や地域に生産拠点を配置する。このような海

労働集約産業

価格競争力

1

5

10

15

20

25

外直接投資は，生産拠点を立地する国の雇用を創造するこ　1
とから，一般的に受入国で歓迎され，各国政府は海外直接
投資を誘致するための様々な優遇措置をとっている。この
ような国が，海外直接投資の誘致を成功させる条件とし
て，低コストの労働力が豊富に存在するだけでなく，労働　5
力の質が高水準であることや，道路や通信システムなどの
インフラストラクチャーが良好に整備されていることなど
が挙げられる。

　　さらに，このタイプの海外直接投資で設置された生産拠
点は，現地市場向けの製品を生産するだけでなく，周辺各　10

輸出拠点　国への輸出拠点としての役割を果たすことが多い。たとえ
ば，日本で液晶テレビを生産していた家電メーカーが，日
本での生産コストの上昇に対応する形で，生産コストが低
いタイに生産拠点をシフトさせ，そこで生産した製品を，
日本をはじめ周辺のアジア諸国に輸出するようなケースが　15
これに当たる。輸出拠点となる生産活動を成功裏に誘致・

FTA（自由貿易協　導入する条件として，受入国政府が多くの国とFTA（自
定）　由貿易協定）を結ぶなど，輸出に対して有利な通商政策を
通商政策　行ったり，企業にとって重要な市場となる国や地域との地
理的近接性が高いことなどが挙げられる。　　　　　　　20

(3)　資源追求型

資源追求型海外直接　　資源追求型海外直接投資とは，本国には存在しないか，
投資　調達コストの高い鉱物資源や農業資源などの資源の確保を
鉱物資源，農業資源　目的として，それらの資源が豊富に存在する国に対して行
われるものである[2]。このような投資を行うことによっ　25
て，企業は低コストかつ安定した資源の供給を実現するこ
とができる。鉱物性燃料をはじめとする天然資源は，各国
の経済発展に不可欠であるが，その価格や供給量は，市場
における需給バランスの変化に伴って著しく変動する。こ

のため，特に先進工業国にとっては，必要とされる資源を 1
安定的に低コストで調達することが重要な課題となってい
る。とりわけ 2000 年代後半以降，中国をはじめとする新
興国の経済発展に伴って，資源価格の変動が激しくなり，
このタイプの海外直接投資が増加している。たとえば，日 5
本の総合商社が，希少金属資源の安定供給を目的として，
南米の銅鉱山を開発するプロジェクトに参画したり，大手
海運会社が，海外での LNG（液化天然ガス）の生産プロ
ジェクトに出資したりするケースがこれに当たる。

(4) 戦略的資産追求型 10

**戦略的資産追求型海
外直接投資**

研究開発能力
経営管理技術
**マーケティングスキ
ル**

イノベーション

戦略的資産追求型海外直接投資とは，優れた研究開発能
力や経営管理技術，マーケティングスキルなどを獲得する
目的で行われるものである。このタイプの海外直接投資
は，生産施設だけでなく，研究開発や情報収集を行う施設
を立地することで，自社のもつ技術力を高度化させる狙い 15
がある。したがって，このタイプの海外直接投資の受入国
は，特定の産業部門において，高度な技術やスキルをもつ
労働力が豊富に存在するだけでなく，技術情報の入手可能
性が高く，またイノベーションを促進するインフラストラ
クチャーなどの環境が整備されていることが条件となる。 20

たとえば，日本の自動車メーカーが，フランスに車両の
デザインを行う研究開発拠点を設置したり，日本の製薬会
社が，インドにジェネリック医薬品の開発拠点を設置する
ケースがこれに当たる。いずれも，現地のデザイナーや研
究者など，高度な専門知識をもつ人的資源を獲得するのが 25
主な目的であり，これらが企業にとっての戦略的資産とな
る。

(5)　効率追求型

効率追求型海外直接投資

規模の経済性

効率追求型海外直接投資とは，事業活動を合理化するために，すなわち，全社レベルで規模の経済性を獲得することを目的として行われる。このような海外直接投資は，事業活動が世界中で広範囲にわたって行われている企業によって行われる。この合理化は，初期段階では地域レベルで行われるが，次第に世界レベルで行われるようになる。

比較優位

自社が投資先での事業展開にもつ比較優位を効率的に活用することにより，世界の企業グループ全体でのベネフィットを最大化させることが可能となる。さらに，事業展開を行う国が増加するのに伴って，企業全体の意思決定システムが煩雑化するが，効率追求型直接投資を通じて地域ごとに統括機能を設けることによって，各国での事業展開に関する意思決定の迅速化が促進される。

統括機能

意思決定

このタイプの海外直接投資の多くは，地域ごとに事業を統括する地域本社を設立したり，地域本社機能の拡充に伴う出資を行うためのものである。たとえば，アジア各国に生産拠点をもつメーカーが，アジアにおける事業活動を統括し，この地域での中間財の調達，生産，マーケティングなどの諸活動を効率的に行うことを目的として，シンガポールに地域統括本部を設置するケースがこれに当たる。

【3】海外直接投資のインパクト

海外直接投資が行われることによって，世界の経済・社会に様々な影響が生じる。これまでにも述べたように，海外直接投資が及ぼす影響は，その性質から重要性が非常に大きい。

海外直接投資が及ぼす主な影響として，雇用，貿易構造，産業構造，人的資源，そして社会的な影響などが挙げ

られ，これらの影響は，投資本国と投資受入国の双方で生　1
じる（Dunning and Lundan, 2008）。

(1)　雇用へのインパクト

雇用　　　　　雇用に関する影響は，投資本国と受入国の双方で発生す
る。製造業で海外直接投資が行われる場合，これまで国内　5
で行われてきた生産活動が，外国に移転されるという形を
とることが多い。このため投資本国では，移転される生産
活動が，新たな生産活動によって代替されないかぎり，雇
用が減少するという影響がある。多国籍企業による海外直
接投資が活発化し，生産活動が外国に移転されると，本国　10
雇用の空洞化　で失業率が急増する，いわゆる「雇用の空洞化」問題が発
生するケースもしばしば見られる。しかしながら，国際生
産の増加に伴って，本国からの輸出が増加したり，企業全
体での競争力が増大した場合など，長期的に見ると本国で
の雇用が増加することもあるため，必ずしも海外直接投資　15
が雇用の空洞化をもたらすとは限らない。

　　　　他方，受入国においては，新たに設置された生産拠点で
現地の労働力が雇用されるため，一般的に雇用は増加す
る。このような直接的な影響の他にも，進出した企業によ
る中間財の調達や関連サービスの購入などが考えられるた　20
め，これに伴って間接的な雇用の増加も期待できる。受入
国において，どの程度雇用が増加するかは，海外直接投資
労働集約度　が行われる産業部門や付加価値活動の労働集約度によって
左右される。たとえば，大規模商業施設を展開する小売業
が海外直接投資を行うと，受入国では多くのスタッフが採　25
用され，労働集約度の高いサービス活動が行われるため，
新たに創出される雇用の規模は大きい。これに対し，地域
統括本社を設置するための海外直接投資の場合は，新たに
雇用する現地の従業員は相対的に少ないため，雇用効果だ

けを見れば限定的であることが多い。　　　　　　　　　　　　　　1

⑵　貿易構造へのインパクト

　製造業で海外直接投資が行われると，海外に生産拠点が
設置されるか，海外での生産能力が増強されるため，一般
的に本国の生産が現地生産に代替される傾向が強い。この　　5
場合，貿易構造への影響として，本国からの完成品の輸出
が減少する。しかし，これと同時に，生産拠点を設立する
ための資本設備などが輸出され，また部品などの中間財が
本国から供給されるような場合は，本国からの中間財の輸
出が増加する。さらに，外国で生産された製品が本国に逆　　10
輸入されるような場合は，本国の完成品輸入が増加する。

　受入国では，この逆の影響を受ける。つまり，完成品の
輸入が現地生産に代替され，輸入は減少する。また，中間
財や設備の輸入に伴う輸入の増加や，完成品の輸出による
輸出の増加が見込まれる。一般的に，輸出拠点の設置や拡　　15
充のための海外直接投資を受け入れた国では輸出が増加
し，外貨獲得による経済発展が期待される。

　このような貿易構造に及ぼすインパクトは，企業が行う
事業展開の性質によって変化する。たとえば，海外直接投
資を行った当初は，部品を本国から輸入していても，時間　　20
が経つにしたがって，現地のサプライヤーから供給を受け
るようになれば，その分だけ受入国の輸入は減少すること
になる。また，外国の生産拠点で生産された製品を，どれ
だけ輸出に割り当てるかは，各企業によって異なってい
る。このため，輸出の増加を期待する受入国は，自国で生　　25
産された製品の輸出を条件に，税制面などにおいて優遇措
置をとる場合が多い。

現地生産

貿易構造

(3)　産業構造へのインパクト

海外直接投資が行われると，投資本国と受入国の双方で，産業構造が変化する。

産業構造

投資本国では，付加価値の低い産業部門ないし生産工程を外国に移転し，付加価値の高い産業部門は，本国にとどめておくものとされてきた。しかし，近年の先進国では，海外直接投資を行う産業部門は様々であり，付加価値の高い産業部門においても生産活動の海外移転が行われているため，「産業空洞化」の問題が発生することがある。

産業空洞化

他方，産業構造に対する影響として，受入国が懸念する点は，海外直接投資が行われた産業部門で，外国企業による独占が発生する可能性がある点と，自国の経済全体が，外国企業によって，実質的に支配されるような構造となる可能性がある点である。しかしながら，外国企業の参入によって，独占状態にあった国内の産業構造が，競争的なものに変化するという逆の可能性も考えられる。また，受入国では，海外直接投資によって参入した外国企業の生産活動が行われると，それに必要な部品や原材料が不可欠となるため，中間財の現地調達が進むにしたがって，現地の中間財産業が発展すると考えられる。

独占

中間財産業

(4)　人的資源へのインパクト

海外直接投資が行われ，外国において企業の付加価値活動が展開されるようになると，それに従事する人的資源の能力やスキルに大きな影響がもたらされる。企業がもつ技術やノウハウは，その多くが人的資源に体化しているため，海外直接投資に伴って，技術やノウハウが国境を越えて移転されると，本国と受入国において，人的資源の能力水準が変化する。

人的資源の能力

技術

ノウハウ

本国においては，海外直接投資によって生産活動が外国

に移転されると，その生産活動に従事する人的資源が減少　1
し，技術水準が低下する。上述のような産業空洞化が発生
すると同時に，本国の企業がもつ技術水準も低下する可能
性が考えられる。たとえば，日本の大手電機メーカーが，
高い製造技術を必要としない電子部品の生産を海外拠点に　5
移管し，日本では付加価値の高い製品の生産に特化してき
た結果，国内にその電子部品の製造技術をもった労働力が
いなくなった。その後，生産移管先のタイで大規模な災害
が発生した際，もともと日本国内の拠点で以前に生産して
いた電子部品を再度生産することになったが，そのとき必　10
要な製造技術やスキルは，タイ人の技術者から日本人に供
与されたケースもある。

技術移転　　　　　　　　他方，受入国においては，海外直接投資が技術移転の媒
体として捉えられる。つまり，外国企業の生産活動が行わ
れることによって，受入国は外国企業のもつ高度な技術に　15
アクセスする機会を獲得し，国内における技術水準を高度
化させることが可能となる。具体的には，海外直接投資を
行う親会社から子会社への技術移転，外国企業との間で行
技術供与，クロスラ　　われる技術供与やクロスライセンスといった企業レベルで
イセンス　　　　　　　の技術のフローだけでなく，個人レベルでは，企業内教　20
企業内教育・訓練　　　育・訓練や，業務を通じたインフォーマルな知識移転に
知識移転　　　　　　　よって，受入国企業の人的資源に技術やスキルがもたらさ
れる。

スピルオーバー効果　　　このように，受入国全体に技術が伝播される効果を「ス
ピルオーバー効果」という。たとえば，日本の自動車メー　25
カーがタイに進出して事業展開を行っているが，同社に雇
用された従業員は，企業のもつ技術やノウハウなどの知識
を，業務を通じて様々な形で習得する。具体的には，企業
がもつ生産システムや製造技術，マーケティング能力や営
業ノウハウ，企業のマネジメント・スキルなどが，企業内　30

技術水準

教育・訓練というフォーマルなトレーニング・プログラム　1
だけでなく，日常の業務を通じたインフォーマルな形を通
しても，現地の従業員に移転される。このため，技術水準
の高い企業が進出すれば，受入国では人的資源の技術水準
が高度化すると言える。　5

(5)　現地企業の経営手法へのインパクト

　海外直接投資が行われると，それを受け入れた現地企業
の経営手法にも変化が見られる。海外直接投資の主要な形
出資比率　態は，出資比率10%以上となる外国法人の株式取得のた
めの投資である。一般的に，10%以上の出資を受ける場　10
合，受入先の企業には，投資を行う企業から役員クラスの
ボードメンバー　人的資源が派遣され，ボードメンバーとして経営に参画す
経営手法　ることが多い。その結果，主にマーケティングや人的資源
管理，研究開発などの分野で，本国企業の経営手法が現地
企業でも採用される。これによって，現地企業は，自社の　15
イノベーション　みでは困難なイノベーションを実現したり，効率的な人的
人的資源の活用　資源の活用が可能になるなどのベネフィットを享受でき
る。

　また，現地企業の経営権を本国企業が獲得するのに伴っ
グローバルネット　て，本国企業がもつグローバルネットワークに現地企業が　20
ワーク　参画し，世界レベルでの調達や生産といった付加価値活動
規模の経済性　において，規模の経済性や範囲の経済性を獲得することも
範囲の経済性　可能である。たとえば，日本の小売企業が，アメリカの大
規模小売企業の海外直接投資を受け入れたのをきっかけ
に，アメリカ企業の経営手法を導入し，マーケティングや　25
店舗運営などの面で経営改革を試みただけでなく，アメリ
カ企業のグローバルネットワークに参画することで，日本
で販売する商品の拡充や調達コストの削減を実現したケー
スがこれにあたる。

(6)　社会へのインパクト

社会的影響

　　非経済的な影響として考慮すべき点は，広範な社会的影響である。受入国では，海外直接投資を行っている企業が，社会的な観点から批判されることがある。多国籍企業の経済規模は非常に大きく，国の経済が外国企業に依存した形になると，外国企業の活動によって，その国の経済動

経済動向

プレゼンス

向が大きく左右される。また，多国籍企業のプレゼンスは非常に大きいため，活動する各国の社会において，非常に目立つ存在である。このため，現地での法令や社会規範の

法令，社会規範

遵守はもちろんのこと，企業の行動が及ぼすインパクトに対して，社会的な注目度が高い。さらに，外国企業の進出

文化

によって，受入国の生活習慣や文化が変容するようなケースもある。このため，海外直接投資は，受入国において，海外直接投資ないし外国企業に対する国民の認識に対しても，大きな影響を及ぼしているのである。

【4】外国市場への参入形態

　　企業が，自社の製品を外国の市場に供給しようとするとき，その方法には，大きく分けて輸出，国際提携，海外直接投資の3つの形態がある。

輸出

国際提携

　　輸出する場合，企業は本国で生産を行い，自社かあるいは商社のチャネルを利用して製品を外国に販売する。国際提携とは，外国の企業と提携を結び，一定の条件のもとに自社の製品を提携先企業に生産してもらう形態である。提携の内容は様々であり，必ずしも生産に関してだけのもの

海外直接投資

とは限らない。海外直接投資とは，外国に自社の関連会社を設立し，自社のコントロールのもとに外国で生産活動を行い，そこで生産された製品を供給するという形態である。

1

5

10

15

20

25

外国市場に参入しようとする企業は，製品の性質や供給　1
の規模，生産コストなどに応じて，これらの供給形態を選
択する。企業が外国に対して製品を供給しようとすると
き，その供給形態を検討する上で考慮すべきコストは次の
4つであり，コストの合計が最小となる形態が選択される　5
（Rugman, et al., 1987, p. 160）。

生産コスト　　　　第1に，本国と海外で生産する場合の通常の生産コスト
である。生産コストには，主に製造に従事する従業員の人
件費や，生産設備を稼働させるコスト，中間財の調達にか
マーケティングコス　かるコストが含まれる。第2に，輸出する場合のマーケ　10
ト　ティングコストが挙げられる。これには，貿易取引そのも
のに要する輸送費，保険料，関税などのほか，現地におい
て販売を行う企業の探索コストなどが含まれる。第3に，
事業コスト　　　　企業が外国で事業展開を行うことによって発生する事業コ
ストがある。これには，経営環境が変化することによって　15
発生する環境的コスト，本国とは異なる宗教や生活習慣，
ビジネス慣行などのもとで事業展開することから発生する
文化的コスト，政治情勢の不安定性や，企業の負担が発生
する政府の政策などに起因する政治的コスト，現地におけ
る市場情報をはじめ，経営環境に関する情報を収集するた　20
知識の消散コスト　めの情報コストなどが含まれる。第4に，知識の消散コス
トが挙げられるが，これは輸出や提携を行うことによっ
て，企業がもつ技術や情報が外部に漏洩することによって
生じるコストである。

このとき，主なコストの組み合わせとして，以下の3つ　25
のパターンが考えられ，それぞれの場合で選択させる参入
形態は異なっている（Rugman, et al., 1987）。すなわち第1
に，企業が経験や知識のない外国に海外直接投資を行って
生産施設を設立し，リスクを負担しながらそこで生産活動
を行うよりも，国内で生産し，それを輸出した方が低コス　30

トであるというケースである。それと同時に，提携を行う
ことによって，製品に関する技術や知識が外部に消散する
ことから発生するコストが，輸出によるコストよりも大き
いと判断されれば，企業は輸出による供給を選択すること
になる。

　第2に，本国よりも外国で生産した方が，生産コストそ
のものが低く，それと同時に知識の消散コストが高い場合
である。この場合，企業は外国での事業展開という経営環
境上のリスクを負っても，外国で生産した方が，全体的な
コストは低いと判断し，海外直接投資を行う。

　第3に，製品の生産コストそのものが高く，その反面，
製品に体化された技術や知識の消散コストはそれほど高く
ないケースである。つまり，製品の生産技術にはそれほど
重要性がなく，自社が本国および外国で直接生産を行うよ
りも，他社と提携を結ぶことによって，その提携先企業に
生産を委託し，自社はその対価としてロイヤルティを獲得
した方が有益であると判断される場合，国際提携が選択さ
れる。

　これらのケースは，外国市場に製品を供給しようとする
企業が，あくまでも製品を供給する国に輸出や海外直接投
資を行ったりするものである。しかし今日では，企業の活
動はいっそうグローバル化しており，市場への供給形態に
関しても，企業のもつ選択肢は様々である。つまり，必ず
しも製品を供給する国で生産活動を行ったり，製品を供給
する国の企業と提携を結ぶとは限らない。

　図表3は，上述した供給形態の選択プロセスを簡略化し
て図示したものである。もっともこのモデルは，他の条件
が等しければという前提の上に成り立つが，外国市場への
供給形態の選択を説明する上で，最も基本的な概念である
と言える。しかしながら，企業を取り巻く経営環境は常に

【図表3】 外国市場への参入形態とコスト要因

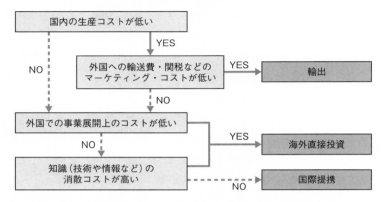

(出所) 江夏健一ほか (監訳) (1987)『インターナショナルビジネス：企業と環境 (上)』
　　　　p.168 に加筆修正。

　変化している。したがって，上述したそれぞれのコスト　1
も，経営環境の変化に伴って常に変動している。コストの
変動が一時的なものではなく，長期的なトレンドであると
判断されれば，企業は一度選択した供給形態を変更するこ
とになる。　5

　企業活動のグローバル化が進む今日では，企業活動の
様々な機能が世界中に配置されている。供給形態の選択に
際しては，生産が行われる国と，供給する市場となる国が
どこかによって，コストは変動する。今日の企業において
は，生産やマーケティングだけでなく，研究開発や部品な　10
どの中間財の調達などといった諸機能が，グローバルに配
置されているため，特定の製品のコストを決定する諸要因
の組み合わせは無数にあると言える。したがって，供給形
態の選択においては，このコスト構造を的確に判断し，最
も低いコストを達成し，最も大きなベネフィットを獲得し　15
うる選択を行うことが重要である。

Group Discussion

1) 最近ニュースになった海外直接投資の事例を 5 つ挙げ，それらが何を目的とするものかを整理しよう。

2) 1) で挙げた事例は，その目的と投資先国の立地優位性とが適合するか考えよう。

3) いま，日本の自動車メーカーが，タイの生産拠点を拡充する目的で海外直接投資を行ったとする。この企業が，これまで日本で生産し，世界に輸出してきた主力車種の生産をタイの拠点に移管するとしたら，日本とタイにどのようなインパクトが生じるか議論しよう。

4) 3) の結果，日本が雇用や産業の空洞化に陥らないためには，どのような条件が必要か。企業や政府，個人の立場から議論しよう。

5) いま，アメリカの新興ハンバーガーチェーンが日本に海外直接投資し，店舗を展開するとする。このとき，日本にもたらされる人的資源に関するインパクトとして，企業レベルと個人レベルでそれぞれどのようなものが考えられるか議論しよう。

6) 海外直接投資を行う企業が，受入国において社会的影響を及ぼした事例を 1 つ選び，なぜそれが社会問題化したのか，また問題の発生を防ぐためには何が必要か，企業の立場から議論しよう。

7) いま，日本の自動車メーカーが，ベトナム市場に新規参入し，自社の小型車を供給しようとしているとする。【4】で説明した 4 つのコストを考慮し，どの参入形態が適切か考えよう。

■ 注

1) Dunning and Lundan（2008）では，天然資源追求型，市場追求型，戦略的資産追求型，効率追求型の 4 つに分類されている。本書では，Dunning and Lundan（2008）の説明に依拠しつつ，分類方法や内容について加筆・修正を行う。

2) Dunning and Lundan（2008）では，天然資源追求型直接投資として，鉱物資源などの天然資源だけでなく，低コストの労働力や，スキルをもつ労働力の獲得を目的とする直接投資もこのカテゴリーに分類している。本書では，それぞれの直接投資を別個のタイプとして分類する。

■ 参考文献

Dunning, J. H. and S. M. Lundan（2008）*Multinational Enterprises and the Global Economy*, Cheltenham: Edward Elgar

江夏健一・首藤信彦（編著）（1993）『多国籍企業論』八千代出版。

小島清（1981）『多国籍企業の海外直接投資』ダイヤモンド社。

Rugman, A.M., *et al.*, (1985) *International Business: Firm and Environment,* New York: McGraw-Hill. 江夏健一ほか（監訳）（1987）『インターナショナルビジネス・企業と環境（上)』マグロウヒル。

UNCTAD, *World Investment Report*（various years）, United Nations Pubns.

財務省 WEB サイト　http://www.mof.go.jp/ （2017 年 7 月 27 日アクセス）

Exercise 3

【1】海外直接投資の概念について，空欄に記入し整理せよ。

(1)　海外直接投資とは

　　特定の国の（①　　　　　　　）が，他の国にある（②　　　　　　　）に対して，
　　（③　　　　　　　）な経済関係を樹立することを目的として行う投資。

※具体的には

　　・出資比率（④　　　　　　　）となる外国法人の（⑤　　　　　　　）取得
　　・投資先との資金の（⑥　　　　　　　）や増資

　　　　　　　　　　　⇩

　　外国法人の（⑦　　　　　　　）に参画することを目的とする投資

(2)　海外直接投資の重要性

　　単なる（⑧　　　　　　　）の国際的な移動にとどまらず，それに伴って
　　（⑨　　　　　　）・（⑩　　　　　　）・（⑪　　　　　　）・（⑫　　　　　　）・
　　（⑬　　　　　　）などの様々な（⑭　　　　　　　）が国境を越えるため，経
　　済・社会に及ぼすインパクトが大きい。

【2】海外直接投資の類型について，空欄に記入し整理せよ。

(1)　（①　　　　　　　）型

　　投資受入国の国内市場を標的として，その市場に供給するための生産活動
　　を目的とする投資。

（背景）　a)　大規模で有益な（②　　　　　　　）の存在
　　　　　b)　（③　　　　　　　）や輸出規制の回避
　　　　　c)　（④　　　　　　　）リスクの回避

(2) （⑤　　　　　）型

生産コストの削減を主な目的とする投資。生産された製品が第三国に（⑥　　　　　）される傾向が強い。

（受入国の条件）
- a) （⑦　　　　　）の労働力が豊富に存在
- b) 労働力の（⑧　　　　　）が高水準
- c) （⑨　　　　　）の整備が良好

(3) （⑩　　　　　）型

本国には存在しないか（⑪　　　　　）の高い（⑫　　　　　）資源や（⑬　　　　　）資源を（⑭　　　　　）で（⑮　　　　　）に確保する目的の投資。

(4) （⑯　　　　　）型

優れた（⑰　　　　　）能力や経営管理技術，（⑱　　　　　）スキルなどを獲得する目的で行われる投資。

（受入国の条件）
- a) 高度な（⑲　　　　　）・スキルをもつ労働力
- b) （⑳　　　　　）の入手可能性
- c) （㉑　　　　　）を促進するインフラストラクチャーの整備

(5) （㉒　　　　　）型

事業活動の合理化を目的とした投資。

（合理化のメリット）
- a) （㉓　　　　　）の獲得
- b) （㉔　　　　　）の効率的な活用
- c) （㉕　　　　　）の迅速化

【3】海外直接投資のインパクトについて，空欄に記入し整理せよ。

(1) （①　　　　　）へのインパクト
- a) 本国　・「雇用の（②　　　　　）」の可能性
- b) 受入国　・直接的効果…新設拠点での雇用の増加

　　　　・間接的効果…（③　　　　　　）の調達や関連サービスの購
　　　　　　　入による雇用増加
　　　　※雇用の規模は（④　　　　　　）により異なる

(2)　（⑤　　　　　　）へのインパクト
　　　a）本国　┌・（⑥　　　　　　）の輸出が減少
　　　　　　　　└・（⑦　　　　　　）や資本設備の輸出が増加
　　　b）受入国　┌・（⑧　　　　　　）の輸入が減少
　　　　　　　　　│・（⑨　　　　　　）の輸入が増加
　　　　　　　　　└・（⑩　　　　　　）の輸出が増加
　　　　　　　　　　──→（⑪　　　　　　）による経済発展

(3)　（⑫　　　　　　）へのインパクト
　　　a）本国　・付加価値の高い産業による海外直接投資
　　　　　　　　　──→（⑬　　　　　　）の可能性
　　　b）受入国　┌・（⑭　　　　　　）産業の発展
　　　　　　　　　└・外国企業による（⑮　　　　　　）の可能性

(4)　（⑯　　　　　　）へのインパクト
　　　a）本国　・（⑰　　　　　　）に伴う技術水準低下の可能性
　　　b）受入国　・海外直接投資が技術移転の（⑱　　　　　　）としての役割
　　　　　　　　　┌・企業レベル
　　　　　　　　　│　　親会社から子会社への（⑲　　　　　　）
　　　　　　　　　│　　企業間の技術供与や（⑳　　　　　　）
　　　　　　　　　└・個人レベル
　　　　　　　　　　　（㉑　　　　　　）や通常業務を通じた知識移転

(5)　現地企業の（㉒　　　　　　）へのインパクト
　　　本国企業の役員が（㉓　　　　　　）として現地企業の経営に参画
　　　　　　（㉔　　　　　　）（㉕　　　　　　）（㉖　　　　　　）などの分野

$\longrightarrow$
- ・自社のみでは困難な（㉗　　　　　　）の実現
- ・効率的な（㉘　　　　　　）の活用
- ・本国企業の（㉙　　　　　　）に参画

(6)　（㉚　　　　　　）的影響
- a)　受入国での（㉛　　　　　　）を大きく左右する可能性
- b)　法令や（㉜　　　　　　）の遵守に対する社会的注目度
- c)　生活習慣や（㉝　　　　　　）を変容させる可能性

【4】企業が外国市場に参入する際の形態には，大きく分けて次の3つがある。空欄に記入し整理せよ。

(1)　輸出……………（①　　　　　　）で生産し，自社もしくは商社の販売チャネルを使用して外国で販売。

(2)　国際提携…………（②　　　　　　）と提携を結び，一定の条件の下に生産ないし販売を委託。

(3)　海外直接投資……外国法人の（③　　　　　　）を目的とした投資。
（④　　　　　　）に生産施設を設立し現地で販売。

【5】外国への供給形態を決定する上で，考慮すべきコストには次の4つがある。空欄に記入し整理せよ。

(1)　本国と外国での（①　　　　　　）コスト
- ・従業員の（②　　　　　　）
- ・生産設備を稼働させるコスト
- ・（③　　　　　　）の調達コスト

(2)　輸出にかかる　（④　　　　　）コスト

- ・（⑤　　　　　）
- ・（⑥　　　　　）
- ・保険料
- ・販売会社の探索コスト

(3)　外国での事業コスト

- ・（⑦　　　　　）コスト
- ・（⑧　　　　　）コスト
- ・（⑨　　　　　）コスト
- ・（⑩　　　　　）コスト

(4)　知識の（⑪　　　　　）コスト・（⑫　　　　　）や情報の漏洩など

⇩

　※これらのコストが（⑬　　　　　）となる参入形態が選択される

【6】次のような条件に置かれた企業が，外国に製品を供給しようとするとき，企業はどの供給形態を選択する可能性が最も高いと考えられるか答えよ。

(1)　国内で生産しても，コストが十分低い。（①　　　　　）

(2)　国内での生産コストよりも，外国での生産コストが高いが，供給相手国の関税率が高いため，全体のコストは国内の方が高くなる。生産には高度な技術を必要とする。（②　　　　　）

(3)　国内での生産コストよりも，外国での生産コストが低いが，供給相手国は政治的に不安定であるため，そのリスクを考慮すると，全体のコストの方が高くなる。また，供給する製品には，知識の消散リスクがあまりない。（③　　　　　）

(4)　外国で生産していた製品の技術が，発売当初に比べて陳腐化し，外国での生産コストよりも消散コストが低くなった。（④　　　　　）

(5)　輸出していた製品の販売数量が増え，輸送費などの経費を含めると，外国での生産コストの方が低くなった。しかし，生産技術はこの企業が開発した独自のものである。（⑤　　　　　）

第4章　多国籍企業と政府の政策

　　多国籍企業の活動は，本国と進出先の国において，その経済・産業に様々なインパクトを及ぼすため，多国籍企業活動によって，国の経済発展がもたらされる場合も多い。このため，各国の政府は，多国籍企業を自国に誘致・導入し，その付加価値活動から経済的なベネフィットを獲得できるように，様々な政策を展開している。また，世界における国際ビジネスの動きが活発化するにしたがって，そのあり方にも様々な面で国際的なルールが必要になってくる。

　　そこで本章では，多国籍企業活動に影響を及ぼす政府の政策について学習する。まず，多国籍企業と政府との関係を「バーゲニング」として捉えた概念を説明する。次に，多国籍企業活動に影響を及ぼす政府の政策について，一国ベース，多国間ベース，二国間もしくは地域ベースの観点から整理する。ここでは，各国政府が一国ベースで行う諸政策のほか，WTO（世界貿易機関）とFTA（自由貿易協定）の取り組みに焦点を当てる。さらに，それらが多国籍企業による国際ビジネスの動きや政府のバーゲニングにどのような影響を及ぼすかを検討する。

【1】多国籍企業と政府の関係

　　　多国籍企業は，活動の規模が大きいだけでなく，その戦略が複雑かつ多様であり，機動性が高いため，国の経済に及ぼす影響は非常に大きい。このため各国の政府は，多国籍企業の活動を積極的に誘致・導入するだけでなく，多国籍企業活動を成功裏に自国の経済発展に結びつける目的で，様々な政策的措置を講じてきた。他方，多国籍企業

は，自社にとって最も大きなベネフィットをもたらしうる　1
場所を付加価値活動の拠点として選択する。このように，
多国籍企業と国家は，受入国というひとつのステージで，
所与の環境のもと，それぞれ異なった目標をもって対峙す
る関係にあり，両者の活動は相互作用の性質をもってい　5
る。

　Dunning は，このような多国籍企業と事業展開を行う受
バーゲニング　入国との関係をある種の「バーゲニング」，すなわち広い
意味での「交渉」として捉え，そのプロセスについて，図
表4に示すような概念的フレームワークを提示した　10
（Dunning, 1993）。すなわちバーゲニングとは，多国籍企
業と受入国という2つのプレーヤーが，それぞれ自己の優

【図表4】　多国籍企業と政府（受入国）の関係

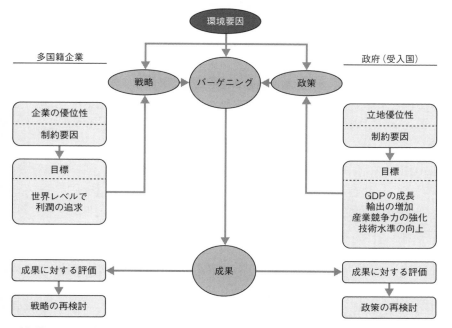

（出所）Dunning（1993）p. 550, Exhibit 20.1 をもとに筆者作成。

位性と目標をもち，両者の相互作用のもとで双方のプレー　1
ヤーが目標を達成するプロセスである。そして，多国籍企
業と受入国が，それぞれ自己のもつ優位性を，バーゲニン
グを通じて成功裏に目標に結びつける力をバーゲニング能

バーゲニング能力　　力とする。すなわち，バーゲニング能力とは，多国籍企業　5
がいかに特定の国家における活動からベネフィットを獲得
するか，国家がいかに多国籍企業活動を自国の経済・社会
の発展に結びつけるかという能力である（Dunning, 1993,
pp. 549-554）。

　このような条件の下で，両者はそれぞれ異なった目標を　10
もつ。多国籍企業は，経済的なベネフィットの獲得が第一
の目的であり，その実現可能性が最大と知覚される立地
が，付加価値活動の拠点として選択される。他方，受入国
の目標は，自国の GDP の成長や，輸出の増加による外貨
獲得，税収の増加などの経済的な目標だけでなく，自国産　15
業全体の競争力強化，国民の教育水準の高度化，技術レベ
ルの向上，社会インフラの整備など社会全体の質的高度化
を含む幅広いものである。受入国政府は，これらの実現可
能性が高い企業に対して直接的な誘致活動を行ったり，こ
れらの企業の活動に有利な影響を及ぼす政策を展開する　20
（Dunning, 1993, pp. 551-554）。

【2】多国籍企業活動と政府の政策（一国ベース）

　上述のバーゲニングを成功裏に展開するために，各国の
政府は，多国籍企業を自国の経済・産業発展の原動力とし
て位置づけ，多国籍企業を自国に誘致および維持するため　25
の様々な法律を制定し，政策を展開する。多国籍企業の誘
致に積極的な国では，外国からの企業誘致を専門に行う政
府機関を設置し，政策の立案および運営を戦略的に行って

いる[1]。また，外国企業を誘致する政策的な取り組みは，　　1
国家レベルだけでなく，国内の地域レベルで行われる場合
もある[2]。

　これらの政策は，外国企業のみを対象とするものと，自
国企業と外国企業との区別なく実施されるものとに区分で　　5
きる。また，多国籍企業の活動に直接影響を及ぼす政策
と，間接的に影響を及ぼす政策とがある。さらに，政府の
政策には，企業活動を促進するための政策と，自国の経済
発展に対して多国籍企業活動が適正な効果をもたらすため
の制限的な政策とがある。各国の政府は，自国がもつ立地　　10
優位性のひとつとして，多国籍企業活動に対する諸政策を
戦略的に展開し，バーゲニング能力を高めることによっ
て，自国の経済発展を達成しようとする。

　多国籍企業活動に直接影響を及ぼす政策として，第1
租税の減免　　　　　に，最も一般的に用いられるのが，各国の税制における租　　15
　　　　　　　　　　税の減免である。すなわち，自国の経済発展にとって重要
法人税　　　　　　　な業種や付加価値活動を対象に，一定期間法人税を免除し
　　　　　　　　　　たり，税率を低く優遇する。また，自国で生産した製品の
　　　　　　　　　　一定割合以上を輸出することを条件に，その生産活動に必
関税　　　　　　　　要となる機械設備や中間財を輸入した際，関税を免除する　　20
　　　　　　　　　　場合もある。第2に，自国の経済発展にとって重要な業種
助成金　　　　　　　や付加価値活動に対して，政府が助成金を支出する方法が
ハード面の生産設備　ある。第3に，政府のコストでハード面の生産設備を整備
　　　　　　　　　　し，進出する外国企業の初期コストを軽減する方法が挙げ
　　　　　　　　　　られる。具体的には，政府機関が工業用地を整備し，一定　　25
　　　　　　　　　　の条件を満たす外国企業に優先的に分譲したり，政府機関
　　　　　　　　　　が建設した工場などの生産設備を外国企業に賃貸する施策
　　　　　　　　　　である。特に後者は，生産規模が比較的小さく，コスト効
行政手続の簡素化・　率をより重視する中小企業の誘致に効果的であると言え
迅速化　　　　　　　る。第4に，行政手続の簡素化・迅速化が挙げられる。国　　30

を問わず，企業が活動する場合，様々な行政手続が必要と　1
なる。たとえば，会社設立に伴う諸手続や，特定の業務に
ついて許認可が必要な場合の申請手続，輸出入業務に関す
る通関手続，税務上の諸手続などが挙げられるが，これら
の行政手続を簡素化したり，迅速化を図ることによって，　5
企業はより効率的な業務が可能となり，円滑な事業展開と
事務処理コスト　事務処理コストの削減が期待できる。

　　また，多国籍企業に対する政府の政策には，上述のよう
な促進的な政策だけでなく，制限的な政策も含まれる。政
府は，自国の経済・産業の発展を目的として，多国籍企業　10
活動を適正に制限する必要がある。一般的に用いられる政
策として，第1に，自国の経済・産業にとって重要な業種
を指定し，外国企業の参入を禁止したり，現地法人に対す
出資比率　る外国企業の出資比率を制限する場合がある。これは，自
国の企業ないし産業が，外国企業から恣意的に支配される　15
ことのないよう，外国企業による意思決定権を制限するこ
とが目的である。また，自国にとって重要な業種では，自
国での多国籍企業活動から，自国企業により多くの経営成
果がもたらされるようにするための措置でもある。第2
に，特定の業種を指定し，外国人の雇用や就労を制限する　20
措置が挙げられる。政府は，自国において労働市場の需要
が大きく，外国人を雇用する必要性の高い業種や職種，も
しくは外国人のもつ優れた技術やスキル，能力を活用する
雇用制限　ことが望ましい業種や職種については，外国人の雇用制限
を緩和する一方で，自国民の雇用を維持する必要性が高い　25
業種や職種においては，外国人の雇用を制限し，自国の雇
用を維持しようとする。

　　他方，多国籍企業活動に対して間接的に影響を及ぼす政
策としては，第1に，知的所有権保護の強化が挙げられる。
特に外国企業のみを対象とする政策ではないが，自国で開　30

知的所有権　　　　　　発した技術などの知的所有権を厳格に保護する法体系を整　1
　　　　　　　　　　　備するだけでなく，それらを適正に運用することによっ
　　　　　　　　　　　て，多国籍企業の高度な研究開発拠点を誘致することが，
　　　　　　　　　　　より容易になると考えられる。第2に，道路や港湾，通
ハード・インフラ　　　信，工業団地などのハード・インフラを政府のコストで整　5
　　　　　　　　　　　備することによって，自国に立地する企業にとって円滑な
　　　　　　　　　　　事業展開が可能となり，間接的に立地優位性を形成する。
教育・研究機関　　　　第3に，大学や専門学校などの高度な教育・研究機関を政
　　　　　　　　　　　府が整備することで，自国の人的資源がもつ技術やスキ
　　　　　　　　　　　ル，能力水準が高度化し，これらの人的資源の利用可能性　10
　　　　　　　　　　　を高めることによって，企業のより高度な付加価値活動を
　　　　　　　　　　　引き付けることが可能となる。

【3】多国籍企業活動と政府の政策(多国間ベース) ― WTO の仕組みと役割―

　　　　　　　　　　　各国経済のグローバル化が進展し，多国籍企業活動がよ　15
　　　　　　　　　　　り複雑化するのに伴って，世界レベルで自由かつ公正な企
　　　　　　　　　　　業の活動を促進し，企業にとってのベネフィットを増大さ
多国間ベースのルー　　せると同時に，各国の経済厚生を高めるための多国間ベー
ル　　　　　　　　　　スのルールが必要となる。このような多国間ベースの代表
WTO　　　　　　　　的な政策枠組として，WTO（世界貿易機関）の取り組み　20
　　　　　　　　　　　が挙げられる。
　　　　　　　　　　　WTO の目的は，生活水準の向上，完全雇用の確保，高
　　　　　　　　　　　水準の実質所得及び有効需要の着実な増加，資源の完全利
　　　　　　　　　　　用，物品及びサービスの生産及び貿易の拡大である（経済
　　　　　　　　　　　産業省，2017, p.185）。すなわち，世界各国において，モ　25
　　　　　　　　　　　ノやサービスの貿易を自由化し，国際取引のルールを構築
　　　　　　　　　　　することによって，各国の経済厚生を高め，経済発展を目
　　　　　　　　　　　指すものである。WTO は，GATT（関税及び貿易に関す

る一般協定）の趣旨を引き継ぎ，スキームを強化する形で
1995年に設立された。WTOには，2023年1月現在164
の国と地域が加盟しているが，これらの加盟国が多国間
ベースで協議を行い，加盟国間に共通のルールを構築する
のが，WTOの主たる役割である[3]。

最恵国待遇
内国民待遇

　WTOの基本原則として，最恵国待遇と内国民待遇が挙
げられる。最恵国待遇とは，通商条約などにおいて，特定
の国が第三国に対して行っている最も有利な条件をすべて
の加盟国に適用する原則である。たとえば，WTO加盟国
のA国がB国との間で自動車の輸入関税を非課税とする
取り決めを行っていた場合，A国はWTO加盟国のC国
にも同じ条件を適用しなければならない。内国民待遇と
は，輸入品に関して適用される国内の様々な法律が，国内
の同じ製品に対して適用されるのと同じように輸入品にも
適用されるという原則である。たとえば，輸入されたビー
ルに対して課せられる酒税の税率が，国内産のビールに課
せられる税率と同じでなければならないとする考え方であ
る。これらの無差別原則によって，国家間での貿易を促進
する効果が期待できる。

　WTOの役割は，モノやサービスの貿易や，それに関わ
る投資の流れを世界レベルで自由化すると同時に，これら
の国際ビジネスが円滑に行われるためのルールを構築し，
国家間での経済紛争を適切に処理することにある。WTO
の具体的なルールは，WTO設立協定（マラケシュ協定）

物品の貿易
サービスの貿易
知的所有権
紛争処理
貿易政策検討制度
複数国間貿易協定

を基礎として，①物品の貿易，②サービスの貿易，③知
的所有権，④紛争処理，⑤貿易政策検討制度，⑥複数国
間貿易協定の6つの課題に関する協定から構成されている
（経済産業省，2017, p. 190）。
　さらに，物品の貿易に関する協定には，関税の引き下げ
や撤廃に関するルールや，数量制限に関する取り決めだけ

原産地規則

貿易関連投資措置

アンチ・ダンピング
措置

セーフガード

紛争処理手続

手続の迅速化

拘束力
監視機能

客観性

でなく，商品貿易の自由化を促進する観点から，原産地規 1
則に関するルールや，多国籍企業の活動に影響する諸政
策，すなわち貿易関連投資措置に関するルールなどがさら
に詳細に定められている。また，商品貿易の自由化には，
いくつかの例外規定も定められている。たとえば，特定の 5
国に不当に安い価格で輸入された製品によって，国内の産
業が重大な損害を被る場合，その国には対抗策としてアン
チ・ダンピング措置をとることが認められている。また，
特定の製品の輸入が急増することによって，国内産業が重
大な損害を受ける場合，一時的にその製品の輸入を制限す 10
るセーフガードを発動することができる。

　　また，WTO における紛争処理手続の特徴として，次の
3 点が挙げられる。すなわち第 1 に，各プロセスに期限が
設けられ，手続の迅速化が図られていること。第 2 に，
WTO の決定には，その履行に対して拘束力と監視機能が 15
あること。第 3 に，当事国以外の第三者が意思決定を行う
ため，客観性をもっていることである。これまでに，日本
が関係した WTO での紛争処理案件として，日本におけ
るアメリカ産リンゴの輸入制限をめぐる案件や，日本から
EU に輸出される事務機器の適用関税率をめぐる案件，韓 20
国による日本の東北地方からの水産物輸入を禁止する措置
に関する案件などがあるが[4]，紛争処理の決定次第で，各
取引に関係する企業の戦略は大きな影響を受ける。

　　このように，WTO の取り組みによって世界の貿易・投
資が活発化すると同時に，多国籍企業活動に関する様々な 25
ルールが調和化され，国際ビジネスの環境が整備されつつ
ある。

　　ただし，2022 年現在，WTO の紛争処理機能に関して
は，最終的な決定を担う上級委員会の委員が確保できない
ため，紛争事案が円滑に処理できない状況にある。このた 30

め，WTO 加盟国の間では，WTO による紛争処理手続が 1
機能しない場合，紛争当事国間で二国間ベースの協議体制
を整えたり，上級委員会の決定がなくとも通商政策上の対
抗措置をとれるよう国内法を改正するなどの動きが見られ
る[5]。 5

【4】多国籍企業活動と政府の政策（二国間・地域ベース）― FTA の仕組みと役割―

上述の WTO を補完し，世界における貿易や投資，さら
FTA には人的資源の動きを促進する役割を果たすのが，FTA
（自由貿易協定）である。FTA とは，特定の国や地域と 10
の間で，物品の輸出入の際にかかる関税や数量規制，サー
ビス貿易に対する規制などを取り払うことにより，物品や
サービスの貿易を自由にすることを目的とした協定である
（外務省経済局，2007, p.20）。多くの場合，FTA には投資
知的所有権問題 に関する自由化ルールや，知的所有権問題，人的資源の移 15
人的資源の移動 動，その他の諸政策など，国際ビジネスの担い手である多
国籍企業を取り巻く経営環境に関するルールが含まれる
EPA が，このような広範な概念はEPA（経済連携協定）とも
呼ばれる。本書では，EPA として捉えられる内容も含め
て FTA とする。 20
FTA と WTO の最大の相違点は，WTO が 164 か国の
加盟国間で共通するルールの構築を目指す多国間アプロー
多国間アプローチ チであるのに対して，FTA は原則として2つの国や地域
間でのみ，相互に共通する課題に対してルールを構築する
二国間アプローチ 二国間アプローチであることである。WTO で 2001 年か 25
ドーハラウンド ら開始された多角的通商交渉「ドーハラウンド」の進捗状
況が思わしくないことから，多国間ベースでのルール構築
の難しさが露呈した形となり，貿易・投資の自由化に関し

ては，自国と重要な経済的関係にある二国間ないし地域間　1
での二国間アプローチの有効性が注目されるようになっ
た。自由化交渉における二国間アプローチの有効性とし
て，以下の3点が考えられる。すなわち第1に，交渉に参
加するプレーヤーが限定されることによって，両者の利害　5
対立が少なく，円滑かつ迅速なルール構築が期待できるこ
と。第2に，両者の経済的関係が緊密であることから，
ルール構築に対する両者の姿勢が，より積極的なものとな
ること。第3に，他国による FTA 締結の動向が，自国の
FTA 締結を促進する効果をもつと考えられることであ　10
る。

　2022 年 6 月現在，世界で発効済みの FTA は 380 件に
のぼる。とりわけ 2021 年に新たに発効した FTA は 43 件
で，過去最高を記録した[6]。このような二国間ベースの

地域ベースの FTA　FTA に加え，主に 2010 年代後半以降，地域ベースの　15
FTA が活発に締結されるようになった。このことは，多
くの国で貿易や投資をはじめとする国際取引が世界レベル
で活発化し，国境を越えたサプライチェーンが複雑に形成
されるようになった結果，国際取引に関するルールについ
ても，二国間よりも地域ベースでの政策が有効であること　20
を各国が認識している点を示唆している。

　近年発効した FTA には，単なる締結国の地理的な範囲
の拡大だけでなく，電子商取引やデジタル貿易，知的所有
電子商取引　権など，IT 技術の進歩に伴って新たに生じる国際取引上
デジタル貿易　の問題を対象に，より詳細なルールが盛り込まれている点
知的所有権　にも特徴がある。たとえば，2021 年に発効した日英経済　25
連携協定には，デジタル情報の取り扱いに関して，企業が
開発した人工知能（AI）などの計算手順に当たるアルゴ
リズムや，企業の技術や情報を秘匿する暗号について，国
による開示要求を禁止する内容が含まれている[7]。これに　30

よって，企業の技術や情報に関する知的所有権が保護さ　1
れ，両国間の事業展開がより円滑に進展すると考えられ
る。

　　また，地域ベースの FTA として，2022 年に発効した
RCEP　地域的な経済連携協定（RCEP）が挙げられる。RCEP に　5
は，日本をはじめシンガポール，タイ，ベトナム，オース
トラリア，ニュージーランドなどアジア太平洋地域の 12
か国が参加し，貿易や投資の自由化を中心に，国際取引の
ルールが定められている。RCEP は，参加国間の貿易取引
額が世界全体の約 30％を占めることから[8]，同地域での国　10
際ビジネスの動向に大きなインパクトをもたらすと言え
る。とりわけ，日本にとっての RCEP の意義は，貿易や
投資の重要な相手国にもかかわらず，これまで日本との
FTA を締結していなかった中国と韓国が参加した点にあ
る。その結果，日本から両国に輸出する際に関税のかから　15
ない工業製品の割合が，中国向けでは発効以前の 8％から
86％に，韓国向けでは 19％から 92％にそれぞれ飛躍的に
増加し[9]，両国間の貿易取引がいっそう活発化するものと
期待される。

　　このように，2010 年代後半から 2020 年代初頭にかけ　20
て，二国間ベースアプローチもしくは地域ベースアプロー
チとしての通商政策が積極的に展開されるようになり，国
境を越えた企業の事業展開に対していっそう大きな影響を
及ぼすようになっている。

【5】FTA と国際ビジネス　25

　　FTA は，貿易や投資に関する自由化ルールを構築する
ものとして，今日では多くの国々の間で結ばれている。
FTA がカバーする内容も，貿易や投資の自由化だけでな

く，知的所有権保護や人的資源の移動など，国際ビジネス 1
に影響を及ぼす広範な要素に及んでいる。貿易や投資の自
由化に関しては，WTO の多国間アプローチに代わる二国
間アプローチとして FTA が効果を発揮し，紛争処理や国
際取引ルールに関する諸問題に関しては，WTO の多国間 5
アプローチが有効であると考えられる。したがって，これ
ら2つの政策枠組がそれぞれ役割を分担し，国際ビジネス
の円滑化と，各国の経済厚生の高度化が期待される。

貿易・投資の自由化,
投資ルールの整備
　FTA による貿易・投資の自由化や，投資ルールの整備
が行われると，モノやサービスの国際取引をはじめ，国境 10
を越えたヒトの移動も活発化する。今日では，FTA が
EU や ASEAN といった地域ベースで結ばれる動きが目
立っており，二国間アプローチは地域間アプローチに進展
している。他方，FTA 締結国とそれ以外の国との間に
は，国際取引の自由化をめぐる格差が生じ，国際ビジネス 15
の動向にも大きく影響する。たとえば，EU は韓国との間
で FTA を結んでいるが，日本とは結んでいない場合，韓
国から EU への自動車や電気製品の輸出には関税がかから
ないのに対し，日本から EU に同じ製品を輸出すると，一
定割合の関税がかかる。このことが，EU 市場での価格競 20
争力を左右するため，日本からの輸出は不利になる。

　このように，FTA 締結国間で貿易や投資が自由化され
ると，国際ビジネスの動向に大きな影響がある。

関税
割当制
貿易障壁
　第1に，貿易の自由化によるモノの流れの変化が挙げら
れる。FTA によって関税や割当制などの貿易障壁が撤廃 25
もしくは大幅に削減され，締結国間での商品貿易やサービ
ス貿易が促進される。たとえば，日本とタイの間で結ばれ
た FTA では，日本からタイへの自動車などの輸出に関す
る関税が大幅に削減されるほか，タイから日本への一次産
品や加工食品をはじめとする製品の関税が削減される。こ 30

れによって，両国の間でいっそう効率的な国際分業が行わ　1
れる。

第2に，FTA を締結した国の間で自由に貿易が行われ
国際分業　るようになると，FTA 締結国間での国際分業の性質が変
化する。すなわち，多国籍企業が，FTA 締結国のなかで　5
も，とりわけ生産および輸出に最適な立地優位性をもつ国
輸出拠点　に大規模な輸出拠点を設け，そこに生産活動を集約する動
きが見られる。そして，そこで生産された製品を近隣の
FTA 締結国に輸出する。これによって，多国籍企業は，
規模の経済性　関税などの輸出コストを削減できるだけでなく，規模の経　10
輸送コスト　済性による生産コストの削減や，輸送コストと輸送時間の
削減などのメリットを得ることができる。たとえば，日本
の電機メーカーが，タイに生産拠点を集約し，タイを輸出
拠点として，FTA が結ばれている ASEAN 諸国に製品を
供給するケースなどがこれに当たる。　15

輸出拠点化　第3に，多国籍企業による生産拠点の集約と輸出拠点化
が進むにしたがって，中間財メーカーの進出が活発化す
る。工業製品の生産では，中間財の調達，完成品の生産，
サプライチェーン　物流，販売といった付加価値活動が緊密に連携するサプラ
イチェーンが重要な役割を果たしている。したがって，サ　20
プライチェーンを形成する各企業が，生産や物流に関する
活動を効率的に行うことによって，サプライチェーン全体
の優位性が決定される。サプライチェーンが効率的に機能
地理的近接性　するためには，中間財メーカーが，完成品メーカーと地理
輸送効率　的近接性をもち，輸送効率を高めることが重要な役割を果　25
たす。FTA によって貿易の自由化が進展し，国境を越え
た中間財取引に関する関税コストが削減されるだけでな
く，完成品メーカーの輸出拠点化に伴って，中間財メー
カーにとっては，輸出拠点化された完成品メーカーとの取
引規模が拡大する。このため，中間財メーカーや物流企業　30

が，完成品メーカーの輸出拠点と近接する場所に進出し，　1
サプライチェーンにより緊密に参画する傾向が見られる。
たとえば，インドに進出した日本の自動車メーカーは，そ
こを輸出拠点として，FTAを結ぶ国に製品を輸出する動
きを強めると，自動車の生産に必要な部品や生産設備を生　5
産する中間財メーカーが，完成車メーカーに合わせてイン
ドに進出するケースが考えられる。

　第4に，貿易だけでなく，投資の自由化によって，これ
まで多国籍企業が積極的に進出していなかった国や産業部
門において事業展開が行われるようになる。たとえば，イ　10
ンドでは，国内の通信サービス業に対する外国企業の参入
が厳しく制限されてきたが，日本とインドとの間で結ばれ
参入規制　たFTAでは，同業種において外国企業の参入規制を緩和
することが定められた。同国で拡大を続ける大規模な通信
サービス市場は，外国企業にとって有力な立地優位性とな　15
ることから，このFTAをきっかけにインド市場に参入
し，事業展開を行う日本企業が増加すると考えられる。

　第5に，投資環境の整備が進むにしたがって，FTA締
高付加価値化　結国内での多国籍企業活動がより高付加価値化すると考え
られる。たとえば，シンガポールが各国と結んでいるFTA　20
には，知的所有権保護に関するルールが明確化され，これ
に伴って，世界の製薬会社が研究開発施設をシンガポール
に設置したり，アメリカの映画製作会社が進出し，コンテ
ンツの制作を行うようになったりしている。

　第6に，国境を越えた労働力の動きが活発になるにした　25
がって，外国の人的資源を活用する企業が増加する。FTA
においては，業種や職種，個人の能力などに関して一定の
就労制限　条件を設けた上で，外国人の就労制限を緩和することが定
められている場合が多い。これによって企業は，自社の職
務に必要な人的資源を国籍にかかわらず採用し，国内での　30

付加価値活動において有効に活用することが可能となる。　1
たとえば，日本とインドネシアとのFTAにおいては，日
本で不足する介護福祉士などの一部職種について，日本の
在留資格要件　国家資格の取得などを条件に在留資格要件を緩和すること
が定められ，一定期間の研修を経て，国内の介護サービス　5
企業などにおいて勤務できるようになっている。その結
果，同業種での人材不足を改善すると同時に，企業内教
育・訓練の手法にも変化をもたらすと考えられる。

　このように，FTAは国境を越えたモノやサービスの移
動だけでなく，企業活動そのものの動きを促進する役割を　10
果たしている。その結果，各国の貿易構造や産業構造，多
国籍企業の行動パターンなどが大きく変化しつつある。

【6】FTAとバーゲニング

　上述のFTAは，二国間もしくは地域ベースでのバーゲ
ニングを成功裏に展開する手段としても捉えられる。今日　15
では，多国籍企業の活動がいっそう機動的になったため，
一国ベースでのバーゲニングでは，有益な多国籍企業活動
を自国に引き付け，引き止めることがいっそう困難になっ
ている。そこで，各国は多国間ベースで投資ルールを確立
したり，自由貿易による効率的な国際分業を促進したり，　20
知的所有権を保護するなど，多国籍企業にとって良好な投
資環境を整備することによって，複数の国が相互にバーゲ
バーゲニング能力　ニング能力を高めようとする傾向が強まっている。

　FTAによってもたらされる立地優位性として，関税の
国際分業　引き下げや撤廃によって，締結国間で円滑な国際分業が可　25
投資環境　能となる点だけでなく，締結国間で相互に投資環境の整備
が行われ，多国籍企業の円滑な事業展開を促進することな
立地優位性　どが挙げられる。これらの立地優位性がFTA締結国相互

バーゲニング主体　　に増大することによって，締結国群がひとつのバーゲニン　　1
　　　　　　　　　　　グ主体となり，強力なバーゲニング能力を発揮することが
　　　　　　　　　　　期待できる。その結果，多国籍企業活動からベネフィット
　　　　　　　　　　　を獲得しようとする国家間の競争において，FTA 締結国
　　　　　　　　　　　が，FTA を締結していない国に対して相対的な優位性を　　5
　　　　　　　　　　　もつようになると考えられる。

　　　　　　　　　　　　それと同時に，各国による FTA の締結が活発に行わ
　　　　　　　　　　　れ，FTA 締結国群が形成されるようになると，同一の
バーゲニング競争　　FTA 締結国群における国家間のバーゲニング競争も激化
　　　　　　　　　　　する。FTA の締結によって，関税や制度面の投資環境が　　10
　　　　　　　　　　　国家間で調和化されると，個々の国家にとっては，その他
　　　　　　　　　　　の立地優位性要素による差別化がいっそう重要な意味をも
政策の調和化　　　　つようになる。すなわち，各国における政策の調和化は，
　　　　　　　　　　　多国間ベースで多国籍企業活動の円滑化を促進すると同時
立地選択　　　　　　に，多国籍企業の立地選択に関する選択肢を増加させ，よ　　15
　　　　　　　　　　　り機動的な立地選択を可能にする。その結果，調和化され
　　　　　　　　　　　た政策以外の立地優位性要素によって，多国籍企業活動を
　　　　　　　　　　　引き付けられるかどうかが大きく左右されるようになる。

　　　　　　　　　　　　さらに，FTA 締結国間での貿易制度の自由化にとも
　　　　　　　　　　　なって，国際分業がより効率的に行われるようになると，　　20
　　　　　　　　　　　多国籍企業が付加価値活動の拠点を特定の国に集約する傾
　　　　　　　　　　　向が強まる。これまでに述べたように，たとえば ASEAN
　　　　　　　　　　　加盟国間で FTA が締結され，域内での自由貿易が可能に
　　　　　　　　　　　なると，これまで ASEAN の複数国に生産拠点をもって
　　　　　　　　　　　いた電機メーカーが，特定の製品に関して生産コストが低　　25
　　　　　　　　　　　く，市場への輸送効率が良いインドネシアやタイに生産機
　　　　　　　　　　　能を集約し，そこから ASEAN 各国に輸出する体制をと
　　　　　　　　　　　ることが考えられる。このような場合，同一の FTA 締結
　　　　　　　　　　　国群のなかでも，低い生産コストや市場への近接性などの
　　　　　　　　　　　立地優位性をもつ国が，相対的にバーゲニング能力を高　　30

め，それ以外の国から多国籍企業活動をシフトさせること

になる。すなわち，調和化された政策以外に相対的な立地

優位性をもつ国ほど，バーゲニング能力の強化が可能とな

相対的な立地優位性　る。他方，相対的な立地優位性が小さい国は，これまで自

国で展開されていた多国籍企業活動が他国に移転される可　　5

能性が高まり，多国間ベースの政策展開によって逆にバー

ゲニング能力が低下することになる。したがって，多国間

ベースのバーゲニングにおいては，大規模に集約された多

国籍企業活動を自国にとどめ，そこから得られるベネ

フィットを最大化できるかどうかが最大の課題であると言　　10

える。

Group Discussion

1) 任意の国を1つ選び，その国の経済・産業の課題を踏まえた上で，その国の政府の立場から，多国籍企業活動を誘致し，自国の経済発展につなげるためには，どのような政策的取り組みが必要か考えよう。

2) 上記1) のバーゲニングにおいて，政府が達成すべき目標は何か明確にしよう。

3) 上記2) の目標を達成するためには，どのような企業のどのような付加価値活動を誘致すべきか，戦略的に考えよう。

4) 上記3) の企業にとって，その国に進出し，事業展開をすることによって得られるベネフィットは何か考えよう。

5) 今日におけるバーゲニングのひとつの手段として，多国間ベースでの政策展開が挙げられる。たとえば，今後進展が予想される TPP（環太平洋パートナーシップ協定）や RCEP（東アジア地域包括的経済連携）が挙げられるが，これらの参加する各国がバーゲニング能力を強化するためには，個別にどのような取り組みが必要か，多国籍企業活動の受入国の観点から検討しよう。

■ 注

1) たとえば，シンガポールの経済開発庁（Economic Development Board），タイの投資委員会（Board of Investment）などがある。

2) たとえば，インドでは国内の各州で制度や政策が異なるため，州政府単位で外国企業

の誘致活動が行われることが多い。
3）WTO ウェブサイト http://www.wto.org（2022 年 9 月 20 日アクセス）
4）経済産業省通商政策局（2017）には，WTO の仕組みや紛争処理手続の流れ，WTO で審議された具体的な紛争事例が示されている。
5）JETRO（2022）『世界貿易投資報告』第Ⅲ章，第 2 節，p. 4。
6）日本貿易振興機構（2022）『世界貿易投資報告』第Ⅲ章，第 3 節，p. 1。
7）日本経済新聞（2020 年 12 月 5 日）。
8）外務省ウェブサイト https://www.mofa.go.jp/（2022 年 8 月 30 日アクセス）
9）日本貿易振興機構（2022）『世界貿易投資報告』第Ⅲ章，第 3 節，p. 5。

■ 参考文献

Dunning, J. H.（1993）*Multinational Enterprises and the Global Economy.* Wokingham: Addison Wesley.
外務省経済局（編）（2007）『FTA・EPA 交渉』日本経済評論社。
経済産業省通商政策局（編）（2017）『不公正貿易報告書』東京リスマチック。
松下満雄・清水章雄・中川淳司（編）（2009）『ケースブック WTO 法』
日本貿易振興機構（2016）『ジェトロ世界貿易投資報告』ジェトロ。
椎野幸平・水野亮（2010）『FTA 新時代』ジェトロ。
滝川敏明（2010）『WTO 法—実務・ケース・政策』三省堂。
田村次朗（2006）『WTO ガイドブック』弘文堂。
浦田秀次郎・石川幸一・水野亮（編）（2007）『FTA ガイドブック』ジェトロ。
外務省ウェブサイト　http://www.mofa.go.jp/（2017 年 6 月 30 日アクセス）
WTO ウェブサイト　http://www.wto.org/（2017 年 6 月 30 日アクセス）

Exercise 4

【1】多国籍企業と政府の関係について，図中の空欄に記入し整理せよ。

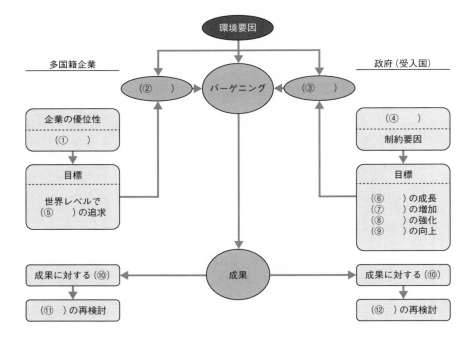

【2】一国ベースの政策について，空欄に記入し整理せよ。

(1)　直接的政策

　　　a)（①　　　　　）的政策

　　　　　　　　　　　　　　　　┌・（②　　　　　　）の減免
　　　企業活動に有利な政策┤・（③　　　　　　）の交付
　　　　　　　　　　　　　　　　│・ハード面の（④　　　　　　　）の整備
　　　　　　　　　　　　　　　　└・（⑤　　　　　　）の簡素化や迅速化

b)（⑥　　　　　）的政策

企業活動の効果を
適正に導出する政策 ⎰・外国企業の（⑦　　　　　）禁止業種の指定
　　　　　　　　　⎱・外国企業の（⑧　　　　　）比率制限
　　　　　　　　　　・外国人の（⑨　　　　　　）制限

(2)　間接的政策

　　a)（⑩　　　　　）保護の強化
　　　・（⑪　　　　　　）の整備と適正な運用
　　b)（⑫　　　　　）の整備
　　　・道路・（⑬　　　　　）・（⑭　　　　　）・工業団地など
　　c)（⑮　　　　　）・研究機関の整備
　　　・人的資源のもつ（⑯　　　　　）・スキル・（⑰　　　　　）の高度化

【3】WTO の仕組みと役割について，空欄に記入し整理せよ。

(1)　WTO の目的
　　a)　モノやサービスの（①　　　　　）の自由化
　　b)（②　　　　　）のルール構築
　　　→ 各国の（③　　　　　）を目指して加盟国間に共通のルールを構築する

(2)　WTO の基本原則
　　a)（④　　　　　）——特定の国が第三国に行っている最も有利な条件を
　　　　　　　　　　　　すべての加盟国に適用すること
　　b)（⑤　　　　　）——輸入品に対して，国内の同じ製品と同一の条件で
　　　　　　　　　　　　法律などが適用されること

(3)　WTO の具体的なルール

　　WTO 設立協定（マラケシュ協定）

　　　┌─┌──────────┌　（⑦　　　　　　　）の引き下げ・撤廃
　　　│　・（⑥　　　　　　）──┤　（⑧　　　　　　　）規則
　　　│　└──────────└　（⑨　　　　　　　）措置　など
　　　│　・サービスの貿易
　　　│　・（⑩　　　　　　）
　　　│　・（⑪　　　　　　）
　　　│　・貿易政策検討制度
　　　└　・複数国間貿易協定

【4】FTA の仕組みと役割について，空欄に記入し整理せよ。

(1)　FTA の目的

　　特定の（①　　　　　　）や地域との間で，物品の輸出入にかかる（②　　　　　　）や数量規制，（③　　　　　　）に対する規制などを取り払うことにより，物品やサービスの貿易を自由にすること。

　　　　※（④　　　　　　）に関する自由化ルールや（⑤　　　　　　）問題，（⑥　　　　　　）の移動など多国籍企業の（⑦　　　　　　）に関するルールを含む場合が多い。

　　　　　　〈（⑧　　　　　　）（経済連携協定）とも呼ばれる〉

(2)　FTA の重要性

　　（⑨　　　　　　）アプローチ

　　　┌　・（⑩　　　　　　）の限定　──→　円滑・迅速なルール構築
　　　┤　・交渉当事国の利害が一致　──→　ルール構築により積極的
　　　└　・他国による FTA 締結　──→　自国の（⑪　　　　　　）締結を促進

【5】FTA が国際ビジネスにもたらす影響について，空欄に記入し整理せよ。

(1) 貿易の自由化

　　　締結国間での（①　　　　　　）の撤廃・削減

　　　→ 締結国間での商品貿易や（②　　　　　　）の促進

(2) （③　　　　　　）の変化

　　　FTA 域内に多国籍企業が（④　　　　）拠点を設置 →
$$\begin{array}{l} \cdot（⑤　　　）を集約 \\ \cdot 近隣国に（⑥　　　） \end{array}$$

　　　多国籍企業のメリット $\begin{array}{l} \cdot（⑦　　　　　）の獲得による（⑧　　　　　）の削減 \\ \cdot（⑨　　　　　）コスト・時間の削減 \end{array}$

(3) 中間財メーカーの動向

　　　多国籍企業による生産集中 →（⑩　　　　　）メーカーが追随

　　　※完成品メーカーとの（⑪　　　　　）・（⑫　　　　　）効率を重視

　　　→（⑬　　　　　）全体の効率＝優位性

(4) 投資の自由化

　　　（⑭　　　　　）の緩和 → ビジネスチャンスの拡大

(5) 投資環境の整備

　　　知的所有権保護などのルール明確化

　　　→ FTA 締結国での多国籍企業活動の（⑮　　　　　）化

(6) 人の移動の自由化

　　　（⑯　　　　　）の緩和 → 国籍に関わらず（⑰　　　　　）の有効活用

【6】FTA によるバーゲニングの変化について，空欄に記入し整理せよ。

・FTA 締結国間で良好な（①　　　　　　）の整備
　　→ 非 FTA 締結国に対する（②　　　　　　）的な立地優位性
　　＝（③　　　　　　）能力の強化

・FTA 締結国で（④　　　　　　）の調和化
　　→ 多国籍企業の（⑤　　　　　　）の選択肢の増加
　　＝締結国間での（⑥　　　　　　）競争

・（⑦　　　　　　）以外の立地優位性要素をいかにもつかが重要
　　→ 大規模に（⑧　　　　　　）された多国籍企業活動を引き付ける

第5章　多国籍企業と立地優位性

　多国籍企業活動の本質は，世界における最適な立地に経営資源を配分し，企業内に内部化された様々なレベルでの付加価値活動を通じて，それらの経営資源を効率的に活用することにより，世界レベルで利潤の最大化を図ることである。とりわけ近年においては，輸送ないし情報・通信技術の発達や，政策的フレームワークの自由化に伴って，多国籍企業がもつ経営資源は，国境を越えていっそう自由に移転されるようになった。

　多国籍企業は，付加価値活動の立地に関して多くの選択肢をもっており，それらのなかから最適と判断された立地を選択する。特定の国や地域に存在し，多国籍企業の立地選択に影響を及ぼす要素を立地優位性と言い，多国籍企業は立地優位性が存在する国や地域を選択して付加価値活動を配置する。本章では，多国籍企業の立地選択の本質を踏まえ，その決定要因となる立地優位性とは何かを学習する。

【1】多国籍企業活動と立地選択

　　　多国籍企業が，自社の付加価値活動をどこに配置するか

立地選択　　　を決定するプロセスが，「立地選択」である。企業は，立

　　　　　　　　地選択において，最適なベネフィットが獲得しうるだけの

立地優位性　　　立地優位性が存在すると判断した場所に，付加価値活動を　5

付加価値活動　　配置する。この立地選択によって，結果的に企業のもつ優

　　　　　　　　位性が左右されるのである。どの地域にどのような立地優

　　　　　　　　位性が存在するかは，産業部門や企業，それに付加価値活

　　　　　　　　動の性質によっても異なっている。多国籍企業は，世界各

　　　　　　　　国に存在する優位性の差異を効率的に利用することによっ　10

て，ベネフィットを獲得しているのである。たとえば，あ　1
るアパレル企業は，優れたデザイナーが多く，ファッショ
ン情報が集積するアメリカで商品の企画・デザインを行
い，質の良い原材料が豊富なインドで生地を調達，生産コ
ストの低いベトナムで染色・縫製，最終的にはそれらの製　5
品を，市場規模の大きいアジアを中心とする国々で販売し
ている。企業はこのように，それぞれの付加価値活動に関
して立地優位性が存在する場所に拠点を配置し，世界レベ
ルで活動を統合化することによって，ベネフィットを獲得
しているのである。　10

【2】立地優位性の概念

(1)　立地優位性の要素

立地優位性　　立地優位性とは，多国籍企業の立地選択に影響を及ぼ
す，特定の立地がもつ優位性要素のことである（Dunning,
1993, p. 77）。すなわち，特定の立地において活動を行う企　15
業に，何らかのベネフィットをもたらすような，その場所
に固有の要素である。立地優位性が形成される単位は，特
定の国や国内の地域，または特定の国家群である。
　図表5は，立地優位性の構成要素を示したものである。
自然的資産　立地優位性はさらに，「自然的資産」と「創造された資産」　20
創造された資産　とに分類することができる。自然的資産とは，天然資源や
スキルのない労働力，土地などといった，有形で自然発生
的な要素を指す。これに対し，創造された資産とは，自然
的資産を人為的に開発することによって形成された有形ま
たは無形の要素である。創造された資産には，様々な面で　25
の技術やスキル，高度な人的資源，ソフト，ハード両面の
インフラ，質の高い市場などの要素が含まれる（Narula,
1996）。

【図表5】　立地優位性の主要な構成要素

自然的資産	インプット市場	天然資源の賦存状況
		低廉な中間財の利用可能性
	地理的条件	事業展開に適した地理的条件・気象条件
		主要市場との近接性
	人的資源	労働市場の規模
		低コスト・低スキルの労働力
		労働者のパーソナリティ
	アウトプット市場	大規模な市場
	社会環境	公用語の利用可能性
		文化の適合性
創造された資産	インプット市場	サポーティングインダストリーの水準・利用可能性
		産業集積の形成
	インフラストラクチャー	ハード・インフラのコストと効率
		高度な研究機関
		金融市場のコストと効率
	人的資源	高度な技術・スキルをもつ労働力
		マネジメント能力の高い経営者
		柔軟なビジネス慣行
	アウトプット市場	高度な需要をもつ市場
	政策	整備された法体系
		安定した政治情勢
		効率的かつ透明な行政システム
		事業展開に有利な諸政策
		自由貿易協定

（出所）筆者作成。

　　　自然的資産の例として，シンガポールには，物流企業の　1
　　多くが東南アジア地域のハブ機能を置いているが，最大の
　　立地優位性として，同国がアジアやオセアニア，中東，北
　　米，欧州の中間地点に位置するという地理的条件が挙げら
　　れる。また，近年ベトナムには，日本のコンビニエンス・　5
　　ストアチェーンや大規模な商業施設を運営する大手小売企

業が進出しているが，最大の立地優位性は，急速に拡大す 1
る同国の大規模な消費市場である。さらに，フィリピンに
は，多くのアメリカ企業が，顧客サービスの窓口となる
コールセンターを設置している。その立地優位性として，
同国では英語が公用語として用いられることから，アメリ 5
カ人顧客とのコミュニケーションが円滑にできるだけでな
く，アメリカとの時差で深夜となる勤務にも対応可能な，
同国の人的資源がもつパーソナリティが挙げられる。

　他方，創造された資産の例として，アイルランドには，
日本を含む世界の大手製薬企業が開発・生産拠点を設けて 10
いるが，同国の立地優位性として，製薬・バイオテクノロ
ジーの分野において，大学などの研究機関が多数存在し，
それらが製薬企業と密接に連携する関係が構築されている
点が挙げられる。このため，多国籍企業は，専門的な知識
をもつ高度な人的資源を獲得できると同時に，これらの研 15
究機関との間でイノベーションの成果を共有し，専門的な
知識にアクセスすることが容易となる。またタイは，多く
の国との間でFTA（自由貿易協定）を締結しており，こ
のことが，各国の自動車メーカーにとって，周辺諸国への
輸出拠点としての立地優位性を高めている。自動車メー 20
カーは，輸出拠点を集中させることで，生産活動における
規模の経済性を獲得できるなど，生産におけるコスト効率
の面でもベネフィットが期待できる。さらに，シンガポー
ルには，映画やアニメ，ゲームなどのコンテンツビジネス
が集積しており，専門的なスキルをもつ人的資源が獲得で 25
きるほか，知的所有権が厳しく保護される政策などが立地
優位性となり，アメリカの大手メディア企業がコンテンツ
の制作拠点を設けている。

創造された資産の重
要性
　とりわけ，近年においては，多国籍企業活動の性質が変
化するのに伴って，自然的資産よりも創造された資産の重 30

要性が増大しつつある[1]。つまり，高度な人的資源が豊富　　1
に存在し，インフラが整備され，水準の高い市場が存在す
るような立地ほど，立地優位性の水準が高く，多国籍企業
が高度な付加価値活動を立地する傾向がある。

　しかしながら，自然的資産であっても，以下のような場　　5
合には，多国籍企業活動を引き付ける上で重要な立地優位
性要素となりうる。第1に，特定の国や地域，都市に固有
の地理的条件が挙げられる。これには，物理的な場所だけ
でなく，その場所に固有の気象条件や地形などが含まれ
る。たとえば，インドがアメリカのIT企業にとって重要　　10
なソフトウエア開発拠点である理由は，インドに固有の立
地優位性がいくつか存在するためであるが，そのうち重要
な役割を果たすのが，インドとアメリカとの地理的な関係
である。すなわち，インドとアメリカの間には，昼夜が逆
転する時差があり，アメリカとインドの双方で業務を効率　　15
的に遂行できることが，重要な立地優位性となるのであ
る。第2に，生産と消費が同時に行われる産業部門にとっ
ての優位性要素が考えられる。小売業などのサービス産業
では，多くの場合生産と消費が同じ場所で行われる。この
ため，これらの産業部門においては，立地優位性をもつ市　　20
場の代替選択肢が限定されることになる。たとえば，中国
に大規模な消費市場が存在すれば，コンビニチェーンなど
の商業施設を運営する企業にとっては，このことが有力な
立地優位性となる。第3に，企業の優位性を形成する上で
必要不可欠な要素である場合が挙げられる。たとえば，生　　25
産コストの低廉性は，価格競争力を重視するカジュアル
ウェアブランド企業にとって，販売市場での価格を抑制す
る上で必要不可欠となるため，有力な立地優位性となりう
る。

(2)　立地優位性の知覚

多国籍企業の知覚

　特定の国や地域の立地優位性要素やその水準は，多国籍企業の知覚によって決定される。したがって，それらは，企業が属する産業部門や個々の企業の戦略，付加価値活動の性質によって異なっている。さらに，同一の付加価値活動に対しても，その工程によって，別個の国や地域に異なる立地優位性が存在する場合もある。

　たとえば，日本の大手アパレルブランドは，生産コストが相対的に低く，自社の主要な市場に近い中国などのアジア諸国を中心に生産拠点を配置しているのに対し，同一業種でスペインに本拠を置く企業では，商品の開発から生産までのリードタイムを短縮することを重視し，最大の生産拠点を自国の本社に隣接させている。このことは，同一業種の企業による同一の付加価値活動であっても，個々の企業の戦略によって，何を立地優位性として知覚するかが異なる点を示している。また，日本の大手自動車メーカーは，日本のほか，北米，欧州，アジア，オーストラリアに研究開発拠点を設け，主にそれぞれの地域で販売する自動車の設計や開発を行っている。それに加えて，アメリカの拠点では，現地のインターネット企業や研究機関と共同で，通信技術や自動運転技術など，最先端の開発活動を行う一方で，フランスの拠点では，主に自動車のデザインを専門に行う役割を担っている。このことは，同一の付加価値活動においても，さらに細分化された機能に対して，それぞれ別個の立地優位性が異なる国に存在することを示唆している。

企業の戦略

　このように，同一の国や地域における立地特殊的要素であっても，それを「優位性」として捉えるかどうか，またどの程度有益な優位性と知覚するかは，個々の企業によって異なっているのである。したがって，多国籍企業がもつ

優位性を高度化するためには，自社の戦略や付加価値活動　1
の性質ないし目的と，事業展開を行う国や地域がもつ立地
優位性とを最適に適合させる必要があると言える。

(3)　立地優位性の変化

　立地優位性要素や優位性の水準は，時間の経過とともに　5
変化することもある。たとえば，発展途上国の低廉な労働
力の存在は，低コスト生産を可能にする重要な立地優位性
となりうるが，経済発展に伴って人件費が高騰すれば，そ
の優位性水準は低下する。その結果，低コスト生産が重要
な付加価値活動となる企業は，他の国に生産拠点をシフト　10
させる可能性が高い。同様に，特定の産業部門を対象とす
る政府の優遇政策が変更され，企業にとってベネフィット
が期待できなくなれば，政策に関する優位性水準は低下
し，企業が付加価値活動の配置を見直す場合もある。

　さらに，特定の国や地域の立地優位性は，そこで事業展　15

相互作用

開を行う多国籍企業活動との相互作用によっても変化する
（Narula, 1996）。自然的資産に対する特権的なアクセスに
よって優位性を獲得した企業は，その事業展開を通じて自

自然的資産
創造された資産

然的資産に付加価値を賦与し，当該立地の自然的資産を創
造された資産に転換することが可能となる。また，創造さ　20
れた資産を獲得・活用することによってベネフィットを獲
得した企業は，創造された資産の水準をいっそう高度化

資産の利用可能性

し，当該国で事業展開を行う他の企業に対してこれらの資
産の利用可能性を高めることが可能となる（Narula, 1996,
p. 71）[2]。このように，立地優位性と企業の優位性との相　25

立地優位性要素の水
準

互作用によって，特定の国における立地優位性要素の水準
が，時間の経過とともに向上すると考えられる。

　たとえば，タイには現在，世界の主要な自動車メーカー
が生産拠点を設けているが，その付加価値活動を引き付け

る重要な立地優位性のひとつとして，自動車部品や素材な　　1
どの中間財産業が集積している点が挙げられる。タイの自
動車産業における中間財産業の集積は，かつて同国に進出
した外国の自動車メーカーが，現地での生産活動の進展に
伴って，部品や原材料の現地調達率を徐々に引き上げたこ　　5
とを契機に形成された。すなわち，多国籍企業が現地の中
間財メーカーとの取引を徐々に活発化させたのに伴って，
現地の中間財メーカーは，多国籍企業が求める品質の製品
を生産できる技術を次第に獲得した。そして，これらの中
間財を大量に調達する多国籍企業は，生産と調達の適時性　　10
を重視するため，必然的に多国籍企業の生産拠点と近接す
る立地に，中間財メーカーの生産拠点が集積するように
なった。このことが，タイの立地優位性をさらに高度化さ
せ，新たな多国籍企業活動を引き付けるようになったと言
える。　　15

(4)　立地優位性の相対化

　近年では，多国籍企業の立地をめぐる選択肢が増加し，
各国が企業の立地をめぐって競合関係にある。発展途上国
の経済発展に伴って，各国がもつ立地優位性要素はいっそ
う類似する傾向が強まっている。たとえば中国は，かつて　　20
「世界の工場」と呼ばれ，繊維や電気機器といった労働集
約的な産業部門にとっては，現在でも低コストの生産能力
が重要な立地優位性となっている。しかし，現在では近隣
のベトナムやカンボジアなどの国々も，労働集約産業に
とって，中国に代替する重要な生産拠点として位置づけら　　25
立地特殊的要素の変　れるようになった。また，他国の立地特殊的要素の変化
化　　が，自国の立地優位性に影響を及ぼす場合もある。たとえ
ば，2016年以降，アメリカの通商政策に関する方針の変
更が，隣国であるメキシコにおいて，北米各国への輸出を

目的とする生産拠点としての立地優位性に著しい影響を及 1
ぼしている。このように，企業は多くの選択肢のなかから
最適な立地に活動拠点を配置する。したがって，立地優位
性の水準は，企業から見て選択肢となる複数の立地間で，
相対的に決定されるようになっている。 5

　この点について，Rugman は，立地優位性に相対的な
視点を加えた新たな概念的フレームワークを提示した
（Rugman, 1995)[3]。それによれば，特定の国に立地する
企業の成功は，企業の国籍にかかわらず，持続的な付加価
値の創造という観点から，特定国と外国の双方に形成され 10
ダイヤモンド　　　　るダイヤモンドの諸要素[5]によって左右されると考えられ
る。すなわち，特定の国におけるそれぞれの産業の活動
ダイヤモンドの決定　　が，特定国と外国の双方に形成されるダイヤモンドの決定
要因の　　　　　要因の上に成り立っており，国際的な競争力をもたらすの
は，特定国と外国のそれぞれの決定要因である（Rugman, 15
1995, p. 106)。

　この概念を援用すれば，特定の国の立地優位性要素とそ
の水準は，自国もしくは立地選択の候補となる第三国との
間で決定されることになる。すなわち，特定の国における
立地優位性の水準は，当該国と競合する第三国の立地優位 20
性水準との差異であると換言できる。この概念が示された
背景として，世界各国で通商政策の自由化が進展するのに
伴い，国家間での中間財や完成品の貿易がより柔軟に行え
るようになった点，発展途上国の経済発展に伴って，類似
した立地優位性要素ないし優位性水準をもつ国が増加した 25
点が考えられる。その結果，多国籍企業の立地選択におけ
る選択肢がいっそう多様化したと言える。

　このように，今日の企業は，より多くの選択肢のなかか
ら最適な立地に付加価値活動の拠点を配置する。したがっ
て，立地優位性の水準は，企業から見て選択肢となる複数 30

の立地間で，相対的に決定されるようになっている。この　　　1
ような条件の下で，多国籍企業は，各国で異なる立地優位
性を，付加価値活動ごとに最適に組み合わせ，全社レベル
で効率的に調整することによって，優位性を高めることが
可能となる。　　　　　　　　　　　　　　　　　　　　　5

【3】立地優位性とクラスター

(1)　クラスターの基本概念

　企業の優位性を最も効率的に構築する要因が，創造され
た資産であるとすれば，創造された資産の賦存状況だけで
なく，それらのもつ能力や利用可能性が，企業にとって最　　　10
も有利であると知覚されるときに，活動を行う国の立地優
位性が最大化されることになる。とりわけ，創造された資
産の生成，開発，利用，フィードバックという一連のプロ
セスが，最も効率的に展開される場として，特定の国ない
産業集積　　　し地域における産業集積が挙げられ，このような産業集積　　　15
クラスター　　は「クラスター」と呼ばれている（Porter, 1998）。クラス
ターとは，特定の分野において，相互に関連のある企業や
機関が地理的に集中している状態である。クラスターは，
関連する複数の産業や競争上大きな意味をもつ他の団体も
含むものである。クラスターの範囲を決定するのは，産業　　　20
補完性　　　や企業，機関などの関連や補完性であり，それらが競争に
おいて最も重要な役割をもっている（Porter, 1998, 邦訳,
p. 70）。Porter は，多国籍企業による活動拠点の立地選択
に対して影響を及ぼす決定要因を，要素条件，需要条件，
関連・支援産業，企業の戦略・構造・ライバル間競争の4　　　25
つに分類し，国の競争優位を構築するこれらの要素の関係
国の競争優位のダイ　　を「ダイヤモンド」と呼んだ（Porter, 1990, 邦訳, pp.
ヤモンド　　　106-107）。そのなかで Porter は，クラスターを国の競争

関連・支援産業　優位のダイヤモンドを構成する「関連・支援産業」の集積　1
として位置づけ，クラスターにおいては，ダイヤモンドの
4つの構成要素が効率的に機能し，企業の生産性が向上す
ると同時に，イノベーションが促進されるとしている
（Porter, 1990, 邦訳, p. 86)[4]。　　　　　　　　　　　　　5

(2)　クラスターのベネフィット

競争と協調　　クラスターは，競争と協調の双方を促進し，それによる
ベネフィットは，大きく分けて次の3点であるとされてい
る。第1に，その地域で活動を行う企業の生産性を増大さ
イノベーション　せること。第2に，イノベーションの方向性と速度に影響　10
を与えること。第3に，新規事業の形成を刺激し，クラス
ター自体の競争力を強化することである（Porter, 1998)。
　企業はクラスターに参画することによって，経営資源の
調達，情報や技術に対するアクセス，関連企業との調整，
モチベーション　モチベーションの向上などの観点から，生産性を増大させ　15
ることが可能である。また，クラスター内の企業は，それ
ぞれが生産活動を行う上で密接に関係するため，その結果
として，個々の企業の能力を単純に合計したよりもはるか
に大きな成果が創造されると考えられる。これはクラス
ター内で，各企業の付加価値活動が，何らかの補完性を　20
つためである。さらに，インフラや教育プログラムなど，
政府機関が行う投資によって，企業の生産性が向上する場
合がある。その他にも，クラスターに集積される情報や技
術などといった準公共財が，競争から副次的に生じている
公共財　ため，クラスターの企業は，これらの公共財を特権的に使　25
用することが可能である（Porter, 1998, 邦訳, pp. 87-96)。
　企業が持続的なイノベーションを行う上でも，クラス
ターの果たす役割は大きいと言える。クラスターには先進
的な顧客が存在している場合が多いため，クラスター内の

企業はその顧客のニーズを的確に把握し，それに対応する　1
上で，市場についての幅広い情報を入手することが可能で
ある。クラスター内に立地することで，イノベーションの
チャンスを発見しやすくなり，さらに迅速に行動すること
が可能になるとされている（Porter, 1998）。このようなク　5
ラスターの規模や構造は様々であり，世界レベルで事業展
開する自動車メーカーの生産拠点を中心に，中間財メー
カーが集積して形成されるクラスターがある一方で，繊維
産業の小規模な企業が集積し，開発・生産・流通・販売と

付加価値活動のネッ
トワーク
いった付加価値活動のネットワークを形成するクラスター　10
もある。

(3)　クラスターと多国籍企業

　クラスターを形成する企業は，多国籍企業とは限らない
が，多国籍企業がクラスターに参入する主な要因として，
最先端のアイデアや専門的知識，技術をもつ人的資源への　15
アクセスが挙げられ，クラスターの優位性は，クラスター
内における諸活動の規模と，活動間のリンケージの質に左
右される（Birkinshaw, 2000, p. 98）。さらに，クラスター
に多国籍企業が参入していること自体が，クラスターの優
位性が高いことを示しているため，企業にある種の群集心　20
理が作用し，企業のクラスターへの参入を促進すると同時
に，クラスターの専門性と特殊性を強化することによっ
て，クラスターの優位性を高度化することが可能である
（Birkinshaw, 2000, p. 117）。

　他方，多国籍企業が参入することによるクラスターに　25
とってのベネフィットとしては，以下の3点が考えられ
る。第1に，クラスターに多国籍企業が参画することに

事業規模
よって，クラスターを形成する企業の事業規模が拡大する
ことである。多国籍企業の活動規模は，国内企業と比較し

て相対的に大きい。このため企業は，多国籍企業が参画す　1
るクラスターにコミットし，主に取引を通じて多国籍企業
と密接に関わることによって，自社の事業規模を拡大する
可能性が高い。

生産性　　　　　第2に，クラスターを形成する企業の生産性がいっそう　5
高度化する点が指摘できる。クラスターのメンバーである
企業が，多国籍企業とコミットしようとした場合，それら
の企業が，多国籍企業の要求水準に見合ったアウトプット
を提供しなければ，クラスターには生き残れない。した
がって，クラスターに参画する多国籍企業は，クラスター　10
を形成する他のメンバー企業のイノベーションを刺激し，
クラスター全体の生産性を向上させる役割を果たしてい
る。

世界市場との接点　　第3に，クラスターに参画する多国籍企業が，世界市場
との接点の役割を果たすことが挙げられる。多国籍企業が　15
クラスターに参画していれば，そこで生産されるアウト
プットは，他の国々に輸出されるケースが多い。たとえ
ば，インドのIT産業集積地で生産されたソフトウエア製
品は，大半がアメリカなどの先進国に輸出されている。し
たがって，クラスターを形成するメンバー企業にとって　20
は，多国籍企業を通じて，自社の製品がより規模の大きい
世界市場に輸出されることで，大きなベネフィットを獲得
する機会となる。

　このように，いずれの場合も，多国籍企業がクラスター
に参画することによって，クラスター全体の優位性が増大　25
すると言える。そしてこのことが，さらに優位性の高い企
業をクラスターに引き付け，良い循環を生じさせると考え
られる。

【4】生産活動の本国回帰と立地優位性

　前項でも述べた通り，立地優位性は時間の経過とともに
変化する。そして，立地優位性要素とその水準は，企業の
知覚によって決定される。主に2010年代後半以降，かつ

生産活動
再配置
て海外に移転した生産活動を日本国内に再配置したり，国
内に生産拠点を新設する日本の多国籍企業が見られるよう
になった。その要因として，生産活動にとっての日本の立
地優位性が，近年相対的に高度化している点が挙げられ
る。

立地優位性
主要市場との近接性
　製造業にとっての日本の立地優位性として，第1に，主
要市場との近接性が挙げられる。すなわち，日本国内や東
アジアを主要な市場として捉える企業もしくは製品にとっ

リードタイム
生産コストの相対的
な低廉性
て，生産から販売までのリードタイムを短縮できるという
ベネフィットが期待できる。第2に，生産コストの相対的
な低廉性が考えられる。中国や東南アジア各国では，経済

人件費
生産コスト
労働集約度
発展にともなって人件費が上昇し，生産コストの低廉性と
いう立地優位性は徐々に低下しつつある。さらに，近年の
自動化技術の進歩に伴って，生産活動における労働集約度
が低下し，生産コストに占める人件費の割合も低下しつつ
ある。このため，製品によっては，国内に生産活動を配置
しても，生産コストを相対的に抑制できると考えられる。

高品質製品の生産能
力
第3に，高品質製品の生産能力が指摘できる。業種を問わ
ず，日本で生産された製品の品質に対する知覚や信用は世
界レベルで共有されているが，とりわけ近年においては，
国内外を問わず高品質の日本製品に対するニーズが増大し
ている。アジア各国における所得水準の向上や，日本への
渡航経験の増加などに伴って，化粧品や服飾雑貨，生活用

付加価値
品などの製品分野においては，日本で生産されたことの付

加価値が増大しつつある。このため，これらの企業にとっ 1
ては，日本国内に生産活動を配置する重要性がいっそう高
まっている。第4に，通商政策の自由化に伴って，輸出コ

通商政策の自由化
輸出コスト
自由貿易協定
関税
貿易障壁

ストが低下した点が挙げられる。近年日本は，主要な貿易
相手国と相次いで自由貿易協定を締結し，関税をはじめと 5
する貿易障壁が著しく低下した。このため，販売市場が自
由貿易協定の締結国であれば，日本で生産・輸出した場合
でもコストを抑制することが可能となっている。

　このように，多国籍企業活動を引き付ける各国の立地優
位性は，時間の経過とともに変化し，他国との相対的な概 10
念として知覚される。2010年代後半以降の日本に関して
みれば，人件費の上昇に代表される他国の立地優位性の低

他国の立地優位性の
低下
技術の進歩
主要市場の規模と性
質の変化
通商政策の変化

下，AIや自動化などの技術の進歩，主要市場の規模と性
質の変化，世界レベルでの通商政策の変化といった要因に
よって，生産活動に関する日本の立地優位性水準が相対的 15
に向上したと言える。

　ただし，これらの立地優位性は，一部の産業部門に限定
されるものである。また，サプライチェーンのグローバル
化が進展する今日においては，個々の付加価値活動が国境
を越えて複雑に結びついている。このため，多国籍企業が 20
固有の優位性を獲得するためには，完成品の生産に関する
立地優位性のみに基づいて，生産拠点を変更するだけでは
十分とは言えない。重要なのは，中間財の調達，完成品の

サプライチェーン全
体
統合化

生産，販売までのサプライチェーン全体を視野に入れ，そ
れぞれの付加価値活動を統合化して，世界レベルで最適な 25
立地を組み合わせることである。

Group Discussion

1) 任意の国や地域を1つ取り上げ，その立地優位性要素が何であるかを考えよ

う。

2) 上記の立地優位性要素を，さらに業種や付加価値活動ごとに掘り下げ，どのような多国籍企業の活動を引き付けられるか考えよう。

3) 立地優位性要素や水準は，時間の経過に伴って変化するが，上記1) の国や地域の立地優位性は，今後どのように変化するか考えよう。

4) 上記1) の国や地域が，今後も立地優位性を高度化させる条件とは何か考えよう。

5) 立地優位性の水準は，相対的に決定されるが，上記1) の国や地域と競合関係になる立地を1つ挙げ，自分たちが選んだ国や地域と，競合する立地との間の相対的な立地優位性は何かを考えよう。

6) 世界中に形成されるクラスターのなかから，任意に1か所を取り上げ，そのクラスターを形成する企業や機関にはどのようなものがあるか調べよう。

7) 上記6) のクラスターに多国籍企業が参入することで，どんなベネフィットがあるか，クラスターにとってのベネフィットと，多国籍企業にとってのベネフィットとに分けて考えよう。

8) 2010年代後半以降，生産拠点の本国回帰の動きが見られた日本企業を1社挙げ，その企業にとっての日本の立地優位性は何か考えよう。

■ 注

1) Dunning（1998）は，1970年代と1990年代の多国籍企業活動の性質を比較した上で，多国籍企業活動の目的が多様化し，高度化するのに伴って，必要とされる立地優位性要素も変化すると論じている。

2) Narula は，立地優位性について，自然的資産と創造された資産の相互作用関係を図式化している（Narula, 1996, p. 73, Figure 5.1）。

3) Rugman（1995）は，国ごとの立地優位性について，Porter が提示した「競争優位のダイヤモンド」に対して，ダイヤモンドを構成する4つの優位性要素の水準が，複数の国の間で相対的に決定されると論じている。

4)「国の競争優位のダイヤモンド」を構成するそれぞれの要素と，要素間の関係性については，Porter（1990）上巻第3章に詳細に述べられている。

■ 参考文献

Birkinshaw, J.（2000）"Upgrading of Industry Clusters and Foreign Investment," *International Studies of Management and Organization*, Vol 30, No. 2, pp. 99-113.

Dunning, J. H.（1993）*Multinational Enterprises and the Global Economy*, Wokingham: Addison Wesley.

Dunning, J. H. (1998) "Location and the multinational enterprise: A neglected factor?" *Journal of International Business Studies*, Vol. 29, No. 1, pp. 45-66.

Dunning, J. H. and S. M. Lundan (2008) *Multinational Enterprises and the Global Economy*, Cheltenham: Edward Elgar.

Narula, R. (1996) *Multinational Investment and Economic Structure*, London: Routladge.

Porter, M. E. (1985) *Competitive Advantage*, New York: The Free Press. 土岐坤・中辻萬治・小野寺武夫（訳）(1985)『競争優位の戦略』ダイヤモンド社。

Porter, M. E. (1990) *The Competitive Advantage of Nations*, New York: The Free Press. 土岐坤ほか（訳）(1992)『国の競争優位』ダイヤモンド社。

Porter, M. E. (1998) *On Competition*, Boston: Harvard Business School Press. 竹内弘高（訳）(1999)『競争戦略論Ⅱ』ダイヤモンド社。

Rugman, A. M. (1995) *Beyond the Diamond*, London: JAI Press.

Exercise 5

【1】「立地優位性」について，空欄に記入し整理せよ。

(1)　立地優位性の概念

　　a)　立地優位性とは

　　　　・多国籍企業の（①　　　　　　）に影響を及ぼす

　　　　・その場所での活動に（②　　　　　　）をもたらす

　　　　──　その場所に固有の（③　　　　　　）要素

　　b)　立地優位性の分類

　　　　・（④　　　　　　）資産

　　　　　自然発生的な要素

　　　　・（⑤　　　　　　）資産

　　　　　自然的資産を（⑥　　　　　　）することによって形成される要素

　　　　　　※近年は（⑦　　　　　　）資産の重要性が増大

　　　　　　──　高度な立地優位性を形成

　　c)　自然的資産が重要となる場合

　　　　・特定の国や地域，都市に固有の（⑧　　　　　　）

　　　　・生産と（⑨　　　　　　）が同時に行われる産業部門にとっての優位性要素

　　　　・企業の優位性を形成する上で（⑩　　　　　　）な要素

(2)　立地優位性の特性

　　a)　立地優位性の知覚

　　　　立地優位性の要素と水準　＝　企業の（⑪　　　　　　）によって決定

　　　　┌企業が属する（⑫　　　　　）・個々の企業の（⑬　　　　　）・
　　─→│付加価値活動の性質・付加価値活動の（⑭　　　　　）によっ
　　　　└て異なる

　　b)　立地優位性の変化

　　　・国の経済発展など（⑮　　　　　　）の経過とともに変化

　　　・多国籍企業活動との（⑯　　　　　　）で変化

　　　　※付加価値活動を通じて自然的資産を（⑰　　　　　）に転換

　　　　　─→（⑱　　　　　　）の水準がさらに高度化

　　c)　立地優位性の相対化

　　　・世界各国での（⑲　　　　　　）の自由化

　　　・発展途上国の（⑳　　　　　）

　　　　─→┌・立地の選択肢が増加＝複数の国が（㉑　　　　　）関係
　　　　　　└・立地優位性の水準＝第三国との（㉒　　　　　）で決定

　　　※各国で異なる立地優位性を（㉓　　　　　　）ごとに最適に組み合わせる

　　　　＝全社レベルでの効率的な（㉔　　　　　　）によって優位性が向上

【2】代表的な立地優位性要素には，以下のようなものがある。空欄に記入し整理せよ。

自然的資産	インプット市場	（①　　　　　　）の賦存状況
		低廉な（②　　　　　　）の利用可能性
	地理的条件	事業展開に適した（③　　　　　）・気象条件
		主要市場との（④　　　　　）
	人的資源	労働市場の規模
		（⑤　　　　　　　　　）の労働力
		労働者のパーソナリティ
	アウトプット市場	大規模な市場
	社会環境	公用語の利用可能性
		文化の適合性
創造された資産	インプット市場	（⑥　　　　　　　　　）の水準・利用可能性
		産業集積の形成
	インフラストラクチャー	（⑦　　　　　　　　　）のコストと効率
		高度な研究機関
		金融市場のコストと効率
	人的資源	高度な（⑧　　　　　　　　　）をもつ労働力
		マネジメント能力の高い経営者
		柔軟な（⑨　　　　　　）
	アウトプット市場	高度な需要をもつ市場
	政策	整備された（⑩　　　　　）
		安定した政治情勢
		効率的かつ透明な（⑪　　　　　　）
		事業展開に有利な諸政策
		（⑫　　　　　　）

【3】立地優位性と「クラスター」について，空欄に記入し整理せよ。

(1)　クラスターの概念

　　a）クラスターとは

　　　相互に関連のある（①　　　　　　）や機関が，地理的に（②　　　　　　　）

し，（③   ）性をもっている状態。

b）クラスターの特徴

（④   ）の生成・（⑤   ）・（⑥   ）・フィード
バックが最も効率的に展開される場。

(2) 企業にとってのクラスターのベネフィット

a）企業の（⑦   ）が増大する。
- ・経営資源の調達
- ・技術や情報に対する（⑧   ）
- ・関係企業との（⑨   ）
- ・（⑩   ）の向上

b）（⑪   ）の方向性が定まり，速度が向上する。
- ・先進的な（⑫   ）のニーズを把握できる
- ・市場についての幅広い（⑬   ）を入手できる
-   ──→ （⑭   ）のチャンスを発見しやすい

c）（⑮   ）の形成を刺激する

(3) クラスターにとっての多国籍企業が参画するベネフィット
a）クラスター内の多国籍企業との取引
  ──→   クラスターを形成する企業の（⑯   ）が拡大
b）多国籍企業の高い（⑰   ）
  ──→   クラスターを形成する企業の（⑱   ）を刺激
c）多国籍企業を通じた自社製品の輸出
  ──→   多国籍企業が（⑲   ）との接点

  ※クラスター全体の（⑳   ）が向上

【4】生産活動の本国回帰と立地優位性について，空欄に記入し整理せよ。

(1)　生産活動の本国回帰
　　・海外に移転した生産活動を日本国内に（①　　　　　　　）
　　・日本国内に（②　　　　　　　）を新設

(2)　製造業にとっての日本の立地優位性
　　a) 主要市場との（③　　　　　　）
　　　　── 生産から販売までの（④　　　　　　　）の短縮
　　b)（⑤　　　　　　　　）の相対的低廉性
　　　・中国やアジア各国における（⑥　　　　　　）の上昇
　　　・（⑦　　　　　　）技術の進歩による（⑧　　　　　　）の低下
　　c)（⑨　　　　　　　）の生産能力
　　　・アジア各国における（⑩　　　　　　）の上昇
　　　・日本への（⑪　　　　　　）の増加
　　　　── 日本製品の（⑫　　　　　　　）の増大
　　d)（⑬　　　　　　）の自由化
　　　・関税などの（⑭　　　　　　）の低下
　　　・（⑮　　　　　　）コストの低下

第6章　多国籍企業とグローバル・サプライチェーン

　　多国籍企業活動の本質は，最適な立地優位性が存在する場所にそれぞれの付加価値活動を配置し，それらを世界レベルで調整することである。そして，多国籍企業が成功裏に事業展開を行うためには，この配置と調整のプロセスに，企業としての優位性を活用することが不可欠である。しかしながら，特定の企業が，中間財の生産から，完成品の生産，物流，販売までをすべて自社のみで行うことは，一般的に困難である。そこで，サプライチェーンの各プロセスにおいて，それぞれ異なる企業が役割を分担した上で，効率的かつ迅速に製品の生産，物流，販売に至るマネジメントが重要となる。現在では，サプライチェーンが国境を越えて形成され，その主たる担い手が多国籍企業であるケースも多い。そこで本章では，このようなグローバル・サプライチェーン・マネジメントの基本的な仕組みを学習する。

【1】サプライチェーンの概念

　サプライチェーン

　　サプライチェーンとは，特定の製品に関する中間財の生産から，完成品の生産，輸送，販売までの相互に関連した一連の流れを言う。図表6は，サプライチェーンの各機能を構成する主な担い手と，それぞれの役割を図示したものである。サプライチェーンは，最終財を生産する完成品

　完成品メーカー

メーカーを中心に，完成品の生産に必要な部品などの中間

　1次サプライヤー

財を生産する1次サプライヤー，さらに中間財を生産する

　2次サプライヤー

のに必要な原料や素材を生産する2次サプライヤー，完成

　卸売企業

品として生産された最終財を流通される卸売企業，最終財

【図表6】　グローバル・サプライチェーン・マネジメントの担い手と役割

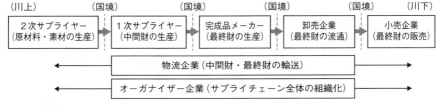

(出所) 筆者作成。

小売企業　　　　　を顧客に販売する小売企業，最終財や中間財の輸送を担う
物流企業　　　　　陸運業，海運業，航空業などの物流企業で構成されるのが
　　　　　　　　　　一般的である。これに加えて，サプライチェーン全体を組
　　　　　　　　　　織化し，効率的に機能させるオーガナイザーとしての役割
　　　　　　　　　　をもつ企業が介在する場合もある[1]。そして，上述の構成
経営資源　　　　　企業の間を，様々な経営資源が移動する。サプライチェー
　　　　　　　　　　ン上を移動する経営資源とは，生産されるモノだけでな
　　　　　　　　　　く，カネや情報も含まれる。場合によっては，サプライ
　　　　　　　　　　チェーンを構成する企業間で，ヒトや技術の移動も発生す
　　　　　　　　　　る。モノの流れの観点から，サプライチェーンの小売企業
川下　　　　　　　側を「川下」，サプライヤー側を「川上」と呼ぶ。
川上
　　　　　　　　　　　たとえば，日本のコンビニエンス・ストアチェーンは，
　　　　　　　　　　サプライチェーン上の最も川下に位置する小売企業に該当
　　　　　　　　　　するが，そこで販売される弁当は，特定の完成品メーカー
　　　　　　　　　　で生産される。さらに，弁当に必要な食材を継続的に供給
　　　　　　　　　　するサプライヤーが川上側に存在する。そして，完成品
　　　　　　　　　　メーカーから各店舗への配送を担当する物流企業が，小売
　　　　　　　　　　企業のデリバリー・システムに合わせて，発注された商品
　　　　　　　　　　を正確かつ効率的に輸送する。この点において，コンビニ
　　　　　　　　　　エンス・ストアチェーンは，小売企業であると同時に，サ
　　　　　　　　　　プライチェーン全体を組織化するオーガナイザー企業とし
　　　　　　　　　　ての役割も果たしている。また，商品の開発は，基本的に

は小売企業であるコンビニエンス・ストアチェーンが行う　1
が，完成品メーカーのスタッフがこのプロセスに参加する
場合もある。日本の大手コンビニエンス・ストアチェーン
は，このようなサプライチェーン・マネジメントを国内外
で同等に展開している。そこで，サプライチェーンを効率　5
的に機能させるためには，単なるモノやカネの移動だけで
なく，企業の枠を超えて情報やヒトを効果的に活用するこ
とも重要となる。

【2】グローバル・サプライチェーン・マネジメントの概念

10

サプライチェーン・
マネジメント

製品
数量
タイミング
コスト

経営資源

　サプライチェーン・マネジメントとは，最も川下に位置
する販売市場で，必要とされる製品を，必要とされる数量
だけ，必要とされるタイミングで，適切なコストによって
供給できるよう，川上に位置する中間財市場からサプライ
チェーン全体を効率的に機能させる取り組みである。その　15
ために，サプライチェーンを構成する企業の優位性を最適
に組み合わせ，企業間で最適な経営資源の共有や移動を行
う必要がある。
　現在では，サプライチェーンのグローバル化が進展し，
それぞれの機能が，国境を越えて形成される場合も多い。　20
たとえば，スペインのアパレルブランド企業 INDITEX 社
は，主力ブランドである ZARA を中心に，94 か国で約
7,400 店舗を展開しており，そこで販売される同社の製品
は，53 か国約 1,800 社のサプライヤーによって生産され
ている。同社は，小売企業として位置づけられるが，自社　25
で販売する製品は，自社のデザイン拠点で開発し，国境を
越えてサプライヤーに生産委託する形をとっている。各国
のサプライヤーの生産活動は，同社の行動規範（Code of

Conduct）に基づいて行われ，定期的に同社による監査を　1
受けることになっている[2]。同社では，デザインから生
産，販売に至るリードタイムはわずか3週間とされてお
り，国境を越えたサプライチェーンを迅速に機能させるこ
とが極めて重要であると言える。このように，アパレル産　5
業において，開発から販売までの国境を越えたサプライ
チェーンを小売企業が組織化し，効率的にコントロールす
る手法は，SPA（Specialty store retailer of private label
apparel）と呼ばれる。

SPA

**グローバル・サプラ
イチェーン・マネジ
メント**
立地優位性
配置
調整

企業の優位性

　国境を越えたグローバル・サプライチェーン・マネジメ　10
ントの本質は，サプライチェーンのそれぞれの機能を，最
適な立地優位性の存在する場所に配置し，ひとつのサプラ
イチェーンとして，世界レベルで調整することである。さ
らに，サプライチェーンの機能ごとに最適な立地優位性を
組み合わせるだけでなく，サプライチェーンを構成する企　15
業の優位性を最適に組み合わせることで，サプライチェー
ン全体を効率的に機能させることができる。中間財の調達
を行う拠点の主たる立地優位性として，必要とされる中間
財の調達可能性やコスト，品質などが挙げられる。これに
対し，完成品を生産する拠点の立地優位性は，主に当該製　20
品に関する生産技術の水準や生産コストだけでなく，主要
市場との近接性やインフラストラクチャーの整備状況，輸
出入に有利な通商政策，当該産業部門の地理的集積なども
考慮される。

調達市場
販売市場
最適化

　とりわけ，国境を越えたサプライチェーン・マネジメン　25
トで重要となるのは，調達市場と販売市場の最適化であ
る。すなわち，サプライチェーン・マネジメントを展開す
る企業にとって，世界中の選択肢から，自社にとって最適
な販売市場と，そこで販売する製品を生産・調達する上で
優位性をもつ国を最適にマッチングすることが最大の課題　30

である。さらに，サプライチェーンが世界中に及ぶため，
不安定かつ不確実な経営環境の下で，サプライチェーンを
迅速かつ効率的に機能させなければならない。

経営環境

【3】グローバル・サプライチェーン・マネジメントと国境の壁

**グローバル・サプラ
イチェーン**

阻害要因，国境の壁

物理的な距離

適時性

**インフラストラク
チャーの整備状況**

　上述のとおり，グローバル・サプライチェーンは，構成
するそれぞれの機能が国境を越えて形成される。このた
め，サプライチェーン・マネジメントを展開する上では，
国境を越えることで生じる阻害要因，すなわち「国境の壁」
が存在する。

　第1に，サプライチェーン全体の物理的な距離が挙げら
れる。サプライチェーンの機能が世界中の選択肢から組み
合わされるため，それぞれの機能が世界レベルで分散す
る。このことが，サプライチェーン・マネジメントにおい
て，適時性の確保を困難にする。たとえば，上述のような
アパレルブランドでは，中国で生産した製品を，ブラジル
で販売するケースも考えられるが，販売拠点に過不足なく
必要とされる製品を供給するためには，店舗での在庫を的
確に調整し，必要とされるタイミングで輸送しなければな
らない。この場合，サプライチェーンの川上から川下まで
の距離は，およそ地球半周分に相当し，輸送機能の大半を
海上輸送と陸上輸送が担うため，適時性の確保が困難とな
る。

　第2に，国によるインフラストラクチャーの整備状況に
差異がある点である。サプライチェーンを効率的かつ迅速
に機能させるためには，生産活動を支える電力や通信をは
じめ，製品や中間財の輸送を円滑にする道路や港湾といっ
たハード面だけでなく，輸出入時における通関手続など，

ソフト面のインフラストラクチャーが良好に整備されるこ　1
とが不可欠となる。しかしながら，先進国も含め，これ
の整備状況には国による差異が見られ，製品の円滑な生産
や輸送を阻害する要因となる[3]。

製品ニーズの多様性　　第3に，販売市場における製品ニーズの多様性が指摘で　5
きる。前項で例示したINDITEX社の場合，販売市場に相
当する店舗は94か国にも分散しているため，各国の製品
ニーズが顕著に異なっている。さらに，ファッション性の
高い製品であれば，国だけでなく，都市や地域ごとに必要
とされる製品が異なる場合も多い。さらに，販売市場の製　10
品ニーズが一定ではなく，時期によって変動することも考
えられる。したがって，サプライチェーン・マネジメント
においては，このような販売市場における製品ニーズの多
様性に適合するよう，川上側の機能を最適に調整すること
が不可欠となる。　15

生産技術の水準　　第4に，生産技術の水準や製品の性質が国ごとに異なっ
ていることが考えられる。たとえば，自動車メーカーが，
自社の完成品に装着するカーナビなどの電装品を調達する
場合，自社のニーズを満足させる製品を生産できる国や企
業は限定的である。さらに，電装品の生産技術水準は国に　20
よって異なっている。このため，自動車メーカーにとっ
て，中間財の調達先としての選択肢になりうる国は，世界
中に存在するわけではない。したがって，サプライチェー
ンを構成する国や企業を的確に選択すると同時に，生産ま
たは調達する製品ごとに，生産・調達拠点の立地選択を最　25
適に組み合わせる必要があると言える。

【4】グローバル・サプライチェーン・マネジメントの成功要件

　上述のような阻害要因を所与のものとした上で，国境を越えたサプライチェーンを効率的に機能させ，販売市場において必要とされる製品を，必要なタイミングで，必要な数量だけ，最適なコストで販売するためには，どのような条件が必要となるだろうか。

市場予測

　第1に，市場予測を的確に行い，販売市場で必要とされる具体的な製品や販売の数量，タイミング，販売可能なコストについて，サプライチェーン全体で事前に理解することが挙げられる。そのためには，最も川下側に位置する小売企業が，市場規模や市場ニーズ，必要とされる製品などの市場情報を正確に入手した上で，将来の需要を的確に予測するだけでなく，国境を跨いで，川上側の完成品メーカーやサプライヤー，場合によっては物流企業との間で情報を共有することが必要とされる。これによって，販売市場で必要とされる製品を，国境を越えて適時に過不足なく生産・流通させ，在庫コストを削減できると同時に，機会損失を回避することが可能となる。

市場情報

在庫コスト
機会損失

構成企業

　第2に，サプライチェーンの構成企業を適切に選択することである。上述のように，サプライチェーンが世界レベルで構成され，各機能を担う企業は世界中に数多存在する。しかしながら，サプライチェーン全体を効率的に機能させるためには，サプライチェーン上の各企業が，生産技術やサービス品質，それらの源泉となる人的資源の能力水準だけでなく，環境の変化に対する柔軟な対応能力を有することが不可欠となる。サプライチェーンを構成する各企業が，それぞれの機能における役割を最適に遂行すること

生産技術

サービス品質
人的資源の能力水準

対応能力

で，サプライチェーン全体が効率的に機能する。そのため 1
には，サプライチェーンを構成する各企業が，サプライ
チェーン・マネジメントの目的に適合した高水準の優位性
をもっていなければならない。

　高水準のサプライチェーンにおいては，中間財のサプラ 5
イヤーや完成品メーカーの技術や能力だけでなく，製品を
販売する小売企業のサービスや，物流企業の輸送システム
など，すべてのプレーヤーに優位性が存在し，サプライ
チェーン全体として最適に機能する。たとえば，拡大する
アジア諸国での越境 EC 事業のサプライチェーンでは，プ 10
ラットフォームとなるインターネット企業の技術水準や，
生産者やメーカーが生産する取扱商品の魅力だけでなく，
物流機能を担う航空会社が大規模なハブ拠点を設け，それ
を中心に効率的な運航スケジュールを編成することで，国
境を越えた川上から川下への迅速な輸送を可能にしている 15
点に優位性がある[4]。

オーガナイザー企業　　第3に，サプライチェーン全体を組織化するオーガナイ
ザー企業の役割が指摘できる。サプライチェーンには，川
上から川下までの機能を担う様々な企業が，国境を越えて
参画する。このため，サプライチェーン全体を迅速かつ効 20
組織化　　率的に機能させるためには，参画する各企業を組織化し，
市場環境の変化に応じて柔軟に対応できるよう，サプライ
チェーン全体をコントロールするプレーヤーが必要とな
る。このようなオーガナイザー企業は，サプライチェーン
全体を把握し，情報共有すると同時に，川下側の市場ニー 25
ズに適合するよう，川上側に位置する各企業の生産や調達
などのマネジメントをコントロールする。その上で，オー
ガナイザー企業は，サプライチェーンの各機能を構成する
出資　　主要な企業に出資を行うことで，各企業のマネジメントを
コントロールする場合も多い。たとえば，日本の総合商社 30

伊藤忠商事は，果物のサプライチェーンについて，アメリ　1
カの大手青果企業 DOLE 社の東南アジア事業を買収し，
調達市場における生産・加工機能をコントロールしてい
る[5]。さらに，生産・加工された製品の輸出入をはじめ，
流通機能を担う子会社を所有しているだけでなく，最終製　5
品を販売する小売企業にも出資し，国境を越えたサプライ

内部化　　チェーン全体を自社グループに内部化することで，効率的
なマネジメントを行っている[6]。

不測事態に対する対　　　第4に，不測事態に対する対応能力が不可欠である。グ
応能力　　ローバル・サプライチェーン・マネジメントは，国境を越　10
不安定性　　えてサプライチェーンが形成されていることで，常に不安
不確実性　　定性と不確実性が高い経営環境に直面している。不安定性
をもたらす主要な要因として，各国の市場状況をはじめ，
経済的変動　　中間財の価格や為替レートなどの経済的変動，各国政府に
政治的変動　　よる政策などの政治的変動，自然災害や天候不順などの自　15
自然的変動　　然的変動が挙げられる。たとえば，2020年以降の新型コ
ロナウイルス感染症の拡大は，アジア各国において多くの
自動車部品メーカーの操業を困難にし，国を問わずそれら
の部品を調達している自動車メーカーの生産活動に重大な
支障をきたした。また，2022年のロシアによるウクライ　20
ナ侵攻に伴って，各国政府がロシアからの輸入を制限した
ため，多くの国や企業で，天然ガスをはじめとする天然資
源や，小麦などの食糧資源の調達に深刻な影響が生じ，グ
ローバル・サプライチェーンの問題点が浮き彫りになっ
た。また，2011年に発生した東日本大震災や，同年のタ　25
イでの洪水災害で多くの生産拠点が被災し，川下側に位置
する世界各国のサプライヤーや完成品メーカーにおいて，
生産活動に重大な支障が生じたことは記憶に新しい。サプ
ライチェーン上で発生する不測事態には，様々な性質，規
模，範囲のものがある。したがって，サプライチェーンを　30

構成する各企業が，サプライチェーン全体のベネフィット　1
を前提に，不測事態に対して柔軟な対応能力をもつことが
重要となる。

不測事態
対応能力

【5】グローバル・サプライチェーン・マネジメントと不測事態

　グローバル・サプライチェーン・マネジメントでは，サ　5
プライチェーン全体が世界レベルで広範囲に形成されるた
め，川上から川下までのいずれかひとつの機能でも，その
活動に支障が生じれば，販売市場での供給が困難になると
いう脆弱性をもっている。したがって，このような不測事　10
態が発生した場合でも，世界レベルで各機能が分散するサ
プライチェーン全体が，可能な限り平常時と同等の水準で
機能するように，サプライチェーン全体での柔軟な事前的
対応および事後的対応が必要となる。

脆弱性
不測事態

　事前的対応とは，将来発生しうる不測事態を事前に想定　15
し，予備的な対応策を策定しておくことである。たとえ
ば，中間財の調達を行うサプライヤーや，輸送を行う物流
企業などの主要な機能を少数の企業に集中させず，不測事
態発生時にも同水準のアウトプットが維持できるよう数社
に分散させたり，不測事態時に代替可能なサプライヤー　20
と，平常時から何らかの取引関係を構築したりする方法が
考えられる。また，不測事態発生時に円滑に生産活動が行
えるよう，完成品メーカーが調達する中間財を標準化し，
代替可能性を高めておくことも有効な取り組みであると言
える。　25

事前的対応
予備的な対応策

代替可能性

　他方，事後的対応とは，不測事態が発生した後，サプラ
イチェーン全体が平常時と同水準に機能するように復旧活
動を行うことを言う。たとえば，各機能において代替選択

事後的対応
復旧活動

肢となる企業に対して，円滑に付加価値活動をスイッチし 1
たり，生産能力が低下した企業の復旧活動を，サプライ
チェーン全体で取り組むなどの方法が考えられる[7]。不測
事態発生時の対応は，サプライチェーン上の特定の企業1
社のみで完結できる場合と，サプライチェーンの複数の機 5
能にまたがって対策が必要となるケース，さらにはサプラ
イチェーン全体での対応が必要となるものとに区別でき
る。この場合，不測事態の発生後，サプライチェーン全体
がいかに迅速に復旧するかは，サプライチェーンの各機能
利害関係　を構成するすべての企業間で，利害関係が一致しているか 10
どうかに左右される。そして，不測事態が発生した場合
に，サプライチェーン全体が迅速かつ効率的に平常復帰で
統合化　きるよう，サプライチェーンを構成する企業の対応策を統
合化する必要がある。

○ Group Discussion

1) 日本の総合商社を1社選び，企業情報などを参考に，サプライチェーン・マ
ネジメントとしての事業を1つ取り上げ，サプライチェーンを構成する各機
能を整理しよう。

2) 上記1) で整理した各機能を構成する代表的な企業を挙げ，それぞれの企業が
果たす役割は何か考えよう。

3) 総合商社が，上記1) のサプライチェーンを内部化することで，どのようなベ
ネフィットを得られるか考えよう。

4) いま，日本の大手小売企業が，自社ブランドの衣料品を，高品質と低価格，
機能性をコンセプトに，世界で販売しようとしているとする。このとき，サ
プライチェーンを構成する中間財の調達，完成品の生産，販売という3つの
機能をどこに分散させればよいか，立地優位性を考慮して決定せよ。

5) 上記4) のサプライチェーンを効率的に機能させるためには，各機能を構成す
る企業間で，どのような経営資源を移動させ，効果的に活用すればよいか考
えよう。

6) 上記4）のサプライチェーン・マネジメントで，不測事態の発生に備えた事前的対応として，どの機能において，どのような取り組みが必要か。想定する不測事態を具体的に挙げ，サプライチェーン全体を視野に考えよう。

■ 注

1) サプライチェーンの構造と，構成する企業およびその役割は，対象となる製品のサプライチェーンごとに異なっている。

2) INDITEX 社ウェブサイト https://www.inditex.com/（2017 年 11 月 25 日アクセス）。

3) World Bank (2017) *Doing Business 2018* によると，輸出貨物に関する通関手続の平均所要時間は，日本 22.6 時間，メキシコ 20.4 時間，シンガポール 10 時間，タイ 51 時間，ベトナム 55 時間などとなっており，サプライチェーン・マネジメントの適時性に大きな影響を及ぼす要因となる。

4) たとえば，全日本空輸は，沖縄・那覇空港にアジア各国と日本の各都市とを中継するハブ機能を設け，両地域間における航空貨物の輸送効率を向上させる取り組みを行っている。このことが，中間財や生鮮品の迅速な輸送を可能にし，様々な産業部門のサプライチェーンにおいて，物流機能としての優位性を高めている。詳細は，ANA Cargo 社ウェブサイト http://www.anacargo.jp/参照。

5) 伊藤忠商事ウェブサイト https://www.itochu.co.jp/（2017 年 11 月 27 日アクセス）。

6) 伊藤忠商事は，卸売および流通機能として伊藤忠食品，小売機能としてファミリーマートなどの子会社をもち，サプライチェーン全体での効率的なマネジメントを行っている。

7) たとえば，大手半導体メーカーのルネサス・エレクトロニクスは，2011 年の東日本大震災で国内の主要な生産拠点が被災し，操業が停止した。その後，自社のみならず，サプライチェーンを構成する自動車メーカーや電機メーカーなど，国内外の約 70 社が協力し，復興に向けた取り組みが行われた。その結果，当初予定していた約半分の期間で，同社は平常の生産活動を再開できた。詳細は，ルネサス・エレクトロニクス「CSR・環境レポート 2011」pp. 5-7 参照。

■ 参考文献

EY アドバイザリー（編著）(2014)『サプライチェーンマネジメントの理論と実践』幻冬舎。

Harvard Business Review (2003) *Harvard Business Review Anthology, Supply Chain Management*, Boston: Harvard Business School Press. DIAMIND ハーバード・ビジネス・レビュー編集部（訳）(2006)『サプライチェーンの経営学』ダイヤモンド社。

Ireland, R. K. and C. Crum (2005) *Supply Chain Collaboration*, J. Ross Publishing. 樋地正浩（訳）(2008)『企業間コラボレーション戦略―どのように協調的サプライチェーンを実現するか』東北大学出版会。

黒田充（編著）(2004)『サプライチェーン・マネジメント―企業間連携の理論と実際』朝倉書店。

苦瀬博仁（編著）(2017)『サプライチェーン・マネジメント概論―基礎から学ぶ SCM と

経営戦略』白桃書房。

Porter, M. E. (1986) *Competition in Global Industries*, Boston: Harvard Business School Press. 土岐坤・中辻萬治・小野寺武夫（邦訳）(1989)『グローバル企業の競争戦略』ダイヤモンド社。

Exercise 6

【1】グローバル・サプライチェーン・マネジメントの担い手と役割について，図中の空欄に記入し整理せよ。

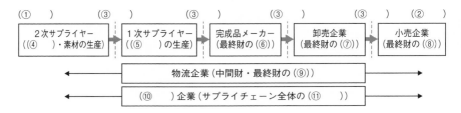

（①　　　）　　　　（③　）　　　　（③　）　　　　（③　）　　　　（③　）　　　（②　　）

2次サプライヤー（（④　　）・素材の生産）	1次サプライヤー（（⑤　　）の生産）	完成品メーカー（最終財の（⑥））	卸売企業（最終財の（⑦））	小売企業（最終財の（⑧））

物流企業（中間財・最終財の（⑨））

（⑩　　）企業（サプライチェーン全体の（⑪　　））

【2】グローバル・サプライチェーン・マネジメントの概念について，空欄を記入し整理せよ。

(1)　グローバル・サプライチェーン・マネジメントの定義

（①　　　　）市場で，必要とされる（②　　　　）を，必要とされる（③　　　　）だけ，必要とされる（④　　　　）で，適切な（⑤　　　　）によって供給できるよう，（⑥　　　　）市場からサプライチェーン全体を効率的に機能させる取り組み。

⬇

企業の（⑦　　　　）を最適に組み合わせ，国境を越えた企業間で最適な（⑧　　　　）の共有や（⑨　　　　）を行う必要がある。

※（⑧　　　　）とは
「モノ」・「カネ」・「（⑩　　　）」「（⑪　　　　）」「（⑫　　　　）」

(2)　グローバル・サプライチェーン・マネジメントの本質
サプライチェーンのそれぞれの機能を最適な（⑬　　　　）の存在する場所に（⑭　　　　）し，世界レベルで（⑮　　　　）すること。

⬇

（⑯　　　　）市場と（⑰　　　　）市場の最適化

※（⑱　　　　）かつ不確実な（⑲　　　　）のもとで，サプライチェーンを（⑳　　　　）かつ効率的に機能させることが最大の課題。

【3】サプライチェーン・マネジメントの「国境の壁」について，空欄に記入し整理せよ。

a）サプライチェーン全体の物理的な（①　　　　）

　──（②　　　　）の確保が困難

b）（③　　　　）の整備状況の差異

　ハード面 ── 道路・（④　　　　）など
　ソフト面 ── 輸出入時の（⑤　　　　）など

　──円滑な生産・（⑥　　　　）を阻害

c）（⑦　　　　）の多様性

　──（⑧　　　　）側の機能を最適に調整するのが困難

d）（⑨　　　　）の水準や（⑩　　　　）の性質の差異

　──・構成企業の的確な（⑪　　　　）が困難
　　　・製品ごとの（⑫　　　　）・調達拠点の最適な組み合わせが必要

【4】グローバル・サプライチェーン・マネジメントの成功要件について，空欄に記入し整理せよ。

a）（①　　　　）の的確性

販売市場で必要な（②　　　）・販売（③　　　）・（④　　　　）

販売可能な（⑤　　　　　　）についての（⑥　　　　　）情報

⟶〔・サプライチェーン全体で共有
　　・的確に将来の（⑦　　　　　　）を予測

⬇

〔・（⑧　　　　　　）コストの削減
　・（⑨　　　　　　）の回避

b）（⑩　　　　　　）の適切な選択
　生産技術や（⑪　　　　　　）・（⑫　　　　　　）の能力水準
　柔軟な（⑬　　　　　）
　⟶　高水準の優位性をもつことが必要

c）（⑭　　　　　　）企業によるサプライチェーン全体の（⑮　　　　　）
⟶〔・（⑯　　　　　　）の共有
　　・（⑰　　　　　　）の変化に応じた柔軟な対応

d）（⑱　　　　　　）に対する対応能力
　（変動要因）
　〔・（⑲　　　　）的変動　――　市場状況・中間財価格・（⑳　　　　　　）
　　　　　　　　　　　　　　　　　など
　　・（㉑　　　　）的変動　――　政策など
　　・（㉒　　　　）的変動　――　自然災害・天候不順など
　　　※（㉓　　　　）性・不確実性の高い経営環境

　⟶　サプライチェーン全体の（㉔　　　　　　）を前提に柔軟な対応が不
　　可欠

**【5】グローバル・サプライチェーン・マネジメントと不測事態について，空
　欄に記入し整理せよ。**

サプライチェーンの各機能が世界レベルで（①　　　　　）
── 不測事態への対応策が不可欠

a)（②　　　　　）的対応

不測事態を想定 ──（③　　　　　）な対応策を策定

- ・（④　　　　　）や物流企業を（⑤　　　　　）
- ・代替可能な（⑥　　　　　）と平常時から（⑦　　　　　）を構築
- ・中間財の（⑧　　　　　）による（⑨　　　　　）の向上

b)（⑩　　　　　）的対応

（⑪　　　　　）と同水準に機能するための（⑫　　　　　）活動

- ・（⑬　　　　　）となる企業へのスイッチ
- ・（⑭　　　　　）での復旧活動

── ・各企業の（⑮　　　　　）の一致が条件
　　・構成企業の対応策を（⑯　　　　　）する必要がある

第7章　マーケティング戦略

　マーケティングとは，個人と組織の目的を満たすような交換を生み出すために，アイディアや財やサービスの考案から，価格設定，プロモーション，そして流通に至るまでを計画し，実行するプロセスである（Kotler, 2000，邦訳，p. 10）。近年においては，顧客，クライアント，パートナー，社会全体に対して価値のある創造，伝達，配達，交換に関する活動，制度，プロセスを，より幅広くマーケティングとして捉えるようになっている[1]。マーケティング戦略の具体的なプロセスとしては，マーケティング・リサーチによって市場環境を調査した上で，市場を細分化し，ターゲットとなる市場を決定する。そして，その市場に適応する製品（product）の開発を行い，価格（price）を決定する。さらに，販売のための流通経路（place）を選定し，販売促進活動（promotion）を展開する。後者の4つのプロセスをマーケティング・ミクスといい，各プロセスの頭文字を取って「4P」とも呼ばれている。

　マーケティング戦略は，業種や規模を問わず，すべての企業で行われる重要な戦略であるが，とりわけ多国籍企業の事業展開は多くの国にわたって行われているため，供給する市場や製品も多様である。したがって，多国籍企業は，自国とは異なる多様な市場環境において，標的市場のニーズを満たす製品やサービスを的確に捉えたマーケティングを，より戦略的に行わなければならない。

　そこで本章では，国による市場環境の差異を考慮しながら，マーケティング戦略の基本プロセスを中心に学習する。

【1】対象国の選定

　外国市場に製品を供給しようとする企業は，まずどの市場に対して製品を供給するかを決定しなければならない。

マーケティング・リサーチ
　そのために，最初の段階として，マーケティング・リサーチを行い，候補となる国や地域の市場環境，消費者の購買行動やニーズについて調査する。企業は，その調査結果に基づいてマーケティング戦略の対象国を決定する。

マクロ環境
　第1に，候補となる国のマクロ環境を整理する必要がある。具体的には，人口や民族構成，年齢構成，家族構成などのデモグラフィック環境，GDP 成長率や所得水準，所得分布，全体的な産業の特徴などの経済的環境，宗教や一般的な価値観，生活習慣などの文化的環境，政治情勢や企業に関連する諸政策，法律や規制などの政治的環境が挙げられる（Kotler, 2000）。第2に，自社の属する産業や自社製品の市場にフォーカスし，より微視的かつ詳細な市場環境を分析する。具体的には，特定の産業の特徴，市場の規模や構造，自社製品に関するサプライチェーンの構造や特性，競合企業や競合製品の特徴，製品やサービスに関する顧客の特性，ニーズ，購買行動パターンなどが含まれる。

デモグラフィック環境
経済的環境
文化的環境
政治的環境

市場環境

SWOT 分析
　第3に，SWOT 分析を通じて，対象となる国の市場環境と自社のマーケティング戦略との適合性を判断する。SWOT 分析とは，市場環境のうち，自社にとって機会と脅威になりうる要因，対象国における自社の強みと弱みを4つのセルに区分して整理する方法である。その上で，特定の国で自社が置かれるポジションを所与の条件として，その国で自社のマーケティング戦略が成功するか，成功するためにはどのような戦略が必要かを判断する。すなわち，特定の国において自社の強み（S）を発揮し，経営環

境の機会（O）を的確に捉えられたり，経営環境の脅威 1
（T）を自社の戦略上の強み（S）で克服できれば，その国
で成功を収められる可能性が高いと考えられる。また，自
社の弱み（W）や経営環境の脅威（T）をマーケティング
戦略の工夫によって改善できる場合もある。このように， 5
企業は，市場環境と自社の製品やサービス，戦略との組み
合わせが最適となる国をマーケティング戦略の対象国とし
て選定する。

　国境を越えたマーケティング戦略において，とりわけ重
要なのは，対象国の市場環境が本国とどのように異なるの 10
かを，この時点で的確に捉えることである。国や地域によ
る市場環境の差異を，本書では「国境の壁」と呼ぶ。具体
的に何が国境の壁となるのかは，事業展開を行う国や地域
だけでなく，同じ国に関しても，業種や製品，進出からの
時間的経過などによって異なっている。企業は，自社の立 15
案するマーケティング戦略において考慮すべき国境の壁を
特定し，マーケティング戦略のどのプロセスに，どのよう
な影響が及ぶのかを的確に理解した上で，それを克服する
ためにどのような対応策が必要かを検討することがきわめ
て重要となる。 20

　たとえば，インドに進出しようとする外食チェーンは，
現地の顧客が宗教上の理由で食べることのできない食材が
多く存在するという文化的環境の差異に直面し，これが経
営環境の脅威となる。この国境の壁を所与の条件とした場
合，外食チェーンの選択肢としては，後述する標的市場の 25
選択において，宗教上の制約がない顧客層をターゲットと
するか，製品計画において，宗教上の制約があっても摂取
が認められる原料を使用するという代替策をもって，文化
的適応を図る方法などが考えられる。また，インドの市場
環境においては，自社のマーケティング戦略によって十分 30

市場環境の差異
国境の壁

なベネフィットが獲得できないと判断された場合，同国を　1
対象としない選択肢も考えられる。

【2】市場細分化

市場細分化　　　　　マーケティングの対象国が決定したら，その国の市場を
さらに小規模なセグメントに分割する。このことを市場細　5
分化という。市場細分化を行うことによって，国や地域ご
との市場における様々な異質性に適応することが容易にな
ると言える。

　　　　多国籍企業は，まずどの国もしくは地域を標的とするか
を選定した後，マーケティング・リサーチに基づいて，さ　10
らにその国や地域の市場を細分化し，標的市場を決定する
ために，さらに小規模なセグメントに分割する。このと
市場細分化変数　　き，市場細分化の基準として用いる指標を，市場細分化変
数という。図表7-1は，国境を越えたマーケティング戦略
で用いられる主要な市場細分化変数をまとめたものであ　15
る。どの変数を用いるかは，企業の戦略，製品の性質，市
場の環境によって異なるが，通常複数の変数を組み合わせ
て市場を細分化し，標的となる顧客層を決定する。

　　　　国境を越えてマーケティング戦略を展開する場合，自国
とは異なる市場環境を十分考慮し，市場のニーズに的確に　20
対応する製品やサービスを考案することが不可欠である。

【図表7-1】　代表的な市場細分化変数

地理的変数	地域・国　都市　人口　気候
デモグラフィック変数	年齢　性別　所得　職業　など 宗教　人種　教育水準　社会階層　など
サイコグラフィック変数	ライフスタイル　パーソナリティ　など
行動変数	製品の購買状況　使用率　使用機会　使用目的など

（出所）Kotler（2000）邦訳 p. 326 表9-1に基づいて作成。

注目すべき点は，市場細分化変数のなかにも，本国との市場環境の差異，すなわち国境の壁が存在する場合が多いことである。たとえば，所得水準は，先進国と発展途上国とで著しく異なり，製品の購買状況は，同じ製品であっても国によって異なる場合がある。また，宗教や人種の存在は，国や地域によって著しく異なる。いずれの場合も，市場細分化の段階で国境の壁が何であるかを的確に認識し，標的となる市場に投入するべき製品やサービスに，国境の壁によるニーズの差異を反映させなければならない。繰り返すが，外国市場でマーケティング戦略を展開する企業は，具体的な国境の壁の要素を認識した上で，それらがマーケティング戦略のどの部分に影響を及ぼすかを明確にし，どのような対応が必要であるかを的確に判断・実行しなければならない。

【3】標的市場の選択

標的市場　　市場細分化が行われたら，細分化された市場のうちどのセグメントを標的とするかを決定する。ターゲットとなる標的市場を決定するパターンとして，無差別マーケティング，集中マーケティング，多様化マーケティングの3つがある（車戸，1997，p. 73）。これら3つのうち，いずれの方法を選択するかは，供給する製品や市場の性質，事業展開の時間的経過によって異なっている。

無差別マーケティング　　無差別マーケティングとは，市場を細分化し，それぞれの市場の特性を認識しながら，すべての市場に対して，同一の製品を同一のマーケティング・ミクスによって供給する方法である。この方法をとった場合，マーケティング・コストは低いが，細分化されたそれぞれの市場において，顧客を引き付けるだけの優位性を獲得するのは困難であ

る。したがって，無差別マーケティングは，製品特性や市　　1
場の状況から，セグメントごとのニーズの差異が小さく，
汎用的な製品について用いられる傾向が強いと言える。

集中マーケティング　　　集中マーケティングとは，ひとつの細分化された市場だ
けをターゲットに選び，その市場に対して強力なマーケ　　5
ティング活動を展開することにより，その市場での優位性
を獲得しようとする方法であり，最も一般的に用いられ
る。集中マーケティングは，ひとつのセグメントを標的市
場とするため，マーケティング・ミクスの各プロセス，す
なわち，製品計画，価格設定，販売経路選定，プロモー　　10
ションの立案を円滑に行えるというメリットがある。ま
た。集中マーケティングを行う場合，製品や市場の性質に
よって，標的市場の規模をどの程度限定するかが異なる。
たとえば，発展途上国の市場に高級志向の化粧品を投入し
ようとする場合，標的とする顧客層の所得水準やライフス　　15
タイルをかなり限定することも考えられるが，同じ市場で
日常的に購入される清涼飲料を投入しようとする場合は，
逆にターゲットを絞り込まず，幅広い顧客層を対象とする
ケースが多い。集中マーケティングでは，標的市場がひと
つのセグメントに限られるため，多くの場合で自国とは異　　20
なる市場のニーズを的確に捉え，標的市場の選択を確実に
行った上で，マーケティング・ミクスとの最適化を図るこ
とが，いっそう重要となる。

多様化マーケティン
グ　　　　　多様化マーケティングとは，細分化された複数の市場に
対して，それぞれの市場に適応した製品を供給する方法で　　25
ある。たとえば，特定の国に化粧品を投入しようとする場
合，所得によって市場細分化を行い，富裕層，中間層，一
般層といったすべてのレベルを標的として，それぞれ異な
る製品を別個に投入するケースがこれに当たる。この方法
は，標的市場の規模が大きいため，すべての顧客層を獲得　　30

できる可能性がある半面，莫大なコストとリスクを伴うと 1
いうデメリットもある。このことから，外国市場に進出し
てからの時間的経過を経て，集中マーケティングから多様
化マーケティングに移行するケースや，国の経済発展や文
化の変容に伴ってニーズが多様化し，無差別マーケティン 5
グから多様化マーケティングにシフトする場合が考えられ
る。

【4】 マーケティング・ミクス

標的市場が決定されると，次に，その市場に対してどの
ような製品を供給し，それをいくらで販売し，どのような 10
販売経路で，どのような販売促進を行って販売するかを検

マーケティング・ミ
クス
4P

討する。この一連のプロセスを，マーケティング・ミクス
といい，それぞれのプロセスの頭文字をとって「4P」と
も呼ばれている。ここでは，国境を越えて展開するマーケ
ティング・ミクスの流れについて説明する[2]。 15

(1) 製品ポジショニング

製品ポジショニング

製品ポジショニングとは，特定の製品市場における顧客
のニーズと，競合する企業の製品特性を考慮した上で，自
社が有利になるように，供給する製品の位置づけを行うこ
とである。すなわち，新たに供給しようとする自社製品の 20

競合製品
相対化

イメージを，競合製品との相対化によって明確にするの
が，製品ポジショニングである。製品ポジショニングは，
具体的な製品を開発する製品計画の前段階に位置づけられ
るため，製品計画の方向性を決定する上でベースとなる重
要なプロセスである。 25

製品ポジショニングでは，標的となる国や地域の製品市
場を対象に，製品の特性や差別化要因となる変数を軸に，

競合が予想される製品の位置づけを整理する。その上で，　　1
自社製品を，競合製品に対してどのように位置づければ，
競争優位を獲得できるかを判断する。

　製品ポジショニングで重要となるのは，第1に，ポジ
ショニングの基準となる軸として，どのような変数を用い　　5
るかを的確に決定する必要がある点である。たとえば，乗
用車であれば，「価格」や「大きさ」などの変数が考えら
れるが，対象となる市場で，競合製品との差異が顕著に示
される変数を用いることが望ましいと言える。第2に，競
合製品のなかで，自社製品にとって重要なものが何である　　10
かを明確にしておく必要がある。市場には多くの製品がす
でに販売されているため，どの製品を基準に自社製品の位
置づけを行うかで，この後の製品計画，価格設定，販売経
路選定，プロモーションなどの戦略が大きく変わる。自社
製品の最も重要な競合製品の基準として，一般的には，そ　　15
の市場で最大のマーケット・シェアをもつ製品や，標的市
場が自社と同じである製品などが考えられる。第3に，す
でに決定している標的市場のニーズと整合するように，自
社製品を位置づけることである。たとえば，発展途上国に
おける衣料品のマーケティングで，所得水準を基準に，低　　20
所得層を標的に決定したのであれば，製品ポジショニング
においても，低所得層が購買可能な製品として自社製品を
位置づけなければならない。

　製品ポジショニングの方法には，側面攻撃戦略，正面攻
撃戦略，包囲攻撃戦略，迂回攻撃戦略の4つがあり（車　　25
戸, 1997)，図表7-2は，それぞれの戦略の概念を図示した
ものである。

側面攻撃戦略　　　　側面攻撃戦略とは，競合企業が重視していない位置に自
社の製品をポジショニングする方法である。特定の製品市
場において，競合企業が製品を投入していない部分をニッ　　30

【図表7-2】　製品ポジショニングのイメージ

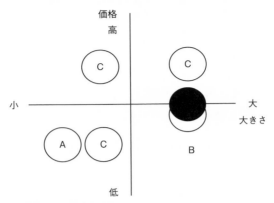

●：基準となる競合製品
A：側面攻撃戦略
B：正面攻撃戦略
C：包囲攻撃戦略

（出所）筆者作成。

　　　　　チといい，ニッチの部分に新たな製品を投入するのがこの　　　1
　　　　　方法である。ニッチは市場として注目されていないため，
　　　　　競争にしのぎを削るようなことはない。しかし，競合企業
　　　　　が重視していなくても，将来性や潜在的なニーズが存在し，
　　　　　今後有益な市場に発展する可能性もある。また，外国企業　　　5
　　　　　に固有の製品開発力やサービス品質で，現地企業との差別
　　　　　化を図ることが可能である場合，側面攻撃戦略が有効であ
　　　　　ると考えられる。しかしながら，側面攻撃戦略において重
　　　　　要なのは，競合企業が重視していない領域に，潜在的なニー
　　　　　ズが存在するかどうかを，的確に判断することである。　　　1⃝

正面攻撃戦略　　　　正面攻撃戦略とは，特定の製品市場において，競合企業
　　　　　が供給しているのと同様な製品を，自社も供給する方法で
　　　　　ある。この戦略は，すでに需要が大きく，ニーズの高い製
　　　　　品を供給するため，一定の収益は期待できるが，競合企業
　　　　　との激しい競争が展開されるのは避けられない。したがっ　　　1

て，この戦略をとる企業は，何らかの面で競合企業に対する明確な差別化を行うことが不可欠である。差別化は，製品そのものだけでなく，サービスや販売チャネル，ブランドイメージによって行うことも可能である（Kotler, 2000）。また，製品特性上，既存の競合製品からのスイッチが容易に行えるかどうかも重要な点である。

包囲攻撃戦略　　包囲攻撃戦略とは，特定の製品市場において，タイプの異なる多くの製品を供給し，競合企業が進出するよりも先に，各製品ポジションを押さえてしまう方法である。この方法は，市場環境が変化した後に競合企業が進出しても，各ポジションにおいて自社の製品が先発優位を獲得できる可能性が高い。また，特定のポジションに投入した製品で失敗しても，別のポジションに投入した製品が成功裏に市場に受け入れられる可能性も高いため，リスク・ヘッジの役割も期待できる。しかしながら，この戦略をとる場合，複数の製品ラインを導入するため，コストや時間の面で効率的な生産および研究開発の能力が必要とされる。したがって，包囲攻撃戦略は，新規の市場に参入する当初から採用するよりも，新規参入からの時間的経過を経て，市場の動向を見極めながら移行する場合が多い。

迂回攻撃戦略　　迂回攻撃戦略とは，今までとはまったく異なる特性をもった製品を供給する方法である。この戦略は，競合企業との競争を避けると同時に，潜在的なニーズを開拓することによって利益を挙げることを目的としている。しかしながら，非常にリスクの大きい戦略でもある。したがって，顧客の潜在的ニーズを的確に判断する必要があるため，優れたマーケティング能力と研究開発能力が必要である。たとえば，スマートフォンやタブレット端末，ウェアラブル端末などの通信機器や，カーシェアリングなどのサービスがこれに当たる。上述のように，迂回攻撃戦略では，全く

新しい特性や機能をもつ製品やサービスを投入するため，潜在的なニーズが存在するかを的確に判断する必要がある。

企業がいずれの戦略をとるかは，製品の性質や市場での競合状態や環境によって異なる。

外国の市場では，本国とは異なる競合企業が存在する場合も多い。また，本国とは異なる製品が市場において優位性をもっていることも考えられる。さらに，外国市場では本国とは異なるカテゴリーの製品を競合製品として捉えなければならない場合もある。したがって，企業はこのような市場環境の差異を十分考慮し，製品ポジショニングを決定することが不可欠である。

このように，ターゲットとする市場と製品のポジショニングが決定されると，特定の製品に関するマーケティング活動の骨格が規定される。つまり，供給する製品がどのようなものであり，価格をいくらに設定し，どのような経路で販売し，どのようなプロモーションを行うべきであるかが，すでにこの時点でかなり明確になっているといえる。

(2)　製品計画

製品計画

製品ポジショニングによって決定された製品のイメージは，製品計画のプロセスにおいて具体化される。一般的に製品計画は，市場の様々な情報を収集してアイディアを創出し，製品コンセプトを確立した後に技術的な製品開発を行い，市場テストを経て商品化されるというプロセスである。

製品コンセプト
製品開発
市場テスト
商品化

差別化
差別化要素

企業は，製品ポジショニングに基づいて，競合する他社製品との差別化を意識しながら，新たに市場に投入する製品を具体的に計画する。他社製品との差別化要素としては，品質，機能，デザイン，形状，耐久性，イメージなど

付帯サービス

が考えられる。また，製品自体のみならず，付帯サービス 1
の面で差別化を図ることも可能である。具体的には，製品
に対するアクセスの容易性，製品の販売手法や販売に従事
する従業員，製品のデリバリー，アフターサービスや保証
などが挙げられる（Kotler, 2000）。マーケティングの対象 5
となる製品の特性や競合製品の優位性，標的市場として選
択した顧客のニーズによって，どのような点で差別化を図
るべきかが異なっている。多国籍企業は，様々な市場に製
品を投入するため，製品計画のプロセスにおいて，国や地
域ごとに異なるニーズを的確に反映させることが不可欠で 10
ある。一般的に，日本企業の製品やサービスの優位性とし
て，高水準の品質やきめ細かさが指摘されるが，国や製品
によっては，外国市場においてはこれらに対するニーズが
存在しないか，重視されない場合も考えられる。重要なの
は，本国とは異なる市場環境，とりわけ標的顧客の製品 15
ニーズに適合する差別化要素を用いて製品を計画すること
である。

　上述のように，外国の市場に製品を供給し，その市場に
浸透していくためには，供給する市場の様々なニーズに製
品を適応させなければならない。このような製品の適応パ 20
ターンとして，物的適応と文化的適応の2つがある（車
戸, 1997）。

物的適応

　物的適応とは，異なる環境下においても，製品が有効に
機能するために，適応措置をとることである。たとえば，
所得水準の低い国で大型の高級乗用車を販売しても，その 25
ニーズはごく限られたものである。この場合，低価格で燃
費の低い経済的なタイプの乗用車を供給するなどの適応措
置が必要なのである。したがって，その市場の環境要因を
的確に認識し，どのような適応措置が適当であるかを判断
する必要がある。 30

文化的適応　　　　　　　文化的適応とは，文化の異なる市場において，多国籍企　1
業が供給する斬新な製品を，顧客に受け入れてもらえるよ
新奇性　　　　　　　　　う，その新奇性を調整することによって市場に適応する方
法である。多国籍企業が市場にもたらす製品の新奇性を外
国市場に受け入れてもらうためには，新たに投入する製品　5
が既存のものよりも技術的ないし機能的に優れていたり，
デザインや利便性，品質に優れていたり，強力なブランド
イメージをもっているなどの差別化が不可欠である。それ
と同時に，新奇性を追求するだけでなく，外国において既
存の文化と衝突しない製品を開発・投入することも，国境　10
を越えたマーケティングにおいては重要な要素であると言
える。

　　さらに，上述の2つの適応措置とは別に，外国市場には
存在しなかった斬新な製品やサービスをあえて調整を経ず
に投入し，外国企業の製品によって新たな文化を創造する　15
ことも，現代のマーケティングでは有力な手段である。た
とえば，ベトナムでは，日本企業のショッピング・モール
が進出したことで，それまで現地にはなかった小売業の新
たな業態が生成し，新たな経営手法がもたらされた。それ
に加えて，現地の人々の生活にも，商業施設をテーマパー　20
クのように利用するという新たなライフスタイルが生まれ
た。このように，国境を越えたマーケティング戦略によっ
文化創造機能　　　　　て，多国籍企業が外国での文化創造機能を担うこともあ
る。

(3)　価格設定　　　　　　　　　　　　　　　　　　　　　　25

　　市場に供給する製品が決定されたら，それをいくらで販
価格設定　　　　　　　売するかを検討する。このプロセスを価格設定という。国
境を越えたマーケティング戦略では，外国における市場環
境の差異と，最初に決定した標的顧客の購買力やニーズを

十分考慮し，顧客が購買可能であるか，購買を喚起する価　　1
格を設定することが不可欠である。

　主要な価格設定方法として，マークアップ価格設定，
ターゲットリターン価格設定，知覚価値価格設定，バ
リュー価格設定，現行レート価格設定などがあり，それぞ　　5
れ何を基準に価格を決定するかが異なっている（Kotler,
2000)[3]。

マークアップ価格設定
　第1に，マークアップ価格設定とは，製品の生産コスト
や流通コスト，販売コストなどの単位コストに基づいて，
単位コスト
期待する利益を上乗せし，最終的な価格を決定することで　　10
ターゲットリターン
価格設定
ある（Kotler, 2000, 邦訳, p. 574）。第2に，ターゲットリ
ターン価格設定とは，特定の製品について目標とする投資
投資収益率
収益率を基準とする方法である（Kotler, 2000, 邦訳, p.
576）。同一の製品であっても，販売する国によって競争環
境が異なっており，それによって，獲得できる利益の水準　　15
が左右される。たとえば，自社や自社製品に対する高級な
ブランドイメージが認知され，高価格で販売しても顧客を
獲得できる可能性が高い国においては大きな利益が期待で
きるが，価格競争が激しい国においては，目標とする収益
率を低く設定する必要がある。したがって，企業は，目標　　20
とする利益率を，一国ベースではなく世界レベルで戦略的
知覚価値価格設定
に調整する必要があると言える。第3に，知覚価値価格設
定とは，特定の製品に対する顧客の知覚価値に適合する水
準の価格を設定する方法である（Kotler, 2000, 邦訳, p.
知覚価値
576）。知覚価値とは，製品の価値に対する顧客の「感じ　　25
方」であり，知覚価値を決定する要因は，製品の品質や機
能，デザインだけでなく，企業や製品のブランドイメージ
などで構成され，その多くが感情的な性質をもっている。
したがって，特定の製品に対する知覚価値は，国レベルの
みならず個人レベルでも著しく異なる可能性がある。たと　　30

えば，衣料品の知覚価値は，デザインや品質，フィット感，生産国，使用上の満足感，ブランドイメージなど様々な要因からもたらされるが，このうち何を重視するかは，国ごとに異なる傾向が認められるだけでなく，個々の顧客によっても差異がある。したがって，国境を越えたマーケティング戦略において，知覚価値価格設定を行う場合は，標的市場として選択した顧客層が，特定の製品について，どの要因に価値を見出す傾向が強いかを的確に判断しなければならない。そして，これらの要因が本国とは異なる可能性を視野に入れ，標的顧客の知覚価値に適合する価格を設定する必要がある。第4に，バリュー価格設定とは，高品質の製品に低価格を設定することで，顧客を獲得する方法である（Kotler, 2000, 邦訳, p. 578）。たとえば，100円ショップを展開する日本の小売企業が，アジア各国においても日用品を中心に低価格で販売し，人気を博している。その主たる要因として，同社が単に低価格で商品を販売しているだけでなく，日用品を中心とする品ぞろえの豊富さや，日本ブランドとしての信用，良好なブランドイメージと価格とのギャップが顧客を引き付けていると考えられる。第5に，現行レート価格設定とは，競合他社の価格を基準として価格を決定する方法である（Kotler, 2000, 邦訳, p. 579）。この場合，競合する製品の価格よりも低い価格を設定するか，高い価格を設定するかは，戦略的意図によって異なっている。現行レート価格設定では，先に決定した製品ポジショニングに基づいて，基準となる競合製品と自社製品との関係性を明確にする必要がある。たとえば，カジュアルウェア・ブランドを展開する企業が，標的顧客の購買行動パターンに基づいて，百貨店で販売されている同種製品の半額を目安に価格を設定するケースがこれにあたる。

バリュー価格設定
高品質
低価格

現行レート価格設定
競合他社

戦略的意図

最も重要なのは，戦略的意図に適合した価格設定を行う　1
ことである。すなわち，市場全体に広く販売するのが目的
であれば，競合製品よりも低く価格を設定し，現行レート
価格設定を行う。また，高級なブランドイメージを形成し
たい場合は，意図的に価格を高く設定し，購買可能な顧客　5
を戦略的に限定する知覚価値価格設定を採用する。さら
に，製品のコストパフォーマンスの面で競争優位を獲得し
たい場合は，バリュー価格設定によって顧客を引き付ける
ことが可能である。さらに，多くの利潤を獲得したい場合
には，ターゲットリターン価格設定を行い，期待する利潤　10
の規模を明確にした上で，価格を決定する。これらの目的
は，標的市場となる国によって異なる場合もある。たとえ
ば，アメリカの化粧品メーカーが，本国ではバリュー価格
設定によって市場浸透を図りながら，日本では高級なブラ
ンドイメージを維持するため，知覚価値価格設定を採用す　15
るケースが考えられる。このように，販売する国や地域に
よって異なるマーケティングの目的と価格設定の基準とを
適合化することが重要となる。

(4)　販売経路選定

卸売業者
物流業者
小売業者
販売経路
卸売機能
小売機能
コスト効率
販売能力

生産された製品は，卸売業者や物流業者，小売業者と　20
いった販売経路を経て顧客に販売されるのが一般的であ
る。マーケティング戦略では，主に卸売機能と小売機能に
関わるメンバー企業を適切に選定し，効率的に組み合わせ
ることで，コスト効率や販売能力を高める必要がある。と
りわけ，最終的に顧客に製品を販売する小売業者には，百　25
貨店，総合スーパー，専門店，コンビニエンス・ストア，
インターネット販売など様々な形態がある。これらのチャ
ネルは，それぞれ異なる特性をもっており，国ごとに流通
事情も異なっている。このため，外国の流通事情の差異を

考慮した上で，販売する商品や標的顧客に応じて，適切なチャネルを選択することが不可欠である。

販売経路選定のパターンとして，拡大的流通，排他的流通，選択的流通の3つがある（Kotler and Armstrong, 2001）。

拡大的流通

第1に，拡大的流通とは，販売チャネルを限定せず，可能な限り多くのチャネルを通じて販売する方法である（Kotler and Armstrong, 2001, 邦訳, p. 531）。この場合，販売チャネルのほとんどが，自社ではなく現地の流通業者となる。食品や飲料，衣料品など，汎用性の高い製品では，この方法が用いられる場合が多い。この方法では，多くの販売チャネルを通じて製品が供給されるため，顧客の購買機会が増加し，製品が幅広く市場に浸透する可能性が高い。またその結果，製品の知名度も迅速に向上するというメリットがある。他方，莫大な流通コストがかかり，販売活動に対してメーカーのコントロールが十分に機能しないというデメリットも存在する。

排他的流通

第2に，排他的流通とは，流通業者とりわけ小売業者に自社製品のみを販売させ，その権限をごく少数のチャネルに限定する方法である（Kotler and Armstrong, 2001, 邦訳, p. 531）。この方法は，高級化粧品や服飾雑貨などでよく用いられる。この場合，自社で販売経路を構築するか，現地の販売チャネルを利用するかの選択も行う必要がある。排他的流通のメリットとして，販売チャネルを限定することで希少性価値が向上し，ブランドイメージの形成を促進する点が挙げられる。また，販売拠点におけるサービスの品質が重要となる場合は，販売手法やそれに付随して展開されるプロモーションをメーカーがコントロールすることで，差別化を図ることが可能となる。さらに，特定の国に進出する初期段階において，販売チャネル自体がもつ優位性や，市場における信用度，既存のブランド認知など

を利用することで，販売活動におけるコスト効率を高める　　1
ことも可能である。しかしながら，この方法では，販売拠
点数が少ないことから，販売規模は限定的となり，市場へ
の浸透速度は遅くなるというデメリットもある。

選択的流通　　　　第3に，選択的流通とは，相対的に少数の販売チャネル　　5
を戦略的に選択する方法である（Kotler and Armstrong,
2001, 邦訳, p. 532）。この方法は，拡大的流通と排他的流
通の中間に位置づけられ，両者のベネフィットを適度に享
受するものである。

　　　　そこで，最も重要となるのは，マーケティング戦略の最　　10
初の段階において，すでに標的となる顧客層が決定されて
標的顧客　　　いるため，標的顧客の購買行動に適合した販売チャネルを
購買行動　　　選択することである。顧客の購買行動には，国境の壁が存
在する場合も多い。たとえば，清涼飲料の販売チャネルと
して，自動販売機が最も一般的である国があるのに対し，　　15
小規模雑貨店が主流を占める国もある。国境を越えたマー
ケティングでは，このような購買行動の違いを考慮し，自
国とは異なる条件下で，標的顧客に対して最も効果的な販
売チャネルを選択することが不可欠である。また，販売す
る製品の特性によっても，適切な販売チャネルは異なって　　20
価格設定　　　いる。さらに，すでにこの前段階で行われている価格設定
も，販売チャネルの選択に影響を及ぼす。このほかにも，
戦略的意図　　ブランドイメージの形成や市場への浸透といった戦略的意
図，販売活動におけるプロモーションの重要性などによっ
ても，選択すべき販売チャネルは異なっている。したがっ　　25
て，マーケティング・ミクスにおける他のプロセスと同様
に，販売チャネルの選択には，マーケティング戦略の目的
を適切に反映させることが不可欠と言える。

【5】マーケティングの標準化と適応化

標準化
適応化

マーケティング・コ
スト
ブランドイメージ

　国境を越えたマーケティング戦略を展開するとき，しばしば議論の対象となるのが，戦略の標準化と適応化の選択である。マーケティングの標準化とは，世界各国の市場において，同一の戦略，すなわち標的市場，製品計画，価格設定，販売経路選定，プロモーションなどを統一する方法である。たとえば，アメリカのスマートフォンメーカーが，世界各国の市場に同一仕様の端末を投入し，同様の価格を設定するだけでなく，同様のコンセプトに基づいたプロモーションを展開するケースがこれに当たる。これに対し，適応化とは，各国の市場環境に適合させた戦略を展開する方法を言う。たとえば，日本の食品メーカーが，各国で異なるフレーバーの即席麺を開発し，国ごとに価格を設定したり，販売経路を選定するケースがこれに当たる。

　標準化戦略のベネフィットとして，マーケティングコストを抑えたり，ブランドイメージを世界で統一することが可能である点が挙げられる。他方，適応化戦略では，現地市場のニーズに対して，より細部にまで的確に対応することが可能になるというベネフィットがある。いずれの戦略が適切であるかは，マーケティングの対象となる製品の特性や，各国の市場におけるニーズの性質，企業の戦略的意図によって異なっている。一般的に，製品に対するニーズが国ごとに顕著に異なる製品であれば，適応化戦略が採用されるが，世界各国でのニーズが同質であり，規模の経済性によって生産コストを抑制することが重要となる製品の場合は，標準化戦略が採用される。

　しかしながら，重要なのは，標準化と適応化のいずれか一方を選択するよりも，両者の最適な組み合わせを図る点

である。第1に，マーケティング戦略のどの部分を標準化　1
し，どの部分を適応化するかを適切に決定する必要があ
る。たとえば，カジュアルウェア・ブランド企業が，製品
計画については世界で統一し，各国に同一の製品を供給す
るが，価格に関しては，各国市場で標的となる顧客層の所　5
得水準に合わせて設定したり，国ごとに異なる広告戦略を
行ったりするケースが考えられる。第2に，マーケティン
グ戦略の同一のプロセスにおいて，標準化と適応化のバラ
ンスをどのように図るかという選択が必要となる。たとえ
ば，化粧品メーカーが，世界各国に投入する自社ブランド　10
の製品計画について，各国で投入するブランドの7割を，
世界各国で同様に販売する標準化製品に，残りの3割を，
特定の国や地域に限定して開発する適応化製品にすること
で，両者のベネフィットを享受することが可能となる。

【6】デジタルマーケティングと伝統的マーケティ　15
ング

デジタルマーケティン
グ
インターネット

データ
収集
分析
活用

データドリブン・
マーケティング

　近年では，インターネットの発達に伴って，デジタル
マーケティングの手法を用いる企業が増加している。デジ
タルマーケティングに明確な定義は存在しないが，主にイ
ンターネットのプラットフォームを通じて，市場環境や顧　20
客，販売に関する多様なデータを収集・分析・活用し，
マーケティングの各プロセスを効果的に機能させる手法の
ひとつとして捉えられる。このように，データの収集，分
析，活用を中心とするマーケティングの手法は，一般的に
データドリブン・マーケティングとも呼ばれる。　25

(1)　デジタルマーケティングにおけるデータの特性
　デジタルマーケティングで収集・活用されるデータの特

購買行動パターン

性として，以下の5点が挙げられる。第1に，個人レベルで購買行動パターンを特定できる。たとえば，EC サイトで製品を購入する顧客について，サイトの運営企業は，顧客の個人情報と販売データから消費傾向を分析し，顧客の購買行動の特性や，趣味・趣向までを把握することが可能である。

販売データ
行動パターン

第2に，製品の販売データだけでなく，販売前後の顧客の行動パターンまでを捕捉することができる。たとえば，EC サイトでは，実際に顧客が購入した製品に関するデータだけでなく，購入に至るまでにどのような製品やワードを検索したか，特定の製品を購入した後にどのようなレビューを行ったかを個人レベルで把握し，顧客のニーズをより的確に理解することが可能である。

共有

第3に，顧客間で共有されるデータが含まれる。上述のような EC サイトのレビューは，その内容が潜在顧客も含めた顧客間で共有される。さらに，レビューに対する他者の反応がどのようなものであるかを分析することで，より広範な市場全体のニーズを捉えることが可能である。

定量データ
定性データ

第4に，定量データだけでなく，定性データも分析の対象となりうる。デジタルマーケティングで収集・活用されるデータは，販売データやテキストデータに限定されない。たとえば，アメリカの IT 企業が運営するコンビニエンス・ストアでは，販売スタッフを置かず，店舗内に設置されたセンサーが顧客の行動パターンを捕捉することで，自動的に会計処理を行っている。このとき，顧客が購入した製品だけでなく，店内における顧客の一挙一動までがセンサーで捕捉され，画像や映像の形でデータ化される。このシステムによって収集されるデータには，定量的な販売データだけでなく，店内での顧客の動線や視線などの定性的な行動パターンも含ま

双方向性

れる。第5に，データの交換に双方向性がある。たとえば，SNS を用いたプロモーションでは，企業が顧客に対

レスポンス

してコンテンツを発信するだけでなく，それを閲覧した顧　1
客から様々なレスポンスが期待できる。これによって，新
たな製品やサービスに対するニーズを分析することが可能
となる。重要なのは，収集した膨大なデータから，自社の
マーケティング戦略に必要なデータを的確に抽出した上　5
で，マーケティングの目的に即して効率的に分析し，効果
的に購買行動を生起させることである。

(2)　デジタルマーケティングと伝統的マーケティングの関係

伝統的マーケティン
グ

　デジタルマーケティングは，本章で学習した伝統的マー
ケティングのフレームワークに代替するものではなく，国　10
境を越えるかどうかに関わらず，マーケティングのプロセ
スをより効果的に機能させる手段として捉えられる。すな
わち，特定の製品やサービスに関するマーケティング・リ
サーチ，標的市場の選択，製品計画，価格設定，販売経路
選定，プロモーションの各プロセスにデジタルマーケティ　15
ングの手法を用いることで，国境を越えた市場と自社製品
もしくはサービスとを的確に適合させることが可能とな
る。

マーケティング・リ
サーチ

　マーケティング・リサーチでは，デジタルマーケティン
グの手法を用いることによって，市場環境に関する情報の　20
精度が向上する。すなわち，購買前後も含めた購買行動に
関するデータと個人情報とを結びつけ，顧客の購買履歴や
購買傾向だけでなく，製品に対する評価や，直接的には製
品と関係のない行動パターン，興味・関心などのデータを
個人レベルで捕捉することが可能である。これによって，　25
製品やサービスに対する顧客のニーズをはじめ，市場環境
をより微視的に捉えることができる。したがって，国境を
越えたマーケティング戦略では，特定の国における個人レ
ベルのデータを集積することによって，国境の壁をより的

確に把握することが可能となると言える。

標的市場の選択　　標的市場の選択では，個人レベルで標的顧客をイメージすることが可能となる。すなわち，国境の壁を個人レベルに細分化することで，より確実に購買行動が生じると予想される顧客を集中的に選択することが可能となる。さらに，個人レベルのデータを集積することで，標的市場の規模や範囲の適切性を確認する役割も果たすことができる。

製品計画　　製品計画においては，第1に，標的顧客の選択と製品計画との接続性が向上する。デジタルマーケティングでは，データの交換に双方向性を伴うため，購入時の販売データだけでなく，購入後の顧客の反応や評価も把握できる。これらのデータに基づいて，企業は標的顧客のニーズを個人レベルで製品に反映させることが可能となる。第2に，市場のトレンドを高精度で予測することが可能となる。これによって，先見的に的確な製品計画を行うことができる。第3に，潜在的な製品ニーズを捕捉することが可能となる。デジタルデータには，購買行動が生起しなかった場合でも，顧客の購買行動を理解できるものが含まれる。たとえば，顧客が特定の製品を購入しなかった理由や，購入時にどの製品と比較したかなどについても分析が可能である。これらの点から，デジタルデータは，より市場ニーズに適合した製品計画を可能にすると考えられる。とりわけ，国境を越えたマーケティング戦略では，本国とは異質の市場においても，製品計画の不確実性を回避することが可能となる。

価格設定　　価格設定においては，顧客の接触状況や販売動向に応じて柔軟に価格を設定することが可能となる。すなわち，デジタルマーケティングでは，特定の製品市場における需要動向が直接捕捉されるため，市場における製品の需要と販売価格の最適化を図ることができる。たとえば，航空会社

の予約サイトでは，インターネットを通じて顧客の予約状況を把握し，それに応じてリアルタイムで運賃を変動させることができる。これによって，航空会社は，自社運航便の搭乗率やロードファクター[4]を効率的に向上させ，より高い収益を獲得することが可能となる。

販売経路選定　　販売経路選定では，的確な販売チャネルの選択が可能となるだけでなく，リアルチャネルとインターネットを融合させ，それぞれの販売チャネルがもつ役割を効率的に分担し，チャネル間の連携を図ることで，効果的に顧客を囲い込むことが期待できる。このように，オンラインとオフラインとの双方で顧客との接点を設け，それぞれのチャネルが異なる役割を果たすことで購買行動を促進するマーケ

オムニチャネル戦略　ティング戦略を，一般的にオムニチャネル戦略と呼ぶ。オムニチャネル戦略の有効性は，製品や市場の性質によって異なっている。また，国境を越えたマーケティング戦略では，同一の製品についても，オンラインで購入する顧客の割合や流通事情が国ごとに異なる場合が多い。したがって，企業は，このような販売経路選定に関する国境の壁を的確に捉えた上で，デジタルマーケティングの手法が効果的であるかどうかを判断する必要がある。

プロモーション　　プロモーションでは，効果的に購買行動を喚起する情報を個人レベルで発信すると同時に，マーケティングニーズを中心とする市場情報をより高い精度で入手することが可能となる。これまでに述べたように，デジタルマーケティングの主要な優位性は，企業が顧客の個人情報と購買行動パターンに関するデータとを結びづけ，それらの情報を活用することで効果的にマーケティング成果を獲得できる点にある。したがって，デジタルマーケティングによるプロモーションのベネフィットは，これらのデータに基づいて，購買行動が期待できる顧客を個人レベルで特定し，

SNSをはじめインターネットを媒体として，それらの顧客を対象に効果的な情報発信ができる点にあると言える。また，デジタルマーケティングでは，企業と顧客とのデータの交換に双方向性を伴うため，顧客から発信される情報がポジティブなものであれば，それらをプロモーションとして活用することも可能である。さらに，顧客から発信された情報に対する企業側のレスポンスによっても，プロモーションの効果は左右される。

　デジタルマーケティングの手法を用いたプロモーションが，どの程度の効果を創出するかは，製品やサービスの性質によって異なっている。重要なのは，企業が，販売する製品の性質やマーケティング戦略の目的に即した手法でプロモーション施策を展開することである。さらに，SNSをはじめインターネットへの接触状況や，情報源としてのインターネットの信用度，インターネット広告に対する態度，インターネットを通じた購買行動パターンの特性などが国ごとに異なる場合が多い。したがって，国境を越えたプロモーションにおいては，対象国のインターネットに関する媒体事情を的確に捉え，国境の壁を踏まえた上で，効果的に購買行動を喚起するコミュニケーションを図ることが不可欠となる。

Group Discussion

1) 日本の飲料メーカーを任意に1社選択せよ。今度，その企業が新たな海外市場に進出し，現地で生産する清涼飲料を現地市場に投入することになったとする。そこで，インターネットや情報機関などを通じて資料を収集し，候補となる国を複数選択した上で，それぞれの国について，マクロ環境の整理，市場分析，SWOT分析を行って，対象国を決定せよ。

2) 上記1）のマーケティング戦略について，標準化と適応化をどのように組み合わせればよいか，その理由を含めて考えよ。

3）この戦略において，「国境の壁」となりうる要素は何か。5つ以上挙げよ。また，その「国境の壁」は，マーケティング戦略のどの部分にどのように影響を及ぼすか考えよ。

4）この戦略において，市場細分化を行った上で，標的となる顧客層を決定せよ。また，その理由は何か。

5）現地市場で競合する製品の特徴と，上記4）で決定した顧客層を踏まえ，製品ポジショニングをせよ。また，その理由は何か。

6）上記5）のポジショニングを踏まえ，どのような製品を投入するか考案せよ。

7）上記6）の製品は，いくらで販売すればよいか価格設定せよ。また，その理由は何か。

8）上記6）の製品は，どのような販売経路で販売するか，とりわけ「小売機能」に焦点を当て，現地の流通事情を踏まえて選定せよ。

9）この戦略において，デジタルマーケティングの手法を効果的に活用するには，どのプロセスでどのような施策が有効か，具体的に考案せよ。

■ 注

1）American Marketing Association（AMA）による2017年の定義。マーケティングの概念や定義については，AMAウェブサイト https://www.ama.org/the-definition-of-marketing-what-is-marketing/参照。

2）本章では，マーケティング・ミクスのうち，製品計画，価格設定，販売経路選定の3つのプロセスについて説明する。第4のプロセスであるプロモーションについては，第8章「プロモーション戦略」を参照のこと。

3）Kotler（2000）では，このほかオークションによる価格設定方法についても示されている。

4）航空機全体の座席数のうち，有償で販売された座席数の割合。路線やフライトごとの収益性を判断する指標として用いられる。

■ 参考文献

藤澤武史（2012）『グローバル・マーケティング・イノベーション』同文舘出版。

Kotler, P.（2000）*Marketing Management: Millennium Edition*, Pearson Education. 恩藏直人（監修），月谷真紀（訳）（2001）『コトラーのマーケティングマネジメント』ピアソン・エデュケーション。

Kotler, P. and G. Armstrong（2001）*Principles of Marketing*, Prentice-Hall. 和田充夫（監訳）（2003）『マーケティング原理（第9版）―基礎理論から実践戦略まで』ダイヤモンド社。

Kotler, P., Kartajaya,H. and I. Setiawan（2017）*Marketing 4.0: Moving from Traditional to*

Digital, John Wiley & Sons. 恩藏直人（監訳），藤井清美（訳）（2017）『コトラーの
マーケティング4.0―スマートフォン時代の究極法則』朝日新聞出版。
車戸實（編）（1997）『国際経営論』八千代出版。
諸上茂登・藤澤武史（2004）『グローバル・マーケティング』中央経済社。
和田充夫・恩藏直人・三浦俊彦（2006）『マーケティング戦略（第3版）』有斐閣アルマ。

Exercise 7

【1】対象国の選定について，空欄に記入し整理せよ。

(1) マクロ環境

 a)（①   ）環境

  （②   ）・（③   ）・年齢構成・家族構成など

 b)（④   ）環境

  GDP 成長率・（⑤   ）・（⑥   ）・（⑦   ）

  の特徴など

 c)（⑧   ）環境

  （⑨   ）・価値観・（⑩   ）など

 d)（⑪   ）環境

  諸政策・（⑫   ）・（⑬   ）など

(2) 市場環境

 ・（⑭   ）の特徴

 ・市場の（⑮   ）や（⑯   ）

 ・（⑰   ）の構造や特性

 ・（⑱   ）企業や（⑲   ）製品の特徴

 ・製品やサービスに関する顧客の特性・（⑳   ）・（㉑   ）

  など

(3) SWOT 分析

 a) 市場環境のうち自社にとっての（㉒   ）と（㉓   ）

 b) 自社の（㉔   ）と（㉕   ）

 ── （㉖   ）と自社の（㉗   ）・サービス・（㉘   ）

  との組み合わせが最適となる国はどこか

(4)　国境の壁

　　　国や地域による（㉙　　　　　　）の差異

　　　──→　・マーケティング戦略のどの（㉚　　　　　　）にどのように影響す
　　　　　　るか

　　　　　　・どのような（㉛　　　　　　）が必要か

【2】市場細分化について，空欄に記入し整理せよ。

(1)　市場細分化とは

　　　対象国の市場をさらに小規模な（①　　　　　　）に分割すること

　　　　　※市場細分化の基準 ＝（②　　　　　　）

(2)　市場細分化変数

地理的変数	・地域・国・（③　　　　　　）・人口・気候など
デモグラフィック変数	・年齢・性別・（④　　　　　　）・職業・ ・（⑤　　　　　　）・人種・教育水準・社会階層など
サイコグラフィック変数	・（⑥　　　　　　）・パーソナリティなど
行動変数	・製品の（⑦　　　　　　）・使用率・使用機会 （⑧　　　　　　）など

【3】標的市場の決定方法について，空欄に記入し整理せよ。

(1)　（①　　　　　　）マーケティング

　　　すべての市場に対して（②　　　　　　）の製品を供給

　　　（メリット）

　　　　・（③　　　　　　）が低い

　　　（デメリット）

　　　　・すべての細分化市場で（④　　　　　　）を獲得するのが困難

(2)　（⑤　　　　　　）マーケティング

ひとつの細分化市場に対して集中的に製品を供給

（メリット）

・（⑥　　　　　　　　　）の各プロセスの決定が容易

(3)　（⑦　　　　　　　）マーケティング

複数の細分化市場に対してそれぞれに適応した製品を供給

（メリット）

・市場におけるすべての（⑧　　　　　　　）を獲得できる可能性がある

（デメリット）

・莫大な（⑨　　　　　　　）とリスクを伴う

【4】製品ポジショニングについて，空欄に記入し整理せよ。

(1)　製品ポジショニング

特定の製品市場における顧客の（①　　　　　　　）と，（②　　　　　　　）
する企業の製品特性を考慮し，（③　　　　　　　）が有利となるように
製品を位置づけること

　　　※自社製品の（④　　　　　　　）を競合製品との（⑤　　　　　　　）で明確化

（重要）

a)　ポジショニングの基準となる（⑥　　　　　　　）を的確に決定する

　　　※（⑦　　　　　　　）との差異が顕著に示される変数

b)　自社製品にとって重要となる（⑧　　　　　　　）を明確にする

　　　※マーケティング・ミクスの各プロセスを左右

(2)　製品ポジショニングの方法

a)（⑨　　　　　　　）戦略

競合企業が重視していない（⑩　　　　　　　）へポジショニング

　　　※（⑪　　　　　　　）的なニーズが存在するかどうかを的確に判断

b)（⑫　　　　　）戦略

競合企業と（⑬　　　　　）な製品を供給

※明確な（⑭　　　　　）を行うことが不可欠

c)（⑮　　　　　）戦略

タイプの異なる多くの製品を供給

・各ポジションで（⑯　　　　　）を獲得できる可能性

・（⑰　　　　　）の役割

※効率的な（⑱　　　　　）能力と（⑲　　　　　）能力が必要

d)（⑳　　　　　）戦略

まったく異なる特性の製品を供給

・（㉑　　　　　）なニーズを開拓

・競合企業との（㉒　　　　　）を回避

※優れたマーケティングや（㉓　　　　　）能力が必要

【5】製品計画について，空欄に記入し整理せよ。

(1)　製品計画のプロセス

a)（①　　　　　）の創出

↓

b)（②　　　　　）の確立

↓

c)　技術的な（③　　　　　）

↓

d)（④　　　　　）

↓

e)　商品化

※国や地域ごとに異なる（⑤　　　　　）を的確に反映

(2) 差別化要素

    a）製品自体の差別化

      （⑥   ）・（⑦   ）・（⑧   ）・（⑨   ）

      耐久性・イメージなど

    b）（⑩   ）の差別化

      （⑪   ）の容易性・製品の（⑫   ）

      販売に従事する（⑬   ）・デリバリー・（⑭   ）・保

      証など

（重要）

    本国とは異なる（⑮   ）・製品（⑯   ）に適合する差

    別化要素を用いる

(3) 適応の方法

    a）（⑰   ）適応

      異なる（⑱   ）においても，製品が有効に機能するために適

      応措置をとること。

    b）（⑲   ）適応

      （⑳   ）の異なる国において，多国籍企業が供給する製品の

      （㉑   ）性を調整することによって適応すること。

    c）（㉒   ）機能

      外国市場に存在しなかった製品やサービスを（㉓   ）を経ず

      に投入し，新たな（㉔   ）を創造すること。

    ※市場への適合

    （条件）　⎰・技術的ないし（㉕   ）的な優位性

                 ・（㉖   ）や利便性・品質面の優位性

                 ・強力な（㉗   ）

【6】価格設定方法について，空欄を記入し整理せよ。

a) （①　　　　　　　　） 価格設定

製品の（②　　　　　　）・（③　　　　　　）・（④　　　　　　）などの
（⑤　　　　　　　） に期待する利益を上乗せする方法。

b) （⑥　　　　　　　　） 価格設定

目標とする（⑦　　　　　　） を基準とする方法。

c) （⑧　　　　　　　　） 価格設定

特定の製品に対する顧客の（⑧　　　　　　） に適合する方法。

d) （⑨　　　　　　） 価格設定

（⑩　　　　　　） の製品に（⑪　　　　　　） を設定する方法。

e) （⑫　　　　　　） 価格設定

（⑬　　　　　　） の価格を基準として設定する方法。

（重要）

マーケティング戦略の（⑭　　　　　　） と価格設定の（⑮　　　　　　　）
との適合化

【7】販売経路選定について，空欄に記入し整理せよ。

(1)　販売経路とは

（①　　　　） 業者・物流業者・（②　　　　） 業者などで構成される一連の流れ

小売業者…（③　　　　　） ・総合スーパー・（④　　　　　） ・（⑤　　　　　） ・
コンビニエンスストアなど

※外国の（⑥　　　　　　　） を考慮し適切に選択する必要性

（重要）

　　主に（⑦　　　　　）機能と（⑧　　　　　　　）機能に関わるメンバー企業を適切に選定

　　── 効率的な「組み合わせ」により（⑨　　　　　）と（⑩　　　　　　）を高める

(2)　販売経路選定のパターン

　　a)（⑪　　　　　）的流通

　　　可能な限り多くの（⑫　　　　　　）を通じて販売する方法

　　　（メリット）

　　　　　・顧客の（⑬　　　　　）が増加
　　　　　・製品が幅広く市場に（⑭　　　　　　）
　　　　　・製品の（⑮　　　　　）が迅速に向上

　　　（デメリット）

　　　　　・莫大な（⑯　　　　　）がかかる
　　　　　・販売活動に対する（⑰　　　　　　　）が十分機能しない

　　b)（⑱　　　　　）的流通

　　　小売業者に（⑲　　　　　）製品のみを販売させ，その（⑳　　　　　）を少数のチャネルに限定する方法

　　　（メリット）

　　　　　・（㉑　　　　　）が向上し，ブランドイメージの形成を促進
　　　　　・（㉒　　　　　　）をコントロールすることで差別化

　　　（デメリット）

　　　　　・（㉓　　　　　）が限定的
　　　　　・市場への浸透速度が遅い

　　c)（㉔　　　　　）的流通

　　　相対的に少数の販売チャネルを（㉕　　　　　　）に選択する方法

　　　── a)とb)双方のベネフィットを享受

(3) 販売経路選定の基準

- ・（㉖　　　　　） の購買行動
- ・（㉗　　　　　） 設定
- ・（㉘　　　　　） 意図
- ・（㉙　　　　　） の重要性

　　　—— 標的市場の国により異なる

【8】マーケティングの標準化と適応化について，空欄を記入し整理せよ。

(1) 標準化

　　世界各国の市場において（①　　　　　） の戦略

　　※（②　　　　）・（③　　　　）・（④　　　　）・（⑤　　　　）・
　　（⑥　　　　　） を世界で統一

　　（メリット）

- ・（⑦　　　　　　） の抑制
- ・（⑧　　　　　　） を世界で統一

(2) 適応化

　　各国市場の （⑨　　　　　） に適合させた戦略

　　（メリット）

　　　・各国市場の （⑩　　　　　） に的確に対応

　——　製品の（⑪　　　　　）・各国市場における（⑫　　　　　） の性質・
　　　　企業の（⑬　　　　　） により適切な戦略が異なる。

　　※標準化と適応化の「組み合わせ」の最適化

- ・（⑭　　　　　　） のどの部分を標準化・適応化するか
- ・同一の（⑮　　　　　） においてどの程度標準化・適応化するか

【9】デジタルマーケティングと伝統的マーケティングについて，空欄に記入
　　し整理せよ。

(1)　デジタルマーケティングのデータの特性

　　　a)（①　　　　　）レベルで購買行動パターンを特定

　　　b)（②　　　　　）データだけでなく（③　　　　　　）の行動パターンを捕捉

　　　c)　顧客間で（④　　　　　）されるデータを含む

　　　d)　定量データだけでなく（⑤　　　　　　）も分析の対象となる

　　　e)　データの交換に（⑥　　　　　）がある

　　　（重要）

　　　　・（⑦　　　）なデータから自社の戦略に必要なデータを的確に（⑧　　　　）
　　　　・マーケティング戦略の（⑨　　　　　　）に即して（⑩　　　　　　）
　　　　・効果的に（⑪　　　　　　）を生起させる

(2)　デジタルマーケティングと伝統的マーケティングの関係

　　　デジタルマーケティングは，伝統的マーケティングに（⑫　　　　）するもので
　　　はなく，マーケティングのプロセスをより効果的に機能させる（⑬　　　　）。

　　　──　国境を越えた（⑭　　　　　）と自社製品やサービスとを的確に（⑮　　　　　）

　　　a)　マーケティング・リサーチ

　　　　　市場環境に関する情報の（⑯　　　　　　）が向上

　　　　　・購買行動に関するデータと（⑰　　　　　　）とを結びつける

　　　　　　──　市場環境を（⑱　　　　　）に捉えられる

　　　　　・特定の国で個人レベルのデータを集積させる

　　　　　　──（⑲　　　　　　）を的確に把握

　　　b)　標的市場の選択

　　　　（⑳　　　　　　）レベルで標的顧客をイメージ

　　　　　・（㉑　　　　　）を（㉒　　　　　）レベルで細分化

　　　　　　──（㉓　　　　　　）が予想される顧客を集中的に選択

　　　・個人レベルのデータを集積
　　　　⟶　標的市場の（㉔　　　　　）や（㉕　　　　　　）の適切性を
　　　　　　確認

c）製品計画
　　　・標的顧客と製品計画との（㉖　　　　　）が向上
　　　・市場の（㉗　　　　　　）を高精度で予測可能
　　　・（㉘　　　　　）な製品ニーズを捕捉可能
　　　　⟶　外国市場で製品計画の（㉙　　　　）を回避

d）価格設定
　　　顧客の（㉚　　　　　）や（㉛　　　　　）に応じて価格設定が可能
　　　　⟶　需要と販売価格の（㉜　　　　　）

e）販売経路選定
　　　・（㉝　　　　）チャネルと（㉞　　　　　）を融合
　　　・各（㉟　　　　　）がもつ役割を分担
　　　　⟶　顧客の（㊱　　　　　　）
　　　　※（㊲　　　　　　）戦略
　　　（国境の壁）
　　　　（㊳　　　　　）で購入する顧客の割合や（㊴　　　　）

f）プロモーション
　　　・（㊵　　　　　）レベルで購買行動を喚起する情報発信が可能
　　　・（㊶　　　　　　）などの市場情報を高精度で入手
　　　・顧客からの（㊷　　　　　）な情報を活用
　　　（国境の壁）
　　　┌・インターネットへの（㊸　　　　　）
　　　│・情報源としてのインターネットの（㊹　　　　　）
　　　│・インターネット広告に対する（㊺　　　　）
　　　└・インターネットを通じた（㊻　　　　　）パターンの特性

第8章　プロモーション戦略

　前章で述べたマーケティング戦略において，その最終段階に位置づけられる活動が，プロモーション（販売促進）戦略である。プロモーションは，広告，セールス・プロモーション，イベント・体験，PR，人的販売，ダイレクト・レスポンスといったプロモーション・ミックスから構成される（岸ほか，2010, p. 41）。企業は，自社の製品もしくはサービスに関する情報を，ターゲットとする市場に対して効果的に発信し，顧客の購買行動を促進しなければならない。多国籍企業は，世界規模でマーケティング戦略を展開しているため，それぞれの市場に適したプロモーション戦略を策定・遂行する必要がある。本章では，プロモーション活動のなかでも中心的な役割を果たす広告戦略に焦点を当て，国境を越えた要素を含め，その流れを学習する。

【1】広告目標の決定

　　広告戦略を策定する上で，企業がまず検討すべきことは，その広告によって何を達成したいのかを明確にすることである。そして，広告戦略において達成すべき目標を広

広告目標　　告目標という。広告目標は，大きく分けて以下の3つに分　5
類できる（岸ほか，2010）。

　　第1に，広告戦略を行う前と後で，どれだけ売上ないし

マーケティング目標　利益が増加するかというマーケティング目標がある。企業
が広告戦略を行う最終的な目的は，自社の製品もしくは
サービスを市場に供給し，いかに多くのベネフィットを獲　10
得するかという点にある。

第2に，上述のマーケティング目標を達成するために　1
消費者行動目標　は，消費者がどのような購買行動をとればよいかという消
費者行動目標がある。最終的な目標は，自社製品もしくは
サービスの購入者ないし利用者を増加させることである
が，それをどのような形で達成するかが消費者行動目標と　5
なる。具体的には，これまで他社ブランドの商品を使用し
ていた消費者が，自社商品に買い替えるケースが挙げられ
商品カテゴリー　る。また，他の商品カテゴリーを使用していた消費者が，
自社の商品カテゴリーを使用するようになるケースも考え
られる。さらに，自社ブランド商品への執着度を高める　10
ケースが挙げられる。特定のブランドに対する執着心のこ
ブランド・ロイヤル　とをブランド・ロイヤルティといい，ブランド・ロイヤル
ティ　ティを高めることによって，他社への顧客の流出を防ぐこ
とができる。これらのうち，いずれのパターンを喚起する
ことによって，マーケティング目標を達成するかを決定す　15
ることになる。

　第3に，上述の消費者目標を達成するために，消費者に
対してどのような心理的変化をもたらせばよいかを検討す
コミュニケーション　る。このことをコミュニケーション目標という。具体的に
目標　は，知名度の向上やブランド態度の改善，購入意図率の向　20
知名度　上などが挙げられる（岸ほか，2010, pp.114-119）。
ブランド態度
購入意図率　多国籍企業が国境を越えて広告戦略を行う場合，上述の
広告目標の設定に関して，注目すべき点は次のとおりであ
る。

製品ライフサイクル　第1に，現地での製品ライフサイクルの違いが挙げられ　25
る。すなわち，自社の製品が，現地市場において製品ライ
フサイクルのどの段階にあるかによって，広告目標が異な
る。たとえば，参入初期であれば知名度の向上が重要な課
題であり，成熟期であればブランド・ロイヤルティの獲得
製品ポジショニング　が広告目標となりうる。第2に，製品ポジショニングの違　30

いが考えられる。マーケティング戦略において決定される 1
製品ポジショニングが，本国においては大衆向けの製品で
あっても，外国市場では高級志向の位置づけとなることも
ある。このような製品の場合は，本国とは異なる高級なブ
ランド・イメージを発信することが広告目標となる。第3 5
競合状態　に，現地市場での競合状態が挙げられる。外国市場では，
本国とは異なるライバル企業ないしライバル商品が存在す
る場合も多い。また，外国市場における競争の激しさに
差別化要因　よっても，広告目標は異なってくる。第4に，差別化要因
の違いにも注目する必要がある。本国ではすでに広く普及 10
している製品でも，外国市場では希少な存在である場合
は，商品情報の提供によって機能面の優位性を訴求するこ
とが重要である。また，外国市場において，本国とは異な
る激しい価格競争を展開する製品であれば，価格面の情報
を提供し，購入意図率を向上させる目標が考えられる。第 15
購買動機　5に，製品に対する顧客の購買動機の違いが考えられる。
たとえば，本国では顧客が気軽に立ち寄るコーヒーショッ
プ・チェーンが，発展途上国では入店すること自体がステ
イタスとなるような場合もある。このような市場環境の違
いによって，広告目標も異なってくる。 20

【2】広告予算の決定

　広告目標が決定されると，次に広告戦略にどれくらいの
予算を割り当てるかを決定する。広告活動は，その内容に
広告予算　よって巨額の資金が必要となるため，広告予算の決定は重
要な要素であると言える。広告予算の決定方法のうち，代 25
表的なものとして以下の4つの方法がある。
売上高比率法　第1に，売上高比率法が挙げられる。この方法は，自社
の売上高を基準として，その何パーセントを広告予算とす

るかという考え方である。前年度の売上もしくは過去数年 　1
間の売上の平均値を基準とするケースが多い。また，次年
度の予想売上を基準にする場合もある。第2に，競争者対

競争者対抗法　抗法がある。これは，自社にとってのライバル企業が，ど
れくらい広告に費用をかけているかを基準とする方法であ 　5
支出可能額法　る。第3に，支出可能額法が挙げられる。これは，予想さ
れる他のコストをすべて差し引いた上で，その残りを広告
予算とする方法である。実際には，広告予算を決定した
後，それが自社にとって無理のない額であるかをチェック

目標課題達成法　するために使用されることが多い。第4に，目標課題達成 　10
法が挙げられる。これは，先に決定した広告目標を達成す
るために必要な広告の種類や規模を基準に，必要となる広
告予算を算定する方法である（岸ほか，2010, pp.141-145）。

　　多国籍企業による国境を越えた広告戦略では，以下のよ
うな外国の市場特性を考慮する必要があると言える。すな 　15
競争ポジション　わち第1に，外国市場における自社の競争ポジションであ
る。本国とは異なる外国市場において，ライバル企業がほ
とんどおらず，自社の優位性が圧倒的なのか，熾烈な競争
が展開されるのかによって，広告予算の規模に差異が生じ

戦略的重要性　る。第2に，外国市場における対象製品の戦略的重要性に 　20
よっても，どの程度の予算を配分するかが異なると考えら
れる。たとえば，本国ではすでに陳腐化した製品でも，外
国では市場に浸透するかどうかを決定付ける重要な意味を
もつ場合，高額な予算が割り振られることが考えられる。

広告予算　第3に，外国におけるライバル企業の広告予算によって 　25
も，自社の予算規模が左右される。いずれも，本国とは異
なる市場環境において，本国との差異を十分に考慮した予
算を決定する必要がある。さらに，自社の広告に対する価
値観によっても，広告予算の規模は異なっている。たとえ
ば，企業の価値観として，世界規模でブランド・ロイヤル 　30

ティを獲得しようとするスポーツ用品メーカーは，世界の 1
それぞれの市場で巨額の広告費を投入していたり，逆に派
手な広告を行わないことをポリシーとする化粧品メーカー
は，世界市場において，広告予算を小規模に限定し，広告
以外の手段を用いてプロモーション活動を行っている。　 5

【3】媒体計画

テレビや新聞など，消費者に対して広告を発信する手段
媒体　　　　　　のことを媒体といい，どの媒体を通じて広告を発信してい
媒体計画　　　　くかを決定することを媒体計画という。媒体計画において
は，すでに決定したターゲットに対して最も効率的に情報 10
が伝達され，かつターゲットの購買行動を効果的に喚起す
る方法を選択する必要がある。また，媒体によってコスト
が大きく異なるため，広告予算によっても選択しうる媒体
は変わってくる。いずれかひとつの媒体のみを選択するこ
とは稀であり，複数の媒体を組み合わせて選択するのが普 15
通である。たとえばテレビと雑誌を同時に選択し，ター
ゲットに対して効果的に情報を発信したりするが，このよ
メディア・ミックス　うなメディアの組み合わせをメディア・ミックスという。
媒体計画においては，それぞれの媒体のもつ特性を考慮
した上で，各媒体の役割を明確に分担し，先に決定された 20
広告目標を達成するために最も効果的なメディア・ミック
スを決定することが重要である。広告を発信する媒体に
は，テレビやラジオ，新聞や雑誌といった代表的なものか
ら，インターネット，交通広告，屋外広告，ダイレクト
メールなど様々な形態があり，それぞれメリットとデメ 25
リットをもっている。
たとえばテレビ広告は，映像や音声によるインパクトが
大きく，受け手の記憶に残りやすいというメリットがある

反面，コストが非常に高く，露出時間が短いというデメ　1
リットがある。また新聞広告は，一度に発信できる情報量
が多く，媒体そのものに信頼性があるほか，毎日違った
メッセージが発信できるというメリットがあるが，文字に
よる表現が中心でインパクトが弱く，毎日一度だけしか受　5
け手の目に触れないなどのデメリットがある。雑誌広告
は，ある程度決まった読者層があるため，特定の雑誌を選
択することによってターゲットを絞ることができるが，広
告の出稿を申し込んでから掲載されるまでの時間がかかる
など，即時性に欠けるというデメリットもある（宣伝会　10
議，2007）。

　多国籍企業が国境を越えた広告戦略を行う場合，媒体計
画に関して考慮すべき点は，次のとおりである。第1に，

メディア事情　各国のメディア事情が挙げられる。具体的には，それぞれ
のメディアの普及率や広告媒体としてのメディアの位置づ　15
けが，国によって異なっている点に注意しなければならな
い。たとえば，発展途上国では，携帯電話やインターネッ
トの普及率が低い場合もある。また，広告媒体としての重
要度がメディアによって異なり，現地の顧客が何を重要な
広告媒体として捉えているかが，本国とは異なるケースも　20

接触状況　考えられる。第2に，標的顧客の媒体への接触状況が考え
られる。たとえば，先進国の都市部では交通広告に接触す
る顧客は多いが，発展途上国では交通機関自体が未発達
で，広告媒体としての重要度が低い場合もある。また，テ
レビを視聴する平均的な時間や，雑誌の購入頻度などに関　25
しても国による違いがあるため，どの媒体を用いれば効果
的に広告が標的顧客に到達するかが著しく異なると言え

広告目標　る。第3に，国によって異なる広告目標によっても，選択
する媒体が変わる。広告目標を達成する上で，より効果的
な媒体が選択されなければならず，本国とは異なることが　30

多い広告目標を，的確に媒体の選択に反映させる必要があ　1
る。第4に，先に決定した広告予算によっても，選択でき
る媒体の選択肢は限定される。

広告予算

【4】広告表現

広告表現

　広告表現とは，広告目標を達成するために，広告主が伝　5
えたいポイントを，想定したターゲットが理解しやすいよ
うに伝える広告物を企画・制作することである（岸ほか，
2010, p.190）。

　広告表現で使用される要素には，一般的にコピー，ビ
ジュアル，サウンドの3つがある（嶋村, 2006, p.264）。　10

コピー

第1に，広告表現のなかで用いられる文章をコピーとい
い，具体的には，新聞広告や雑誌広告などに用いられる文
章や，テレビ広告に挿入されるナレーションなどを指す。
コピーの役割は，受け手に様々な情報を提供したり，イン
パクトを与えたりすることである。第2に，動きを伴う映　15
像や，雑誌広告で使用される画像など，受け手の視覚に訴

ビジュアル

える「絵」のことをビジュアルという。ビジュアルには，
商品そのものや，背景，登場人物などが含まれ，コンセプ
トを描写する役割をもっている。第3に，広告表現のなか

サウンド

で使用される音楽や効果音などをサウンドという。サウン　20
ドには，広告対象のイメージを表現する役割をもってい
る。広告表現では，どんなターゲットに対して，何を伝え
たいのかというコンセプトを明確にした上で，効果的なこ
れらの要素を組み合わせ，広告物の企画・製作を行わなけ
ればならない。　　　　　　　　　　　　　　　　　　　25

　特に，多国籍企業が国境を越えて行う広告表現は，非常
にデリケートな対応が必要とされる要素である。外国で不
適切な広告表現を用いてしまうと，広告対象の製品そのも

のだけでなく，現地社会における企業の信用や，企業の本
国に対する市民感情までも阻害する結果になることがあ
る。したがって，多国籍企業は現地の市場だけでなく，社
会環境全般に配慮し，効果的な広告表現を行うことが不可
欠であると言える。

　そこで，国境を越えた広告表現で，注意すべき要素とし
ては，以下の3点が挙げられる。すなわち第1に，広告に
関する様々な規制の違いが挙げられる。具体的には，広告
の対象商品や媒体，広告の時間帯，広告表現の方法や表記
などに関して，本国とは異なる法律や規制が存在する。外
国で行われる広告表現では，これらの法や規制の違いを十
分考慮し，遵守しなければならない。第2に，広告表現で
用いられるコピーやビジュアルに対する受け手の知覚が，
本国とは異なる場合が多いことである。たとえば，言語の
使い方や微妙なニュアンスが，外国において不適切である
と受け取られる場合もある。また，民族や宗教に関する表
現を用いる場合は十分な注意が必要であり，ネガティブな
歴史的事実に関する表現を用いることは避けなければなら
ない。第3に，宗教や戒律に触れる表現が挙げられる。た
とえば，宗教的に崇拝されていたり，タブー視されている
文物を用いることは避けなければならない。また，戒律に
触れるような商品や表現を用いたり，風紀上問題とされる
ような表現を行うことのないように配慮することが不可欠
である。

Group Discussion

1) いま，日本の自動車メーカーが，東南アジア最大の市場であるインドネシア
で，新たな乗用車を発売するものとする。まず，現地の自動車市場の状況や，
広告，メディア事情について，インターネットや情報機関などを通じて調べ
よう。

2) 今度発売する乗用車の仕様や価格，特徴について，前章のマーケティング戦略を参考に，任意に考えよう。

3) インドネシアで，上記 2) の乗用車を発売するにあたり，広告戦略を立案する。まず，国境の壁は何かを踏まえ，広告目標を決定せよ。

4) 広告予算は，どのような方法で決定するか，その理由を含めて考えよう。

5) どのような媒体を通じて広告を行うか，国境の壁は何かを踏まえ，メディア・ミックスを考えよう。また，そのメディア・ミックスを選択する理由は何か。

6) 上記 5) のメディア・ミックスで，それぞれの媒体が果たす役割は何か。

7) 上記 5) で選択したメディアごとに，国境の壁は何かを踏まえ，広告表現を考えよう。

■ **参考文献**
岸志津江・田中洋・嶋村和恵（2010）『現代広告論』有斐閣。
真鍋一史（1998）『国際イメージと広告』日経広告研究所。
日経広告研究所（2007）『広告に携わる人の総合講座（平成 19 年版）』日本経済新聞社。
宣伝会議（2007）『新版・広告ビジネスの基礎講座』宣伝会議。
嶋村和恵（2006）『新しい広告』電通。

Exercise 8

【1】プロモーションとは何か，空欄に記入し整理せよ。

（①　　　　　　）・（②　　　　　　　　）・イベント・体験・PR・人的販売・ダイ
レクトレスポンスなどの（③　　　　　　）から構成される活動

⇩

※世界規模でターゲットとする市場に対して効果的に（④　　　　　　　）を発
信し（⑤　　　　　　）を促進

【2】広告目標の設定について，空欄に記入し整理せよ。

(1)（①　　　　　　）目標
　　どれだけ（②　　　　　　　）や利益が増加するか

(2)（③　　　　　　）目標
　　消費者がどのような（④　　　　　　）をとればよいか
　　┌・他社ブランドから自社ブランドへの買い替え
　　│・他の（⑤　　　　　　　）からの買い替え
　　└・（⑥　　　　　　）の向上　など

(3)（⑦　　　　　　）目標
　　どのような消費者の（⑧　　　　　　）をもたらすか
　　┌・（⑨　　　　　　）の向上
　　│・（⑩　　　　　　）の改善
　　└・（⑪　　　　　　）の向上　など

(4)　国境を越えた広告での注意点
　　a)（⑫　　　　　　）の違い

　　b）製品ポジショニングの違い

　　c）現地市場での（⑬　　　　　　）状態

　　d）（⑭　　　　　　）要因の違い

　　e）（⑮　　　　　　）の違い

【3】広告予算の決定について，空欄に記入し整理せよ。

(1)　（①　　　　　　）法

　　　自社の売上高を基準として一定割合を広告予算とする

(2)　（②　　　　　　）法

　　　（③　　　　　　　　）の広告予算を基準として算出する

(3)　（④　　　　　　）法

　　　他のコストを差し引いた残りを広告予算とする

(4)　（⑤　　　　　　）法

　　　（⑥　　　　　　　）を達成するために必要な広告の（⑦　　　　　　　）や規
　　模から算出する

(5)　国境を越えた広告での注意点

　　a）外国市場における（⑧　　　　　　　）

　　b）外国市場における対象商品の（⑨　　　　　）

　　c）外国における（⑩　　　　　　）の広告予算

　　d）広告に対する自社の（⑪　　　　　　）

【4】媒体計画について，空欄に記入し整理せよ。

複数の媒体の組み合わせ（①　　　　　　　）

⇩

※各媒体の（②　　　　　　　）を考慮し，各媒体の（③　　　　　　　）を明確に
分担。

(1)　テレビ広告
　　（メリット）　・映像や音声による（④　　　　　　）が大きい
　　（デメリット）・（⑤　　　　　）が高く（⑥　　　　　　）が短い

(2)　新聞広告
　　（メリット）　・一度に発信できる（⑦　　　　　　）が多い
　　　　　　　　　・媒体の（⑧　　　　　）がある
　　　　　　　　　・毎日違った（⑨　　　　　）が出せる
　　（デメリット）・（⑩　　　　　）が弱い

(3)　雑誌広告
　　（メリット）　・（⑪　　　　　）を絞りやすい
　　（デメリット）・（⑫　　　　　）に欠ける

(4)　国境を越えた広告での注意点
　　a）各国の（⑬　　　　　　）
　　b）標的顧客の媒体への（⑭　　　　　）
　　c）国による（⑮　　　　　）の違い
　　d）国による広告予算の違い

【5】広告表現について，空欄に記入し整理せよ。

(1)　広告表現の要素
　　a）（①　　　　　）　——　表現に用いられる「文章」や「言葉」
　　　※受け手に（②　　　　　）を提供したり（③　　　　　　）を与える

b)（④　　　　　）── 表現に用いられる（⑤　　　　　）や画像
　※<u>商品そのものを見せたり（⑥　　　　　）を描写する</u>

c)（⑦　　　　　）── 表現に用いられる（⑧　　　　　）や効果音
　※<u>広告対象の（⑨　　　　　）を表現する</u>

⇨　ターゲットと（⑩　　　　　）を明確にし，広告表現の要素を効果
　　的に組み合わせて広告物を制作する。

(2)　国境を越えた広告表現の注意点
　a)　広告に対する（⑪　　　　　）
　　対象商品や（⑫　　　　　），広告の（⑬　　　　　），表現方法などを
　　制限する法律や規制が存在する。

　b)　コピーや（⑭　　　　　）に対する受け手の知覚
　　（⑮　　　　　）の使い方や微妙な（⑯　　　　　）に対する感じ方の
　　違い

　c)（⑰　　　　　）や戒律に触れる表現
　　　　　　　　　⇩
　※<u>国の（⑱　　　　　）全般に配慮し，適切な広告表現を行う。</u>

第9章　サービス・マネジメント

　今日では，サービス企業の国際化が進展し，世界市場で事業展開するようになっている。サービス産業の範囲は幅広く，金融業，コンサルティング業，小売業，飲食業，観光業，宿泊業，航空・海上輸送業など様々な業種が含まれる。これらの企業は，サービス産業の特性に鑑み，様々な面で製造業とは異なるマネジメントが必要とされると同時に，国境を越えてサービスを提供するとき，市場特性の違いを十分に考慮した戦略が不可欠となる。本章では，主に多国籍サービス企業の現場におけるマネジメントに焦点を当てる。第1に，サービスとホスピタリティの概念を整理する。第2に，サービス・マネジメントのフレームワークを多国籍企業のサービスに援用して説明する。第3に，サービスの現場でその品質を決定する要因は何かを考える。第4に，サービス品質を高度化する手段として組織社会化に注目し，多国籍企業が組織社会化を通じて成功裏にサービス・マネジメントを遂行する要件とは何かを明らかにする。

【1】「サービス」の概念

サービス　　　　　サービスとは，通常，顧客とサービス企業の従業員もしくは物的経営資源や商品，システムとの間で行われる，一連の多少なりとも無形の活動で構成されるプロセスであり，顧客の問題に対する解決策として提供される（Grönroos, 2007, p. 52）。さらにサービスは，物的資産である「有形」サービスと，人的サービスなどの「無形」サービ
有形サービス
無形サービス　　　スとに区分でき，有形サービスと無形サービスの組み合わせによって構成される（Sasser, et al., 1978）。たとえば，

ホテル業の場合，有形サービスとは建物や設備などのハード面を指し，無形サービスとは，スタッフによって提供される接客サービスなどのソフト面を言う。これら2つの要素を組み合わせることによって，顧客に対するサービスが提供される。また，Normann は，顧客に対して提供される一連のサービスを「サービス・パッケージ」と呼び，中心的な役割を果たす「コア・サービス」と，それに付随するサービスである「周辺的サービス」とに区分した（Normann, 2002, p. 80）。たとえば上述のホテル業の場合，コア・サービスは宿泊そのものを指すのに対して，周辺的サービスとして，レストランやバンケットなどのサービスが挙げられる。

サービス・パッケージ

コア・サービス
周辺的サービス

　コア・サービスが定常業務であるのに対し，周辺サービスは状況適応的なコンティンジェント・サービスが必要とされるため，サービスのアウトプットにおいて，コンティンジェント・サービスの重要性が大きい（近藤, 2007, p.41）。コンティンジェント・サービスとは，現場であるサービス・エンカウンターでの非定常的な撹乱要因の処理と定義される。撹乱要因とは，定常的なサービスの提供を困難にする外部的な環境要因を指し，そのひとつとして，顧客の個人的な理由から発せられる特別な取り扱いの要求が挙げられる（近藤, 2007, p.42）。多国籍企業のサービス・エンカウンターにおいては，スタッフが様々な国籍や人種，宗教，価値観，目的をもつ多様な顧客に対して同一のサービス・デリバリーを行わなければならない場合が多い。したがって，具体的な撹乱要因の内容や性質も多様であり，多国籍企業におけるサービス・スタッフは，広範なコンティンジェント・サービスを的確に行う必要性に迫られる。

コンティンジェント・サービス

サービス・エンカウンター
撹乱要因

無形性，変動性

　また，サービスに固有の特性として，①無形性，②変動

不可分性，消滅性　性，③不可分性，④消滅性がある（Kotler, 2003, 邦訳, pp. 26-30）。すなわち，顧客に提供されるサービスは無形のものであり，その品質は常に変動する。また，サービス行為は生産と消費が同時に行われ，両者が不可分の関係にある。さらに，サービスは工業製品と異なり，一度生産された時点で消滅し，まったく同一のアウトプットを繰り返し生産することは不可能である。このことをサービスの消滅性という。これに加えて，サービス多国籍企業に固有の特性として，サービスの現場におけるスタッフの多様性

多様性

不連続性　と，スタッフの雇用形態によるサービスの不連続性が高いことが指摘できる。すなわち，サービス多国籍企業の現場に従事するスタッフは，国籍やバックグラウンドが様々であることが多く，サービス・デリバリーや顧客とのコミュ

サービス・デリバリー

コミュニケーション　ニケーションの手法に差異がある。また，サービス・スタッフは，短期間の契約で雇用されることが多いため，流動性が高い。これらの特性をもつスタッフが現場のサービス・デリバリーを担うため，一般的に多国籍企業におけるサービスは不均質性が高く，サービス品質の標準化が重要

不均質性

サービス品質の標準化　な課題として挙げられる。すなわち，多国籍サービス企業の現場においては，多様な国籍やバックグラウンドをもつスタッフによって，誰がサービスを行っても同等のサービス品質を維持することが，最大の課題であると言える。

【2】サービスとホスピタリティ

コンティンジェント・サービス　サービス・デリバリーでは，定形化されないコンティンジェント・サービスがとりわけ重要な役割を果たすことはすでに述べたが，適切なコンティンジェント・サービスを

ホスピタリティ　遂行できるかどうかは，個々のスタッフがもつホスピタリティに著しく左右される。

　　　ホスピタリティの定義は，今日においても依然として議　1
論の対象となっており，統一的な見解が見られない。たと
えば，服部（2006）は「ホストとゲストが対等となるにふ
人倫　　さわしい相関関係を築くための人倫」と定義している（服
部，2006, p. 117）。また，武内（2007）は「ある者が他人　5
を自分と同等の価値をもつ存在とみなし，その上で自分の
利他的行動　　利益を抑えて他人の利益を優先する自己犠牲的な利他的行
動に駆り立てる資質」としている（武内，2007, p. 10）。さ
らに，山上（2012）は，ホスピタリティには，単なる人的
態度だけでなく，行為による実体性を伴う必要性がある点　10
を指摘し，最適な形状・状態に進化させてはじめて評価さ
れるとしている（山上，2012, p. 18）。いずれもホストとゲ
ストが対等の関係にあり，相互の関係を発展させる要因と
してホスピタリティを捉えている点は共通しているが，行
為者に体化された「パーソナリティ」や「能力」として捉　15
えるか，それに基づく「行為」として捉えるか，その結果
形成される「関係性」として捉えるかにおいては差異があ
る。

　　　また，ホスピタリティの概念は，しばしばサービスのそ
れとの関係性が議論される。この点について，服部　20
（2006）は，ホスピタリティがサービスを内包する上位概
念として位置づけている。すなわち，ゲストがホストに与
等価価値　　える奉仕料との等価価値の交換を原則として，ホストがゲ
ストの欲求を満足するのがサービスである。これに対し，
ホストがゲストの期待感に対して，それ以上の満足や感動　25
人間的な付加価値　　といった人間的な付加価値を提供することがホスピタリ
ティの本質であるとしている（服部，2006, p. 103)[1]。この
点について，武内（2007）は，ホスピタリティの内在に
よって，金銭の授受に関わるサービスの提供とは別に，ゲ
ストに対して提供される利他的行動が誘引されるとの位置　30

づけを示すと同時に，その利他的行動は，サービスの提供　1
と同時に実施されるとしている（武内，2007，p.10）。さら
に山上（2012）は，サービスとホスピタリティの性質の違
いについて，サービスが効率を重視する自動化された性質
をもつのに対し，ホスピタリティは人間性を重視する臨機　5
個別的対応　　　　応変な個別的対応であるとの位置づけを示している（山
上，2012，p.26）。すなわち，サービスとホスピタリティの
概念は密接に関係し，ホスピタリティの品質が，ホストが
得られる金銭的報酬の価値を超えた個別的な対応によっ
て，期待以上の満足をゲストに提供する点にあると言え　10
る。
　　サービス多国籍企業が国境を越えて事業展開する場合，
どのようなホスピタリティが求められるかは，国や業種に
よって異なっている。したがって，世界各国のサービス・
エンカウンターにおいて，成功裏にサービス・マネジメン　15
トを展開するためには，その基盤となるサービス・スタッ
フのもつべきホスピタリティが何であるかを，具体的かつ
明確にする必要がある。

【3】多国籍企業のサービス・マネジメント

サービス・マネジメ　　　サービス・マネジメントは，企業が提供する文化・哲学　20
ント　　　　　　　を中心に，市場セグメント，サービス・コンセプト，デリ
文化・哲学　　　　バリー・システム，イメージの5つの要素で構成され，と
市場セグメント　　　りわけデリバリー・システムの構築が重要であるとされて
サービス・コンセプ　　いる（Normann，2002）[2]。デリバリー・システムは，サー
ト　　　　　　　　ビス・コンセプトを提供するための具体的なサービスを創　25
デリバリー・システ　　造するシステムであり，人材，顧客，技術的・物理的サ
ム　　　　　　　　ポートの3つの下位要素から構成される。そして，このデ
イメージ　　　　　　リバリー・システムが，サービス企業の差別化を左右する

多国籍企業のサービ
ス・マネジメント

市場セグメント
文化・哲学
サービス・コンセプ
ト

デリバリー・システ
ム

イメージ
サービス・デリバ
リー

インプット市場
立地優位性
サービス品質

不可分性

標準化

（Normann, 2002, p. 59)。この概念に基づいて，多国籍企　1
業のサービス・マネジメントを以下のように説明できる。
すなわち多国籍企業は，自社の標的とする世界の市場セグ
メントに対して，提供するサービスの文化・哲学のもとに
サービス・コンセプトを明確にし，どの市場にどのような　5
サービスを提供するかを決定する。そして，そのサービス
を提供するシステムであるデリバリー・システムを構築
し，事業展開する各国で必要な人材を獲得・育成する。こ
れらの人材を中心に，技術的・物理的なサポートを含め，
場合によっては顧客が参加する形でサービスのイメージを　10
形成し，各国市場でサービス・デリバリーを行う。

　　多国籍サービス企業の本質は，顧客が存在する市場ない
し人的資源などのインプット市場を立地優位性としてもつ
国々に進出し，自社のサービス品質やブランド力，イン
プット市場への特権的なアクセスなどを優位性として，各　15
国での付加価値活動を内部化することである。サービスに
は不可分性という性質があり，生産と消費が同時に行われ
るため，原則として市場のある国が立地優位性をもつ。た
とえば，アパレル専門店やコンビニエンス・ストアなどの
小売業や，外食チェーンなどにとっては，大規模な市場が　20
存在する国や地域が重要な立地優位性をもつ。また，サー
ビスを生産するために高度な人的資源が必要となる場合
は，労働市場の存在が重要な立地優位性となる。たとえ
ば，ソフトウエア産業にとっては，高度な技術やスキルを
もつエンジニアが豊富に存在する国や地域が立地優位性を　25
もつ。ただしこの場合，それらの国や地域が必ずしもサー
ビスを提供する市場と一致するとは限らない。

　　多国籍サービス企業においては，提供するサービスの品
質が世界レベルで標準化されなければならない。そのため
には，世界レベルで自社のブランド・イメージを統一し，　30

優れたデリバリー・システムを構築する必要がある。デリ　1
バリー・システムを構築する上で重要な役割を果たすの

人的資源

が，サービス・デリバリーに直接従事する人的資源であ
り，多国籍企業は，各国の人的資源を標準化されたシステ

教育・訓練

ムの下に教育・訓練することが望ましい。ただし，各国の　5
市場環境に応じて，ブランド・イメージを調整したり，各
国の顧客に適したデリバリー・システムを柔軟に修正する
場合もある。また，教育・訓練についても，各国の教育水
準やサービスに対する価値観などに応じて，その手法を細
かく調整することが不可欠であると言える。　　　　　　　10

　たとえば，世界に店舗をもつファーストフード・チェー
ンは，各国で統一されたロゴマークを用い，ブランド・イ
メージを統一化する。しかし，先進国では幅広い市場セグ
メントを対象としているが，発展途上国では上位の所得層
を標的として高級なイメージを醸成することもある。ま　　15
た，提供するメニューも，各国の食文化など市場環境に適
応させ，国ごとにオリジナルの製品を提供する場合もあ
る。さらに，現場でサービス・デリバリーに従事する従業
員の能力は国によって異なるため，教育・訓練に関して
も，世界レベルで標準化されたマニュアルをもとにしなが　　20
ら，国ごとに独自の手法で行われることが多い。

　しかしながら，サービス多国籍企業にとって重要なの
は，サービス・デリバリーのプロセスは現地に適応して
も，最終的に提供されるサービスの品質は，世界レベルで
標準化されたものでなければならない点であり，このこと　　25
が多国籍企業に固有の優位性となるのである。

【4】サービス・エンカウンターとサービス品質

**サービス・エンカウ
ンター**

　サービス・エンカウンターとは，サービスの供給者と受

領者が対峙し，サービス活動が行われる場を言う。サービ 1
ス・エンカウンターにおける顧客の知覚が，顧客満足や品

顧客満足
品質評価
ロイヤルティー

質評価，顧客の長期にわたるロイヤルティー確保にとって
非常に重要であり，サービス・エンカウンターの構成が決
定的な役割を果たす。それと同時に，技術・設備との結合 5
や，従業員の人材開発をいかに図るかが重要である（近
藤, 1996, p.117-118）。サービス多国籍企業は，多くの国

顧客の知覚

にサービス・エンカウンターをもち，顧客の知覚も様々で
ある。

サービス品質

　サービス・エンカウンターで提供されるサービス品質 10
は，顧客が実際に得たサービス実績と，提供されるサービ
スに対する事前期待との差異である（近藤, 2007, p.60）。
企業がサービス・マネジメントを成功裏に遂行し，高水準

サービス・デリバ
リー

のサービス・デリバリーを達成する上で，顧客とのサービ
ス・エンカウンターでサービス活動に従事する従業員がも 15
つ重要性は極めて大きい。Normann は，サービス企業に

好循環
悪循環

よるマネジメントの概念として，「好循環」と「悪循環」
の2つのモデルを提起した。すなわち Normann は，サー

Macro Circle
Internal Service
Circle
Micro Circle

ビス企業の活動を，企業レベルのMacro Circle，従業員
レベルのInternal Service Circle，現場レベルの Micro Circle 20
の3つの循環に区分し，企業レベルで適切なサービス・マ
ネジメントシステムを構築・遂行することによって，従業
員レベルの能力とモチベーションが向上し，現場でのサー
ビス・デリバリーが成功裏に行われるようになる結果，顧
客満足を獲得することが可能になると論じている。そし 25
て，このポジティブな現象が，各レベルで循環することに
よって，組織全体のマネジメントが成功裏に遂行されると
している（Normann, 2002, p. 73）[3]。

　このように，サービス品質を向上させる上で，サービス
を提供する従業員の役割が極めて重要である。従業員の能 30

力水準は，上述のサービス品質すべてに著しい影響を及ぼ　1
す。サービス品質を向上させ，サービス企業が競争優位を
獲得するためには，サービス企業の人的資源管理におい
て，①従業員のコンピテンシーの継続的開発，②企業と従
業員との協調関係，③従業員へのエンパワーメントの3点　5
を成功裏に実現することが不可欠であるとされている
（Looy, et al., 2003 邦訳, p.275）。

　すなわち，サービス・エンカウンターでの従業員の対応
は，企業のサービス品質を決定し，顧客満足を左右する最
も重要な要因であるため，従業員のサービス・デリバリー　10
能力を最大化させるためのトレーニング・システムを構築
し，それに基づいて効果的なトレーニングを実施する必要
がある。多国籍企業の場合，世界レベルでのサービス品質
の標準化が不可欠である点に鑑み，トレーニング・システム
そのものを標準化する必要がある。標準化されたサービ　15
ス品質を維持するためには，従業員のトレーニングが継続
的に行われなければならない。また，従業員レベルの好循
環が企業レベルの好循環に転換され，企業が競争優位を獲
得するためには，企業と従業員との協調関係は不可欠であ
る。さらに，サービス・エンカウンターでは，サービスの　20
供給者は，常に変化する状況に適応することが必要であ
り，現場での顧客のニーズに対して常に迅速に対応するこ
とが不可欠である。そのためには，すべてのサービスの供
給者に対して，日常業務に関する権限を委譲し，サービ
ス・エンカウンターにおける適切なサービスの提供を促進　25
することが不可欠である。

　多国籍サービス企業のサービス・エンカウンターにおい
ては，サービスの提供者と受領者双方が，様々な国籍で構
成される可能性もある。たとえば，アメリカのクルーズ・
サービス企業では，サービスを行うスタッフと，乗船する　30

人的資源管理
コンピテンシー
協調関係
エンパワーメント

サービス・エンカウ
ンター
サービス品質
顧客満足
トレーニング・シス
テム
サービス品質の標準
化

従業員レベルの好循
環
企業レベルの好循環
競争優位

顧客の双方が，数十か国の国籍で構成される。したがっ 1
て，個々の顧客によってサービスに対するニーズが異なる

エンパワーメント ため，エンパワーメントを用いて，個々の顧客に適した
サービス・デリバリーを行われなければならない。重要な
のは，エンパワーメントによって，これらの顧客に対して 5
柔軟なサービス・デリバリーを行うと同時に，企業レベル

サービス品質の標準 でサービス品質の標準化を維持することである。
化

【5】サービス品質の高度化と組織社会化

多国籍企業がサービス・マネジメントを成功裏に展開

組織社会化 し，サービス品質を標準化する有力な手段として，組織社 10
会化が挙げられる。組織社会化とは，新しい組織における
地位，状況，役割について学習し，職務の遂行に必要な社
会的知識やスキルを獲得する過程であると定義される
（Van Maanen, 1978, p. 19）。さらに組織社会化の性質は，

技能的側面 技能的側面と文化的側面とに分類される。技能的側面と 15
文化的側面 は，組織に参入する個人が，組織での職務遂行に必要とさ
れる技能や知識を獲得することである。他方，文化的側面
の役割とは，個人が，組織としての価値観，目標，文化
や，職場としての規範を理解し，コミュニケーションを円
滑に行うと同時に，組織に対する個人のアイデンティティ 20
を確立し，組織における職務遂行に対するモチベーション
を向上させることであるとされている（Fisher, 1986, p.
105）。

そこで，多国籍サービス企業が，組織社会化を通じて

サービス品質の標準 サービス・マネジメントを成功裏に展開し，サービス品質 25
化 の標準化を図るためには，どのような取り組みが必要かを
説明する。

継続的雇用 第1に，継続的雇用を前提としたスタッフの固定化を行
スタッフの固定化

組織適応

うことによって，スタッフの組織適応を円滑化し，その成　1
果として，特定の組織に必要とされる標準化された品質の
知識を獲得することが挙げられる。長期継続的に同一の
サービス・エンカウンターに従事することによって，ス
タッフはサービス・エンカウンターにおける自己の役割を　5
理解し，必要な知識の獲得および修正を的確に行うことが
可能になる。この組織適応の結果として，サービス品質が
標準化されると考えられる。また，スタッフの固定化に
よって，現場において常に一定の多様性を維持することが
可能となり，サービス企業にとっては，スタッフの多様性　10
によるベネフィットを常に享受できると考えられる。

教育・訓練

サービス・デリバ
リーの不均質性
サービス品質の標準
化

　　第2に，組織に新規参入するスタッフに対して，標準化
された教育・訓練を実施することによって，企業に固有の
サービス・スキルの共有を図り，サービス・デリバリーの
不均質性を回避すると同時に，サービス品質の標準化を達　15
成できると考えられる。サービス現場における OJT では，
当初から実際の顧客に対してサービスを提供せざるを得な
い場合も多く，現場での OJT のみに依存すると，サービ
ス・デリバリーに不均質性が生じる可能性が高い。そこ
で，組織に参入する前の段階で，職務に必要とされる技能　20

組織文化

をはじめ，組織における役割の理解や組織文化の受容に関
する能力を獲得しておくことが重要となる。このことで，
サービスの現場に参入した後，円滑にサービス・デリバ
リーが可能となるだけでなく，組織に固有の技能を事前に
獲得し，それをアウトプットすることによって，サービス　25
品質の標準化が達成される。

OJT

　　第3に，その上で，サービスの現場における OJT に
よって，実際の組織環境のもとで個々のスタッフが知識を
統合化し，サービス品質の標準化を達成する点が指摘でき
る。スタッフの不連続性が高いサービス企業では，常に現　30

スタッフの多様性
サービス・デリバ
リーの不均質性

暗黙知的要素

組織環境

組織文化

スタッフ間のコミュ
ニケーション
サービス品質の標準
化

職務満足
モチベーション
継続的雇用
モデリング
感情的経験

非定型的なコミュニ
ケーション

ベスト・プラクティ
ス

場における OJT を実施する必要性があり，スタッフの多　1
様性が高い現場では，サービス・デリバリーの不均質性を
回避する上で OJT が重要な役割を果たす。サービス・デ
リバリーにおいては，暗黙知的要素の重要性が大きく，そ
れらは主に，実際の業務を通じて経験や視覚という形で習　5
得される。したがって，OJT の最大の役割は，実際の組
織環境に即した知識の習得を通じて，当該組織に必要とさ
れる技能のアウトプットだけでなく，組織文化の受容も含
めた組織適応を図ることであると言える。

　第4に，組織内部におけるスタッフ間のコミュニケー　10
ションによって，サービス品質の標準化が達成できると考
えられる。現場におけるスタッフ間のコミュニケーション
は，フォーマルなものとインフォーマルなものとに区分で
きる。フォーマルなコミュニケーションによって，各部門
ないし個人が果たすべきサービス・デリバリーの内容や水　15
準に関する情報を，組織全体で共有できるだけでなく，
OJT の効果を増幅させることも可能となり，このことが，
結果的にサービス品質の標準化をもたらす。他方，イン
フォーマルなコミュニケーションを通じて，個々のスタッ
フの職務満足を導出し，モチベーションを向上させると期　20
待できる。これらの組織社会化成果が，スタッフの継続的
雇用を促進する重要な要因として捉えられる。インフォー
マルなコミュニケーションには，上位者のモデリングや，
顧客との感情的経験が含まれる。すなわちスタッフは，能
力水準の高い上位者のサービス・デリバリーをはじめ，態　25
度や行動を基準として，自己のサービス・デリバリーをよ
り適切に修正することが可能となる。また，顧客との非定
型的なコミュニケーションを通じて，サービス・デリバ
リーとしてのベスト・プラクティスを学習することが可能
となる。多国籍企業のように，サービス・エンカウンター　30

サービス品質の高度化

に対峙するスタッフと顧客の双方に多様性が高く，要求水準が高いほど，インフォーマルなコミュニケーションを通じたサービス品質の高度化が期待できると言える。

Group Discussion

1) 任意のサービス企業を1社選び，その企業のサービスを，「コア・サービス」と「周辺的サービス」とに分けて整理しよう。
2) 上記1）のサービスにおいて，「コンティンジェント・サービス」には具体的にどのようなものがあるか考えよう。
3) 上記1）で選んだ企業が，未進出の国に新たに進出するとしたらどこが最適か，立地優位性と合わせて考えよう。
4) 上記3）で進出した国では，コンティンジェント・サービスの内容がどのように本国と異なるか考えよう。
5) 上記3）で進出した国で成功裏にサービス・マネジメントを展開し，サービス品質を標準化ないし高度化するには，どのような組織社会化の施策や条件が必要か。本文【4】を参考に，自分が選んだ企業に即して具体的に考えよう。

■ 注

1) サービスとホスピタリティの概念の相違について，服部（2006）p. 96，図5において詳細に比較されている。
2) サービス・マネジメントの構成概念について，Normann（2002）p. 58, Figure 3.1 に図式化されている。
3) サービスの「好循環」の概念は，Normann（2002）p. 73, Figure 4.6 に図式化されている。

■ 参考文献

Fisher, C. D.（1986）"Organizational Socialization: An Integrative Review," in Rowland, K. M. and G. R. Ferris, ed., *Research in Personnel and Human Resource Management*, Vol. 4, London: JAI Press.

Grönroos, C.（2007）*Service Management and Marketing: Customer Management in Service Competition*, Chichester: John Wiley & Sons.

服部勝人（2006）『ホスピタリティ・マネジメント学概論―新概念としてのフレームワーク』丸善。

Heskett, J. L. and W. E. Sasser , Jr. and L. A. Schlesinger（2003）*The Value Profit Chain: Treat Employee Like Customers and Customer Like Employee*, New York: The Free

Press. 山本昭二・小野譲司（訳）（2004）『バリュー・プロフィット・チェーン―顧客・従業員満足を「利益」と連鎖させる』日本経済新聞出版社。

近藤宏一（1996）「サービス・マネジメント論の枠組みと課題」『立命館経営学』第35巻第4号，pp. 87-120。

近藤隆雄（2007）『サービス・マネジメント入門―ものづくりから価値づくりの視点へ』生産性出版。

Kotler, P. and J. R. Bowen and J. C. Makens（2003）*Marketing for Hospitality and Tourism*, Pearson Education. 白井義男（監修）・平林祥（訳）（2003）『コトラーのホスピタリティ＆ツーリズム・マーケティング（第3版）』ピアソン・エデュケーション。

Looy, B. V. and R. V. Dierdonck and P. Gemmel（2003）*Services Management an Integrated Approach*, Pearson Education. 白井義男（監修）・平林祥（訳）（2004）『サービス・マネジメント―統合的アプローチ（中）』ピアソン・エデュケーション。

Normann, R.（2002）*Service Management: Strategy and Leadership in Service Business, Chichester.* John Wiley & Sons.

Sasser, W. E. and R. P. Olsen and D. D. Wyckoff（1978）*Management of Service Operations: Text, Cases, and Readings*, Boston: Allyn and Bacon.

武内一良（2007）「観光業界におけるホスピタリティの理論的考察」『観光ホスピタリティ教育』第2号，pp. 2-16。

Van Maanen, J.（1978）"People Processing: Strategies of Organizational Socialization," *Organizational Dynamics*, Vol. 7, No. 1, pp. 19-36.

山上徹（2012）『ホスピタリティ・ビジネスの人材育成』白桃書房。

Exercise　9

【1】サービスとホスピタリティの概念について，空欄に記入し整理せよ。

(1)　サービスの定義

（①　　　　　　）とサービス企業の従業員もしくは（②　　　　　　）や商品，システムとの間で行われる（③　　　　　　）の活動で構成されるプロセス。

　　→ 顧客の問題に対する（④　　　　　　）として提供

(2)　サービスの分類（サービス・パッケージ）

a)「（⑤　　　　　　）」サービス――中心的な役割を果たす

b)「（⑥　　　　　　）」サービス――それに付随するサービス

　→「（⑦　　　　　　）」サービスの重要性が高い

　＝ 非定常的な撹乱要因の処理

(3)　多国籍企業におけるサービスの課題

多様な（⑧　　　　　　）・人種・（⑨　　　　　　）・価値観・（⑩　　　　　　）をもつ顧客の特性

　　→ 広範な（⑪　　　　　　）を的確に行う必要性が高い

(4)　サービスの特性

無形性・（⑫　　　　　　）・不可分性・（⑬　　　　　　）

※多国籍企業における特性

a)　スタッフの（⑭　　　　　　）――多様な国籍やバックグラウンド

b)　サービスの（⑮　　　　　　）――スタッフの短期的な雇用

c)　サービスの（⑯　　　　　　）――スタッフによって異なるサービス品質

　　→ サービス品質の「（⑰　　　　　　）」が最大の課題

(5) ホスピタリティの概念
　　a) ゲストとホストは「（⑱　　　　　）」関係
　　b) 自己犠牲的な「（⑲　　　　　）行動」に駆り立てる資質
　　c) 最適な「形状」・「（⑳　　　　　）」に進化させて実体性を伴う

(6) ホスピタリティとサービスの関係性
　　a) サービスの本質＝奉仕料との（㉑　　　　　）
　　b) ホスピタリティの本質＝人間的な（㉒　　　　　）の提供
　　　※サービスの基盤であり（㉓　　　　　）概念

【2】多国籍企業のサービス・マネジメントについて，空欄に記入し整理せよ。

(1) サービス・マネジメントの概念
　　自社の（①　　　　　），（②　　　　　），（③　　　　　），（④　　　　　），
　　イメージで構成される。
　　　※特に（⑤　　　　　）が企業の差別化を左右する。
　　　　　　　　　　　　⇓
　　多国籍企業は世界レベルでサービス・マネジメントを遂行する。

(2) 多国籍企業によるサービス・マネジメントの本質
　　・立地優位性をもつ国々に進出
　　　　（⑥　　　　　）が存在する市場
　　　　人的資源などの（⑦　　　　　）市場
　　　　※生産と（⑧　　　　　）の同時性

　　・企業の優位性
　　　　（⑨　　　　　）
　　　　ブランド力
　　　　（⑩　　　　　）市場への特権的アクセス　など
　　　　※付加価値活動を（⑪　　　　　）化

(3)　国境を越えたサービス・マネジメント

　　┌・（⑫　　　　　　）の統一
　　│・優れた（⑬　　　　　　）の構築
　　└・標準化された（⑭　　　　　　）

　　　　　　　　　　　　　⇩

　　　※世界レベルでの（⑮　　　　　　）の標準化

【3】サービス・エンカウンターとサービス品質について，空欄に記入し整理せよ。

(1)　サービス・エンカウンターとは

　　サービスの（①　　　　　　）と（②　　　　　　）が対峙し，サービス活動が行われる場

　　　　　　　　　　　　　⇩

　　※（③　　　　　　）や品質評価，ロイヤルティ確保に大きく影響する。

　　　　──→ 多国籍企業は世界中にサービス・エンカウンターをもつ

　　※「サービス品質」とは，顧客に提供された「サービス実績」と
　　　「（④　　　　　　）」との差異。

(2)　従業員の「好循環」

　　┌・企業レベル……適切なサービス・マネジメント・システムの構築
　　│　　　　　　　　　　　⇩
　　│・従業員レベル…（⑤　　　　　　）とモチベーションの向上
　　│　　　　　　　　　　　⇩
　　└・現場レベル……（⑥　　　　　　）の成功による顧客満足の獲得

(3)　「好循環」をもたらす人的資源管理

　　┌・（⑦　　　　　　）の継続的開発
　　│　──→ 標準化された（⑧　　　　　　）に基づく効果的なトレーニング

・企業と従業員との（⑨　　　　　　）関係
・従業員への（⑩　　　　　）
　　—→ 現場での日常業務に関する（⑪　　　　　　）の委譲

【４】サービス品質の高度化と組織社会化について，空欄に記入し整理せよ。

(1)　組織社会化の定義
　　新しい組織における地位・状況・（①　　　　　　）について学習し，職務の遂行に必要な（②　　　　）やスキルを獲得する過程。

(2)　組織社会化の分類
　　a）技能的側面
　　　　（③　　　　　）遂行に必要な技能や（④　　　　　）を獲得する。
　　b）文化的側面
　　　　組織としての（⑤　　　　　）・（⑥　　　　　　）・文化や職場としての（⑦　　　　　）を理解し，（⑧　　　　　）を円滑に行うと同時に，組織に対する個人としての（⑨　　　　　）を確立し，モチベーションを向上させる。

(3)　サービス・マネジメントの手段としての組織社会化
　　サービス品質の高度化・標準化の手段
　　a）（⑩　　　　　）的雇用を前提としたスタッフの（⑪　　　　）
　　　　長期継続的に同一のサービス・エンカウンターに従事し（⑫　　　　）
　　b）（⑬　　　　）の標準化
　　　　サービス・スキルの共有 —→ サービスの（⑭　　　　　）性を回避
　　c）現場における（⑮　　　　）
　　　　・実際の（⑯　　　　　）のもとで知識を（⑰　　　　　）化
　　　　・必要とされる（⑱　　　　　）のアウトプット
　　　　・（⑲　　　　）の受容

d)　スタッフ間の（⑳　　　　　）

・フォーマルな（⑳　　　　　）

（㉑　　　　　）の内容や水準の情報を共有

（㉒　　　　　）の効果が増幅

・インフォーマルな（⑳　　　　　）

スタッフの（㉓　　　　　）の導出

⟶ 継続的雇用の促進

上位者の（㉔　　　　　）

顧客との（㉕　　　　　）

⟶ サービス・デリバリーの（㉖　　　　　）を学習

第10章　人的資源管理

　多国籍企業に限らず，企業にはヒト，モノ，カネ，技術，情報などの経営資源が蓄積されている。企業の優位性は，経営資源の水準と，それらを有効にマネジメントする能力によって構築されると言える。とりわけ，最も重要な経営資源とされているのが「ヒト」すなわち人的資源である。企業は様々な経営資源をもっているが，それらを生み出すのはヒトであり，戦略を策定・遂行するのもヒトである。言い換えれば，いかに高度な経営資源を保有していても，それを動かすヒトの能力が適切なものでなければ，企業の活動は成功裏に行われない。つまり，企業が効率的な事業展開を行うには，高度な人的資源の管理能力が必要不可欠であると言える。

　多国籍企業の場合，様々な国籍の人的資源をもっており，それぞれのバックグラウンドも多様である。これらの人的資源を有効に活用することこそ，企業活動の正否を分ける重要な要因であると言える。そこで本章では，国境を越えた人的資源管理について，その概念や課題，効果的な手法について学習する。

【1】人的資源管理の機能

　一般的に，人的資源管理は，従業員の採用，配置，教育・訓練，評価，昇進，給与，従業員間ないしは企業と従業員間のコミュニケーションなどに関するマネジメントで構成される[1]。

人的資源管理の主要な機能

採用

配置

　人的資源管理の主要な機能として，第1に，企業は，自社の基準に適合する従業員を外部から採用し，適切な職種，職位などのポジションに配置する。この2つの機能で

業務ニーズ
プロファイル

重要なのは，各ポジションの業務ニーズと，人的資源のプ 1
ロファイルとが最適化されることである。人的資源のプロ
ファイルとは，個々の従業員がもつ職務経験や職務実績，
能力，資質などを言う。

教育・訓練

第2に，企業は，採用した従業員を対象に，教育・訓練 5
を実施する。企業は，自社の教育・訓練に関する全体的な
枠組をつくり，対象となる部門や職種，職位ごとに，職務
に必要な技術やスキルを習得させる。一般的に，教育・訓
練は企業内で行われるが，言語や専門的知識の習得などに
関して，外部の教育機関などに委託する場合もある。企業 10
内教育・訓練では，職務を遂行する上で一般的に必要な知
識だけでなく，企業特殊的な知識の移転が行われる場合が
多い。また，職務に直接的には関係のない能力や資質など

能力開発
トレーニング

の育成は，「能力開発」として上述の「トレーニング」と
は区別される。トレーニング・システムの整備や能力開発 15
プログラムの実施など，従業員の教育・訓練に対して企業
がどの程度の投資を行うかは，人的資源の重要性に対する
企業の認識によって著しく異なっている。また，さらに重
要なのは，教育・訓練の目的と，対象となる従業員の職務
上のニーズとが適合することである。 20

第3に，企業は，従業員の職務成果に対する評価を行
う。一般的には，職種や職位ごとに評価項目と評価者を定

昇進
給与
定量的な指標
定性的な指標

めた上で，一定期間ごとに職務評価を実施し，その結果が
昇進や給与に反映される。評価基準は，営業成果などの定
量的な指標と，コミュニケーション能力などの定性的な指 25
標とに区別できる。評価の透明性や公正性は，従業員のモ
チベーションを著しく左右し，職務成果や継続的雇用にも

評価制度
評価能力

大きな影響を及ぼす。このため，明確な評価制度の構築
や，評価者に対する評価能力の育成などを適切に行うこと
が，極めて重要な役割を果たすと言える。 30

コミュニケーション
施策

経営理念
ポリシー
経営方針
経営情報
現場情報
フィードバック
知識移転
継続的雇用
経営参加意識

経営計画

国境の壁

第4に，企業は，従業員を対象にコミュニケーション施　　1
策を実施する。コミュニケーション施策には，従業員間の
コミュニケーションを円滑にするものと，企業と従業員間
のコミュニケーションを通じて，経営理念やポリシー，経
営方針などの経営情報を共有すると同時に，経営者側への　　5
現場情報のフィードバックを行うものとがある。前者の主
な目的は，一般従業員の円滑な職務の遂行や効果的な知識
移転，継続的雇用を促進することである。これに対し，後
者は，一般従業員の経営参加意識を高め，企業経営の視点
から日常の職務を遂行することで，経営成果を向上させる　　10
ことを目的とする。また，経営者の観点からは，現場の課
題を的確に把握し，それを経営方針や経営計画に反映させ
るなどのベネフィットが期待できる。

　多国籍企業は，国境を越えてこれらの機能を展開する
が，その上で，国による労働慣行，雇用慣行，労働関係法　　15
規，労働市場の状況などをはじめ，個々の従業員に関する
多様なキャリア観，基礎学力，技能レベル，コミュニケー
ション特性，言語や宗教などの違いが国境の壁となる。多
国籍企業にとっての最大の課題は，これらの国境の壁を克
服し，世界レベルで効率的に人的資源を活用することであ　　20
ると言える。

【2】国際人的資源管理の課題

　多国籍企業の事業展開は，多くの国にわたって行われて
いる。このため，多国籍企業の事業展開は，様々な国籍を
もつ人々によって行われている。企業のグローバル化が進　　25
むにしたがって，企業がもつ経営資源も多様化し，これら
の経営資源を利用した戦略の選択肢も増加する。今日の多
国籍企業では，ヒト，モノ，カネ，情報，技術などの経営

資源が，世界的なレベルで交流の度合いを進化させてい　1
る。これによって，グローバルレベルで新たな知識の創造
やイノベーションなどの機会が生じ，企業グループ全体の
成長がもたらされる。

知識の創造
イノベーション

　これらの経営資源のなかで，最も重要であるとされてい　5
るのが「ヒト」である。各企業において，他の経営資源を
コントロールし，戦略を策定・遂行する人的資源の管理能
力が，その企業の競争優位を構築する大きな要因となって
いる。多国籍企業は，世界に存在する豊富かつ多様な人的
資源を効率的に利用し，事業展開を行うことが可能なので　10
ある。

　しかしながら，多国籍企業の人的資源管理には，2つの
大きな課題がある。第 1 に，人的資源は，他の経営資源と
は異なり，国境を越えて移動することが困難であるという
点が挙げられる。カネや情報といった経営資源は，今日に　15
おける通信システムの発達などにより，瞬時に国境を越え
て移動することが可能である。しかしながら人的資源は，
居住する国から他の拠点に容易に移転するのは困難であ
る。人的資源を他国に移転させる場合，言語や生活習慣，
宗教，ビジネス慣行など様々な環境の変化が障壁となり，　20
瞬時に誰でもいくらでも外国に移転させることは不可能で
ある。したがって，国境を越えて移転することが可能な人
的資源は限られているため，その選抜と教育・訓練には，
十分な考慮が必要である。第 2 に，本国から外国の拠点に
人的資源を移転させる場合，現地の人的資源をマネジメン　25
トしなければならないが，このとき，言語や宗教，様々な
ビジネス慣行，業務に対する姿勢，生活習慣などが本国と
は異なっているため，円滑な業務の遂行に支障をきたすこ
とが多い点である。このため，本国と外国の拠点との間で

心理的距離

心理的距離が広がり，企業内部での情報の流れやコント　30

ロールのプロセスに混乱をもたらす結果，外国での事業活　　1
動において適正なパフォーマンスが達成できない可能性が
ある。

　　これらの課題を克服し，グローバルレベルで人的資源を
有効に活用するためには，言語や生活習慣などの文化的な　　5
障壁を乗り越え，世界のあらゆる拠点においても円滑な業
務を遂行できる人的資源を採用・育成し，また，各拠点の
文化的環境　　　　文化的環境に適した人的資源を配置することが必要であ
る。

【3】国際人的資源管理の対象 　　　　　　　　　　　　10

　　多国籍企業における人的資源管理は，企業内部の様々な
従業員を対象に行われる。
本国人従業員　　　第1に，海外事業に関わる本国人従業員に対して行われ
るタイプのものがある。具体的には，外国拠点に派遣し，
海外事業のマネジメントを行う従業員を対象に，採用，選　　15
抜，配置，教育・訓練などを行うことが中心となるが，グ
ローバル化が進展する今日では，海外拠点で勤務する従業
員だけが，国際人的資源管理の対象となるわけではない。
本国拠点において，外国拠点やそこで勤務する外国人従業
職務環境　　　　　員，取引先の外国企業とのコミュニケーションが日常的に　　20
コミュニケーション　行われることも今や珍しくない。このため，本国とは異な
環境　　　　　　　る職務環境や，職務上のコミュニケーション環境に置かれ
海外人材　　　　　る本国人従業員は，すべて「海外人材」として捉えられる
ことから，国際人的資源管理の対象となる。
現地人従業員　　　第2に，外国拠点において，現地人従業員を対象に行わ　　25
れるタイプである。このタイプは，本国人従業員が現地人
従業員に対して採用，教育・訓練，評価などを行うケース
と，権限をもつ現地人従業員が，現地人従業員に対して同

様の活動を行うケースとがある。一般的には，現地に進出 1
してからの時間の経過とともに「ヒトの現地化」が進展
し，外国拠点における人的資源管理の担い手が，徐々に現
地人従業員にシフトする。進出からの時間的経過や企業の
規模，業種，従業員の職種や職位などによっても異なる 5
が，外国拠点における人的資源管理は，現地人従業員によ
るマネジメントとして捉えられる場合が多い。

　第3に，権限をもつ現地人従業員が，第三国の従業員を
対象に人的資源管理を行う場合がある。事業展開のグロー
バル化が進展すると，本国人が世界各国の拠点で現地人従 10
業員のマネジメントをすることが困難となる。そこで，中
心的な外国拠点で経験を積み，技術やスキルを身につけた
現地人従業員が，第三国の従業員の教育・訓練などを行う
ケースが増加している。また，地域志向型の企業では，地
域本社に人的資源管理機能を集約し，地域内の各国拠点に 15
勤務する従業員の採用や教育・訓練などを集中的に行う
ケースもある。この場合，人的資源管理の担い手は，地域
本社に配置された外国人従業員であることが多い。

　第4に，本国において外国人従業員の教育・訓練を行っ
たり，外国人従業員を本国で採用したり，外国拠点で採用 20
した従業員を本国に配置するパターンが挙げられる。外国
拠点の従業員を対象に，本国での教育・訓練を行う目的
は，外国人従業員により高度な技術を移転するだけでな
く，企業文化や理念を理解させ，外国拠点にフィードバッ
クすることである。また，外国拠点の従業員を本国に配置 25
したり，本国で外国人従業員を採用したりすることは，一
般的に「内なる国際化」と呼ばれている。内なる国際化の
ベネフィットとして，国籍に関わらず能力水準の高い人的
資源を活用できるだけでなく，個々の職務における創造性
を高めたり，本国人従業員の競争意識やモチベーションを 30

ヒトの現地化

第三国の従業員

地域志向型

外国人従業員

内なる国際化
創造性
本国人従業員
競争意識
モチベーション

　　　　　　　　　　　向上させる点が挙げられる。　　　　　　　　　　　　　　　1

【4】国際人的資源管理の類型

　　国際人的資源管理の方法には，本国志向型，現地志向
型，世界志向型の3つのタイプがある（江夏・桑名，
2006）。　　　　　　　　　　　　　　　　　　　　　　　　5

本国志向　　　　本国志向の人的資源管理とは，外国拠点の管理職の多く
が，依然として本国から派遣された人的資源で占められて
いるケースである。この場合，管理職は本国のビジネス慣
行に精通しており，本社の経営方針や戦略の内容をよく理
解している。したがって，本社との関係も緊密になり，本　　10
社からのコントロールが効率的に機能する。また，企業の
もつ優位性が，外部に漏洩しにくくなるなどのメリットが
ある。

現地志向　　　　現地志向の人的資源管理とは，外国拠点のマネジメント
を，現地人の管理職に委譲する度合いが大きく，本国から　　15
派遣された管理職は少数にとどめる方法である。このこと
ヒトの現地化　を一般的に「ヒトの現地化」という。この場合，管理職の
多くは現地人であるため，現地の経営環境に的確に対応す
る能力がある。また，コスト面でも，本国から管理職を派
遣するより有利である。さらに，現地の人的資源に昇進の　　20
インセンティブが与えられることになり，業務に対するモ
チベーションが高まることも期待される。そして，労務管
理上の問題解決も円滑に行われるなどのメリットがある。
しかしながら，意思決定の権限が現地人の管理職に委譲さ
れることによって，全社レベルの利益よりも，現地の利益　　25
を優先させるような経営慣行をとる可能性があるなどのデ
メリットもある。

世界志向　　　　世界志向の人的資源管理とは，世界レベルで人事制度を

統一し，従業員の採用，配置，教育・訓練，評価などに国　1
境を設けない方法である。この方法は，人的資源のグロー

人的資源のグローバル統合

バル統合と呼ばれる。人的資源のグローバル統合を採用する企業は少ないが，一定レベル以上の職位を対象に，世界志向型の人的資源管理を導入している企業は増加してい　5

グローバル人材

る。たとえば，国籍を問わず一定の資格・能力の要件を満たす従業員を「グローバル人材」と位置づけ，マネジメント・スキルなどの高度な研修を実施した後，世界中いかなる拠点にも配置する。したがって，本国でも現地国でもない国の出身者が，そこでのマネジメントを行うケースも考　10
えられる。この方法には，世界レベルで自社の人的資源がもつ能力を有効に活用できるというメリットがある反面，この人事システムを成功裏に機能させるには，調整のための莫大なコストと時間を要するというデメリットもある。

【5】海外人材の採用・選抜　15

本書では，外国拠点に勤務するだけでなく，本国拠点においても，自社の外国拠点や外国の取引先とのコミュニ

職務環境

ケーションを日常的に行うなど，本国とは異なる職務環境

海外人材

のもとで，国際業務に従事する従業員を「海外人材」として幅広く捉える。海外人材は，企業が世界レベルでの事業　20
展開を行う上で非常に重要な役割を担うため，その採用・選抜は，いっそう戦略的に行う必要がある。

タイミング
基準

海外人材を選抜するタイミングと基準は，入社直後から国際業務に従事する場合と，将来の海外人材としてプールする場合とで異なっている。入社直後から国際業務に従事　25

部門別採用
経験者採用

する海外人材については，部門別採用や経験者採用といった方法で，採用時点で職種や職務を特定し，それに必要と

コンピテンシー

なる具体的な技術やスキル，資質などのコンピテンシー，

採用基準
潜在的なコンピテンシー

プール人材

業務ニーズ
プロファイル

職務経験を基準として選抜する。プール人材に対しても，将来の国際業務を前提に採用基準を設定し，それに基づいて選抜が行われるが，採用時点では，潜在的なコンピテンシーにより重点が置かれるのが一般的である。

　既存の従業員やプール人材のなかから，国際業務に従事する海外人材を選抜する場合，配置する国や部門，担当する職務における業務ニーズと，従業員がもつ職務経験や，その過程で蓄積した能力などのプロファイルを最適化することが不可欠である。たとえば，外国拠点に派遣する海外人材の選抜にあたっては，職務の内容や経験，派遣される期間，派遣先の国などが考慮される。この場合，従業員に求められるプロファイルとして，赴任先の市場環境や言語に精通し，現地での人的ネットワークをもつことなどが考えられる。また，現地での事業展開の状況によっても，必要とされるタイプの従業員は異なっている。たとえば，外国拠点で新規事業の立ち上げを行うのか，経営不振に陥った事業の再生を行うのかによっても，適任とされる従業員のプロファイルは異なってくる。このように，配置する国や職種，職位の業務ニーズに適合する従業員が選抜される。さらに基本的なレベルで，海外人材に求められる一般的な要件は，外国語の操作能力だけでなく，現地の文化に対する適応能力と理解力をもち，国際業務に対する意欲があり，本国とは異なる環境においても円滑に職務を遂行できる体力，精神力，コミュニケーション能力が備わっていることである。

【6】配置・異動

(1)　配置・異動と組織内キャリア発達

　国境を越えた職務に従事する海外人材としての従業員が

採用・選抜されると，次にその従業員を配属する拠点，部 1
門，職種，職位を決定し，職務の割り当てを行う必要があ
る。前項で述べた通り，配置と異動の基本原則は，各拠
点，職種，職位の業務ニーズと，従業員の職務経験や能力
などのプロファイルを世界レベルで最適に組み合わせるこ 5
とである。そして，海外人材としての従業員は，国境を越
えた配置と異動をくり返すことで様々な職務を経験し，自
己の能力水準や職務成果を高度化させる。この過程を「組
織内キャリア発達」という。

　一般的に，従業員の組織内キャリア発達は，職位の上 10
昇，職能の多様化，責任の増大という3つの側面から捉え
られ，いくつかの段階を経て進展するが，具体的なキャリ
ア発達の段階と方向性は，個々の業種や企業，職種レベル
によって異なっている。組織内キャリア発達に関する概念
として，Schein（1978）は，3つの次元から構成されるモ 15
デルを提起した[2]。第1に，個人は組織内でのキャリア発
達において，階層次元に沿って移動する。すなわち，職位
が上昇することによる垂直方向へのキャリア発達である。
第2に，組織において，個人は異なる技術をともなう様々
な職能を経験する。このような技術・職能次元による水平 20
方向への移動が，職能横断的なキャリア発達として位置づ
けられる。第3に，中心性次元として，組織の内円ないし
中核方向へのキャリア発達が考えられる。すなわち，組織
内キャリア発達の過程で，個人にとっての責任の度合いや
組織から獲得する信頼が増大し，組織における個人の役割 25
やメンバーシップの性質がより中心性の高いものとなる
（Schein, 1978, 邦訳, pp. 39-40）。

　　組織内キャリア発達プロセスを通じて，従業員は様々な
能力を獲得し，それによって職務成果を導出する。従業員
が獲得する能力ないし導出される職務成果は，個々の従事 30

配置
異動
業務ニーズ
プロファイル

組織内キャリア発達

職位の上昇
職能の多様化
責任の増大

階層次元

技術・職能次元

中心性次元

職務成果

する職務の特性によっても左右される。また，組織内キャ 1
リア発達プロセスを通じて，従業員と組織との関係性も変
化する。さらに，キャリア上の転機を経て組織内キャリア
発達が進展し，従業員自身の立場が変化するのに伴って，

関係性

責任
情報

従業員の知覚する責任と，従業員の扱う情報の2つが変化 5
するとされている（鈴木，2002，p. 167）。つまり，組織内
キャリア発達の進展に伴って，従業員は自己の責任と情報
の性質が変化すると同時に，職務の性質に応じて組織外部
との接触機会が増加し，組織の内部および外部の双方か
ら，自己の属する組織全体を視野に入れた職務の遂行が可 10
能になると言える。

　たとえば，日本の化粧品メーカーに入社した従業員が，
国内市場向けスキンケア商品のマーケティングを担当した
後，フランスの拠点に異動し，欧州市場向けに化粧品の新
ブランドを立ち上げるプロジェクトのリーダーとなった場 15
合，どのような組織内キャリア発達が進展するだろうか。
この場合，一般のスタッフからプロジェクトリーダーとい
う階層次元での上方移動と同時に，職務の内容が国内向け
個別商品のマーケティングから外国市場向け化粧品全般の
ブランド戦略へと変化することで，技術・職能次元での水 20
平方向への広がりが見られる。さらに，職位の上昇に伴っ
て責任の度合いが増大し，中核方向への移動が進展する。
この過程で，マーケティングに加え，ブランド戦略の策
定・遂行という職務に必要な知識を獲得すると同時に，職
務の遂行において扱う情報も，世界レベルの市場や製品に 25
関するより広範かつ高度な性質のものに変化する。さら
に，職務を遂行する過程において責任の自覚が増大し，成
功裏に職務成果が導出されれば，企業からの信頼を獲得で
きると考えられる。

(2)　組織内キャリア発達と経験学習

　　組織内キャリア発達を通じて獲得できる能力は，経験学習の成果として捉えられる。ここで言う学習とは，「経験の変換を通じて知識を創造するプロセス」を指し，4 つの側面から構成される経験学習サイクルに沿って進展する（Kolb, 2015, p. 49）。経験学習サイクルは，具体的経験，反省的観察，抽象的概念化，積極的実験の 4 つの側面で構成される。この経験学習サイクルを通して，経験の獲得と変換の組み合わせによって知識が生成する。学習は，これら 4 つの側面の間に生じる創造的緊張から生じ，学習者はこのサイクルにおいて，経験，反省，思考，行動をくり返す（Kolb, 2015, p. 49）[3)]。

　　経験学習サイクルを経て，個人が獲得する具体的な成果ないし能力は，①課題の設定・実行，②人間関係のマネジメント，③基本的な価値観の醸成，④経営者気質の獲得，⑤自己認識の 5 つの観点から整理できる（McCall Jr., et al., 1988）。第 1 に，課題の設定・遂行とは，専門的スキル，戦略的思考力，革新的な問題解決能力，コントロールシステムの構築と活用，全体責任の遂行などを言う。第 2 に，人間関係のマネジメントには，政策的状況への対応，経営者の思考の理解とそれに基づく行動，権限の及ばない人々に対するマネジメント，戦略的交渉力，他者の能力開発，他者を行動させる能力，他者の視点の理解，コンフリクトへの対処，部下の成果に対する管理などが含まれる。第 3 に，基本的な価値観として，経営の人的側面に対する感受性の形成などが指摘されている。第 4 に，経営者気質として，コントロール不能な状況や不確実性への対応能力，逆境に対する忍耐力などが挙げられる。第 5 に，自己認識には，自己のキャリアに対する責任や限界の認識，キャリア機会の認知と獲得などが含まれる（McCall Jr., et

経験学習
学習

経験学習サイクル
具体的経験
反省的観察
抽象的概念化
積極的実験

経験
反省
思考
行動
課題
人間関係
価値観
経営者気質
自己認識

al., 1988, p. 62)[4]。

　国境を越えた経験学習では，従業員が配置される拠点が外国となるだけでなく，そこで経験する職務や人間関係の範囲と性質がよりグローバルなものとなる。このため，職務に必要とされる知識の範囲と水準，経営環境や解決すべき職務上の問題，コミュニケーションの対象となる人材の能力や価値観などが本国とは異なる可能性が高い。このような条件を考慮すれば，国境を越えた経験学習から獲得できる成果として，主に以下の4点が考えられる。第1に，全社レベルでの戦略を視野に入れた意思決定能力。第2に，多様な価値観や行動パターンをもつ人材との関係構築能力，マネジメント能力，交渉能力。第3に，異文化理解力と広範な視野による発想力。第4に，グローバルな環境下での不確実性に対する対応能力などである。従業員が組織内キャリア発達による経験学習を成功裏に進展させ，これらの成果を導出するためには，企業としてのキャリア・マネジメントが不可欠となる。

　キャリア・マネジメントは，キャリア・コンテクスト，情報，目標，計画，資源，成果の6つのプロセスで構成される（Hall, 1986, p. 12)[5]。キャリア・コンテクストとは，キャリア・マネジメントの前提条件を示すもので，具体的には，特定の組織が必要とする人材を採用，配置，教育・訓練するための内部労働市場，公正性と透明性を伴うキャリアパスの構造や昇進システムなどが含まれる。情報とは，組織のキャリア機会と従業員の能力要件に関する情報を適合させることを意味する。目標とは，組織レベルの事業目標やそれに基づく人材ニーズと，個人レベルのキャリア目標とを考慮し，キャリア発達目標を設定することである。計画とは，設定されたキャリア発達目標にしたがって，能力開発や配置，職務の割り当てを戦略的に策定・遂

行することである。資源とは，適正なキャリア機会を設 1
け，個人レベルの能力やスキルを高度化させることであ
る。これらのプロセスを経て，組織レベルおよび個人レベ
ル双方にキャリア発達の成果がもたらされる（Hall, 1986,
pp. 13-16)。 5

　企業は，従業員の国籍や職種を問わずこのようなキャリ
ア・マネジメントを展開する必要がある。なぜならば，グ
ローバル化が進展する今日においては，外国人従業員が組
織内キャリア発達を経て導出する経験学習成果が，個人レ
ベルの職務成果のみならず，世界レベルで企業に固有の優 10
位性をもたらす場合も多いためである。

【7】　教育・訓練

(1)　教育・訓練の基本概念

教育・訓練　　教育・訓練は，従業員が職務に必要な能力や知識を獲得
職務成果　　し，職務上の行動パターンを理解することで，適正な職務 15
成果を挙げられるようにする諸施策である。企業が実施す
る教育・訓練の多くは，特定企業の従業員としての役割や
職務内容に即した目的のもとに，企業が担い手となって行
企業内教育・訓練　　われる「企業内教育・訓練」である。

　教育・訓練は，その性質から「トレーニング」と「能力 20
トレーニング　　開発」の2つのタイプに区別される。トレーニングとは，
技術　　従業員が自己の職務に直接必要となる技術やスキルを獲得
スキル　　することである。企業内教育・訓練としてのトレーニング
職務知識　　には，一般的な職務知識のほかに，企業に固有の知識やス
企業に固有の知識　　キルの移転も含まれる。つまり，トレーニングの本質は， 25
トレーニングの本質　　組織参入前や新たな職務への異動前の従業員がもつ既存の
知識に対して，当該組織の従業員として必要な知識を付加
した上で，新たな組織において利用可能な知識に再構成

し，既存の知識を修正する個人レベルの変化をもたらすことであると言える。たとえば，ベトナムに進出した日本の小売企業に入社する現地人販売スタッフは，トレーニングを通じて，店舗での販売業務に関する一般的な知識だけでなく，顧客との日本的なコミュニケーション手法や，企業に固有の販売スキルを獲得することが多い。他方，**能力開発**とは，**組織のマネジメント能力**や**自己啓発**，**教養**を獲得するための諸施策であり，一般的には管理職クラスの従業員を対象に行われる。能力開発は，企業のコンテクストのもとに，従業員の職種や職位に応じて，自己の役割を果たす上で必要となる知識の獲得を主たる目的とする。たとえば，外国の現地法人のマネージャーとして異動が予定される従業員が，全社レベルでの企業理念や経営課題を共有し，外国法人のマネジメントに必要な知識や能力を獲得するケースがこれにあたる。このような能力開発は，社外の教育機関や研修機関を通じて行われることも多い。

　教育・訓練の形態は，OFF-JT と OJT とに区別される。**OFF-JT** とは，仕事の場から離れた訓練であり，OFF-JT の主たる役割は，**仕事経験**を整理して**理論化**し，問題をこなすノウハウを高めることである（小池，1997，p. 58）。OFF-JT は，企業の**トレーニング・プログラム**として体系化され，対象となる従業員の部門や職種，職位，職務ごとに異なる**目標**が設定される。その結果，従業員の**能力水準**が**標準化**されるというベネフィットがある。他方，企業が OFF-JT にかかるコストをどの程度負担し，教育・訓練に注力するかは，対象となる職務の重要度や人的資源の重要性に対する企業の知覚，教育・訓練の長期的なベネフィットに対する企業の期待度によって左右される。

　これに対し**OJT** は，実際の職務を通じて，それに直接必要とされる知識を経験とともに獲得し，活用することであ

職務知識
実践
能力水準
コスト効率
スキル
ノウハウ
教授方法
職務状況

不均質性

海外人材

公用語

文化
生活習慣
ビジネス慣行
価値観

外国人従業員

る。つまり，従業員は OFF-JT で獲得した職務知識を， 1
OJT の場において，実際の職務を通じて実践することに
よって，能力水準を高度化させる。OJT のベネフィット
は，高いコスト効率で実際の職務に即したスキルやノウハ
ウを移転できる点にある。他方，OJT の課題として，ト 5
レーニングの担い手による教授方法の差異や，個々の従業
員がトレーニングで経験する職務状況の差異によって，結
果的に従業員が獲得する職務知識にバラツキが生じ，能力
水準の不均質性が高まる可能性が挙げられる。したがっ
て，重要なのは，教育・訓練の対象や目的に合わせて 10
OFF-JT と OJT を効果的に組み合わせ，それぞれのベネ
フィットを最適に導出することである。いずれの形態に重
点が置かれるかは，業種や職種，職務の性質によって異
なっている。

(2)　国際人的資源管理における教育・訓練　　15

国際人的資源管理としての教育・訓練は，主に本国人の
海外人材を対象とするものと，外国拠点の外国人従業員を
対象とするものとに区別できる。

第1に，本国人の海外人材を対象として，海外事業のマ
ネジメントを行うための教育・訓練が行われる。一般的に 20
は，赴任先で公用語とされる言語の習得が中心であるが，
外国拠点のマネジメントにおいてより重要なのは，現地の
文化や生活習慣をはじめ，業務上直面するビジネス慣行や
業務に対する価値観の違いなどを的確に理解し，本国とは
異なる異質な環境においても円滑に業務を遂行できるよう 25
にすることである。このような教育・訓練の手法や期間，
習得する知識のタイプは，個々の企業や職種，職位，配置
される国によっても異なっている。

第2に，外国人従業員を対象とする教育・訓練は，主に

進出先の外国拠点において，部門や職種，職位，担当職務　1
ごとにトレーニング・プログラムを設け，それぞれの職務
に必要な技術やスキルなどの知識を習得させる形で行われ
る。このような外国人従業員を対象とする教育・訓練は，

知識移転
技術
ノウハウ

国境を越えた「知識移転」として捉えられる。その重要な　5
課題として，国境を越えて企業や従業員が持つ技術やノウ
ハウといった知識をいかに効率的に移転し，世界レベルで
活用するかという点が挙げられる。

教育・訓練の担い手
対象者
目的

　国境を越えた教育・訓練の担い手は，その対象者や目的
によって異なっている。たとえば，タイに進出した日本企　10
業が，現地人の管理職クラスの従業員に対して，企業のも
つ経営理念を共有し，組織のマネジメント能力を獲得する
ための能力開発を行う場合，外国でのマネジメント業務を

本国人従業員

経験し，それらを熟知した本国人従業員が担い手となるの
が一般的である。また，ベトナムに初進出した日本の小売　15
企業が，現地人の販売スタッフに対して，日本的なサービ
スを含む職務知識を移転したい場合，その職務の特異性か
ら，現地人スタッフの理解をより円滑に促進する必要があ
る。このため，トレーニングの担い手は，本国での販売業
務で十分な知識と経験を蓄積した本国人従業員だけでな　20

現地人従業員

く，マネージャークラスの現地人従業員が仲介役となる場
合も多い。さらに，外国での事業展開の時間的経過に伴っ
て，現地人従業員の能力水準が高度化し，企業に固有の知
識が現地人従業員の間で共有されるようになると，これま
で本国人が担ってきた教育・訓練を，現地人従業員が中心　25
となって行うようになるのが一般的である。グローバル化
が進展する今日では，従業員の国籍に関わらず教育・訓練
の担い手が選抜されるケースも増加し，その結果，現場レ

人的資源のグローバ
ル統合

ベルの職務知識を外国人従業員から本国人従業員に移転す
ることもある。これは，「人的資源のグローバル統合」の　30

ひとつとして捉えられる。 1

　上述のような国境を越えた教育・訓練には，いくつかの
「国境の壁」が存在する。第 1 に，言語の差異が挙げられ
る。教育・訓練の形態を問わず，対象となる知識や移転の
主たる手段は言語である。言語の差異は，教育・訓練成果 5
を阻害する要因となるため，教育・訓練に用いる言語を統
一する必要がある。ただし，言語の差異がどの程度教育・
訓練成果に影響を及ぼすかは，企業の業種や，教育・訓練
の対象となる職種や職務によって異なっている。第 2 に，
コミュニケーション手法の差異が考えられる。とりわけ， 10
OJT における職務の実践や，協同学習形式の OFF-JT で
は，従業員間のコミュニケーションが教育・訓練成果を著
しく左右する。このため，教育・訓練の場において従業員
間のコミュニケーションが活発に生起するための工夫が，
企業としても職場としても不可欠となる。第 3 に，従業員 15
の労働観の差異が挙げられる。つまり，教育・訓練の対象
となる職務や，移転される知識の重要性に対する知覚，職
務に関する価値観が本国とは異なる場合，教育・訓練の成
果が十分に期待できない可能性が懸念される。この場合，
教育・訓練の対象やインストラクションを現地のコンテク 20
ストに適合するよう再構成する必要がある。第 4 に，従業
員の雇用形態とキャリア展望が挙げられる。同一の職種に
従事する従業員でも，国によって雇用形態が異なる場合も
多い。このことが，従業員のキャリア展望に影響を及ぼ
し，その結果として，知識獲得に対する従業員側のモチ 25
ベーションだけでなく，教育・訓練に対する企業側の投資
意欲や，人的資源の重要性に対する認識が変化する。とり
わけ，現場レベルの従業員は，短期間の契約ベースで雇用
される国が多い。従業員の観点からは，このことが短期的
なキャリア展望をもたらし，教育・訓練に対するモチベー 30

国境の壁
言語

コミュニケーション
手法

労働観

インストラクション
コンテクスト

雇用形態
キャリア展望

モチベーション
投資意欲

キャリア展望

ションを低下させることが懸念される。他方，企業の観点　1
からは，従業員の短期的なキャリア展望によって，教育・
訓練成果に対する知覚がネガティブなものとなり，このこ
とが，財務的ないし人的なコストを負担して教育・訓練に
注力する姿勢を阻害すると考えられる。この点において，　5
外国人従業員の長期継続的な雇用を達成するためのマネジ
メントが重要な役割を果たすと言える。

(3)　入社前教育・訓練

就業体験　　　　　近年では，入社前の従業員候補者を対象に，自社での就
業体験を通じて職務知識を提供する企業が増加しており，　10
インターンシップ　その多くがインターンシップや内定者研修という形をとっ
内定者研修　　　　ている。たとえば，大手自動車部品メーカーが，新卒採用
の本国人従業員を対象に，入社前の段階で約1年間の海外
生活を体験させたり，大手コンビニチェーンが，ベトナム
の大学と提携し，その学生を対象に日本での就業体験の機　15
会を提供するケースなどがある。

予期的社会化　　　　このような入社前の取り組みは，「予期的社会化」施策
として捉えられる。予期的社会化とは，「将来を見越した
社会化」と定義され，その機能は，やがて加入しそうな
種々の地位や集団にみられる価値観や態度を獲得すること　20
予期的社会化の目的　である（Merton, 1957, 邦訳, p. 367）。具体的な予期的社会
化の目的として，従業員候補者の観点から以下の4点が挙
げられる。第1に，組織の目標や環境を適切に理解するこ
と。第2に，新たな職責を適切に理解すること。第3に，
割り当てられたタスクを成功裏に遂行するために必要なス　25
キルや能力を理解すること。第4に，新たな組織の価値観
を共有し，組織に適合する人的ニーズを満たすことである
（Feldman, 1981, p. 310）。
　　予期的社会化の主たる担い手としては，各種教育機関や

企業などが挙げられる。教育機関における社会化施策は，学生が卒業後に就業する職業に対する社会化として捉えられるのに対し，特定の企業への入社を前提に，組織参入前の従業員候補者を対象に実施される企業内教育・訓練としての取り組みは，特定の企業に対する組織社会化の性質が強い。

組織社会化　組織社会化とは，新しい組織における地位，状況，役割について学習し，職務の遂行に必要な社会的知識やスキルを獲得する過程を言う（Van Maanen, 1978, p. 19）。

企業内教育・訓練としての予期的社会化では，予期的社会化プロセスを企業に内部化することによって，入社が見込まれる特定の企業において必要とされる知識，技術，スキル，能力が明確にされるため，入社後の組織社会化をより効果的に進展させることが可能になる。

予期的社会化の成果　予期的社会化の成果は，入社後に必要とされる予備的な技術やスキルの獲得だけでなく，職業ないし組織，職務に対する期待水準の適正化を含むものであり，これらが達成されることで，組織参入時に経験するリアリティ・ショックが抑制される。

リアリティ・ショック

従業員個人レベルの成果　その結果，従業員個人レベルの成果としては，技能水準の高度化，職務満足，組織内でのキャリア展望を獲得する点が挙げられる。

企業レベルの成果　これらの個人レベルの成果が達成されることによって，企業レベルの成果が導出される。企業レベルの成果としては，離職意思の抑制による継続的雇用の達成，職務水準の高度化，教育・訓練コストの回収などが挙げられる。

外国企業や国境を越えた職務に従事する場合，組織や職務の異質性が高いだけでなく，職務環境や生活環境が入社前とは著しく異なる場合が多い。

職務環境

生活環境

ビジネス慣行

価値観

労働観

生活習慣　さらに，職務を遂行する上で直面するビジネス慣行，従業員の価値観や労働観，職務を離れた生活習慣が本国とは異なり，これらの要因から，入社時に経験するリアリティ・ショックがきわめて大

きいと考えられる。したがって，入社前の予期的社会化を　1
経験することで，これらのリアリティ・ショックを事前に
抑制することが，従業員と企業の双方にとって，きわめて
重要であると言える。

【8】知識移転 5

　多国籍企業による教育・訓練は，国境を越えた「知識移
転」として捉えられる。すなわち，教育・訓練の課題は，
企業や従業員がもつ技術やノウハウといった知識を，国境
を越えて効率的に移転したり，それらを世界レベルで活用
したりするための施策を策定・遂行する点に集約される。　10
そこで本項では，国境を越えた知識移転の概念や手法，成
功要件について学習する。

(1) 「知識」と「知識移転」の概念

　知識とは，企業がもつ技術や特許，情報，生産システ
ム，業務マニュアルをはじめ，個人がもつスキルやノウハ　15
ウなどが含まれ，形式知と暗黙知とに区別される。形式知
とは，形式的・論理的言語によって伝達できる知識であ
り，暗黙知とは，特定状況に関する個人的な知識である
（野中・竹内，1996，p.88）。また，知識は「情報」と「ノ
ウハウ」に区分することも可能である。すなわち「情報」　20
は，一度文書化されたら完全に無駄なく移転される知識で
あり，「ノウハウ」は，人々が物事を円滑かつ効率よく行
えるようにするための蓄積された実践的スキルや専門知識
と定義され，情報が「何をすべきか」，ノウハウは「どの
ようにすべきか」である（Kogut and Zander, 1992, p.　25
386）。
　形式知的要素は企業に固有の性質をもつのに対し，暗黙

形式知
暗黙知

情報

ノウハウ

形式知的要素
暗黙知的要素

知的要素は個々の従業員に体化されたパーソナルな知識で　1
ある。両者は，相互に補完的な役割を果たし，いずれの知
識が欠如しても，能力として成立しない。知識の移転にお
いて，形式知は文書化されたドキュメントによって移転さ
れるのに対し，暗黙知の移転は，個人間での直接的なコン　5
タクトによって行われ，1人が他の人物に特定の機能をど
のように実行するかをアドバイスすることによって達成さ
れる。このような個人間での知識共有によって，暗黙知や
コード化されない知識の移転が可能となるが，それには知
識の供給者と受領者の間での直接的なコンタクトが不可欠　10
である（Haas and Hansen, 2007, pp. 1135-1136）。

　形式知と暗黙知のいずれの要素が重要な役割を果たすか
は，業種や職種，職務の特性によって異なっている。問題
なのは，国境を越えてこれらの知識を移転しようとする場
合，形式知は言語で表現できるが，暗黙知は目に見えない　15
要素であるため，移転が困難な点である。国境を越えた場
合，言語の相違や従業員の基礎学力，技術的な能力，知識
習得に対するモチベーションに差異があるため，これらの
要因が円滑な知識移転を阻害することが多い。

(2)　知識移転の方法 20

　多国籍企業における教育・訓練は，国境を越えた知識移
転として捉えられるが，形式知と暗黙知を効果的に移転す
る方法として，次のような点が考えられる。まず，形式知
に関しては，言語化可能な知識をマニュアル化し，知識の

知識の可視化

可視化を図ることが不可欠である。暗黙知的な要素であっ　25

形式知化

ても映像化するなどして形式知化し，世界のどの拠点の従
業員でも，企業がもつ知識にアクセスできるようにする必

トレーニング・シス
テム

要がある。また，全社レベルで従業員のトレーニング・シ
ステムを体系化すると同時に，評価基準を統一化すること

によって，世界のいかなる拠点においても，同一の職種・　1
職位の従業員であれば同一の知識を備えるようにすること
知識の標準化　が可能となる。つまり，全社レベルで知識の標準化を達成
するのである。

　たとえば，自動車メーカーの生産拠点では，製造に従事　5
する従業員の職務を標準作業としてマニュアル化し，それ
に基づいて各国拠点でのトレーニングが行われる。文書化
が困難な工程については，作業方法を映像化し，暗黙知的
な要素を形式知化する工夫が行われる。これによって，世
界各国の生産拠点で知識の標準化を図り，全社レベルで製　10
品の品質を一定水準に維持できると考えられる。

　また，暗黙知に関しては，従業員個人に体化された知識
を，オフィシャルなトレーニング・システムを通じてだけ
コミュニケーション　でなく，従業員間の円滑なコミュニケーションによって移
転する必要がある。国籍の異なる従業員間でコミュニケー　15
インフォーマルなコ　ションが活発に生起するためには，オフィシャルなコミュ
ミュニケーション　ニケーション施策だけでなく，従業員間のインフォーマル
コンテクスト・マネ　なコミュニケーションが生起しやすい職場環境や，コンテ
ジメント　クスト・マネジメントを促進するコミュニケーション環境
コミュニケーション　をつくる必要がある。　20
環境

(3)　知識移転の成功要因

　知識移転が成功裏に行われるかどうかを左右する重要な
要因として，吸収能力，知識の粘着性，従業員間のコミュ
ニケーションの3点が挙げられる。
吸収能力　第1に，吸収能力とは，外部の新しい知識の価値を認識　25
した上で，それらの知識を吸収し，ビジネスの目的に適用
する能力を言う。吸収能力は，企業と個人の双方のレベル
で形成されるが，企業の吸収能力は，その企業に属する個
人の吸収能力によって決定され，企業の吸収能力は，個人

の吸収能力を形成するための投資によって構築される　1
（Cohen and Levinthal, 1990, p. 131）。従業員個人の吸収能
力は，フォーマルなトレーニングやオペレーション現場で
の業務経験を通じて企業から移転される新たな知識の価値
を認識し，それらを効率的に習得して，職務の遂行に効果　5
的に活用する能力である。企業がもつ知識は，個々の従業
員に体化され，それぞれの職務において成功裏に活用する

組織知　ことによって組織知に転換される。この組織知の水準こそ
が，企業の戦略の成果を決定し，優位性を左右する。企業
が従業員の教育・訓練のための大規模な投資を行うことに　10
よって，吸収能力の高い従業員を育成することが可能とな
る。吸収能力の高い従業員は，その後の職務遂行や高度な
教育・訓練を通じて，成功裏に知識移転を行うことが可能
であるだけでなく，後に形式知の創造や移転にコミットす
ることによって，企業の吸収能力も高度化すると考えられ　15
る。とりわけ，多国籍企業においては，国籍やバックグラ
ウンドの異なる多様な人的資源に対して，吸収能力を高
め，世界レベルで高度な組織知を形成することが課題であ
る。

知識の粘着性　　第 2 に，知識の粘着性とは，「その情報ユニットを特定　20
の場所に，情報を必要とする者が利用可能な形で移転する
ための追加的なコスト」と定義される（Von Hippel 1994,
p. 430）。知識の粘着性が低ければ，企業内での移転が容
易に行われる一方で，他社に模倣される可能性も高くなる
というジレンマが存在する。そこで，知識の性質によっ　25
て，好ましい知識移転のマネジメントが異なってくる。す
なわち，多くの従業員が迅速に共有すべき知識について

簡素化　は，全社レベルで知識の簡素化やコード化，標準化を行
コード化　い，知識の粘着性を低下させることで，効率的な知識の移
標準化　転が可能となる。これに対し，企業の優位性を構築する上　30

でコアとなる重要な知識については，知識の粘着性を高め　1
ることで，他社に模倣されるリスクを低下させる必要があ
る。たとえば，世界展開するファーストフードチェーンの
サービス・デリバリーは，世界各国のすべての店舗におい
て，同様の手法によって行われる必要があると同時に，現　5
場に従事する従業員の流動性が高いという阻害要因も存在
する。このため，全社レベルで効率的な知識移転のために
は，サービス・デリバリーに関する作業の標準化やコード
化を行い，知識の粘着性を低下させることが不可欠であ
る。これに対し，提供する製品の製法に関する知識は，企　10
業の優位性を支える重要な源泉となるため，知識の粘着性
を高め，知識移転の対象となる従業員を限定するなどし
て，他社に模倣されるリスクを低下させる必要がある。

コミュニケーション　　第3に，コミュニケーションの重要性について，国籍や
バックグラウンドの異なる供給者から受領者への知識移転　15
は，両者間のコミュニケーションが活発に行われなければ
生起しない。これによって，企業特殊的な知識が従業員に
刷り込まれ，新規の従業員に対して円滑な知識移転が促進
される。また，供給者も受領者も外国人である場合，マ
ニュアルにない暗黙知的要素を移転させるモチベーション　20
が一般的に低いだけでなく，相当な個人差が存在する。こ
の条件を所与のものとすれば，重要なのは，暗黙知の移転
が活発化するコミュニケーション環境を形成することであ
る。多国籍企業内部における知識の共有には，調整メカニ
階層構造　　ズムとして，フォーマルな階層構造と，インフォーマルな　25
ヨコの関係　　ヨコの関係が必要であり，インフォーマルかつ個人的な関
係が，業務以外の活動で形成される（Tsai, 2002）[6]。

Group Discussion

1）採用時点から海外人材の選抜を行う企業を1社取り上げ，採用情報などを参

考に，選抜基準と業務ニーズがどのように関係しているかを考えよう。

2）外国人の採用など，内なる国際化を積極的に進める企業を1社取り上げ，そのベネフィットが何かを具体的に考えよう。

3）内なる国際化が進展し，採用や昇進などの場で，自分自身が優秀な外国人と競争することになった場合，自分には何が必要だと思うか，具体的に考えよう。

4）いま，世界に展開する日本のファストファッションブランド企業があるとする。その販売拠点において，販売スタッフがもつ知識を形式知と暗黙知に分けて整理しよう。

5）上記4）の企業が，新たにインドに進出する場合，販売スタッフに対する知識移転の「国境の壁」は何か，具体的に考えよう。

6）上記4）の企業において，海外拠点の販売スタッフを対象とする効果的なトレーニング・プログラムを考えよう。

7）上記6）のトレーニングで，暗黙知の移転を行うには，どのような方法が効果的か，国境の壁を踏まえて，具体的に考えよう。

8）上記4）の企業で，海外拠点に勤務する現地人従業員の継続的雇用を促進するために，どのような施策や工夫が必要か，国境の壁を踏まえて，具体的に考えよう。

■注

1）多国籍企業による国境を越えた人的資源管理の概念について，Morgan（1986）は，人的資源管理の機能，それを行う従業員のタイプ，人的資源管理が行われる国の3つの観点から，従業員の採用，配置，活用をめぐるマネジメントを，本国から派遣される従業員，現地人従業員，第三国人従業員のいずれかが，本国，現地，第三国のそれぞれで展開する3次元フレームワークを提示した（Morgan, 1986, p. 44, Figure. 1）。また，白木（2006）は，人的資源管理の機能としてさらに人事計画，労使関係，企業内コミュニケーションなどを加え，Morgan の示したフレームワークを細分化している（白木, 2006, p. 9）。

2）Schein（1978）の組織内キャリア発達の3次元モデルは，Schein（1978）邦訳 p. 41 に図式化されている。

3）経験学習サイクルの概念は，Kolb（2015）p. 51, Figure 2.5 に図式化されている。

4）経験学習サイクルを経て個人が獲得する成果ないし能力については，McCall Jr., et al.（1988）p. 62, Figure 2-9 にまとめられている。

5）キャリア・マネジメントのプロセスと，それぞれの段階における構成要素は，Hall（1986）p. 12, Figure 2 にまとめられている。

6）コミュニケーションの重要性について，Szulanski（1996）は，知識の受領者と供給者との関連性の観点から，特に移転される知識が暗黙知の要素を含んでいる場合，知識の移転には，個人レベルでの莫大な知識の交換が必要とされるとし，知識の交換が成功するかどうかは，コミュニケーションの容易さと，知識の受領者と供給者との間に構築される関係の親密さに左右されると論じている。

■ 参考文献

Cohen, W. M. and D. A. Levinthal（1990）"Absorptive Capacity: A New Perspective on Learning and Innovation," *Administrative Science Quarterly*, Vol. 35, No. 1, pp. 128-152.

江夏健一・桑名義晴（編著）（2006）『理論とケースで学ぶ国際ビジネス』同文舘出版。

Feldman, D. C.（1981）"The Multiple Socialization of Organization Members", *Academy of Management Riview*, Vol. 6, No. 2, pp. 309-318.

古沢昌之（2008）『グローバル人的資源管理論』白桃書房。

Haas, M. R. and M. T. Hansen（2007）"Different Knowledge, Different Benefits: toward a Productivity Perspective on Knowledge Sharing in Organizations," *Strategic Management Journal*, Vol. 28, pp. 1133-1153.

Hall, D. T.（1986）*Career Development in Organizations,* San Francisco: Jossey-Bass.

Kogut, B. and U. Zander（1992）"Knowledge of the Firm, Combinative Capabilities, and the Replication of Technology," *Organization Science*, Vol. 3, No. 3, pp. 383-397.

小池和男（1997）『日本企業の人材形成』中央公論社。

Kolb, D. A.（2015）*Experiential Learning: Experience as the Source of Learning and Development,* New Jersey: Pearson Education.

McCall Jr., M.W., Lombardo, M. M. and A. M. Morrison（1988）*The Lessons of Experience : How Successful Executives Develop on the Job,* New York: The Free Press.

Merton, R. K.（1957）*Social Theory and Social Structure*, Glencoe, Illinois: Free Press, 森東吾・森好夫・金沢実訳（1969）『社会理論と機能分析』青木書店。

Morgan, P. V.（1986）"International HRM: Fact or Fiction?," *Personnel Administrator*, Vol. 31, No. 9, pp. 43-47.

野中郁次郎・竹内弘高（1996）『知識創造企業』東洋経済新報社。

Schein, E. H.（1978）*Career Dynamics: Matching Individual and Organizational Needs,* Reading: Addison-Weseley, 二村敏子・三善勝代（訳）（1991）『キャリア・ダイナミクス』白桃書房。

白木三秀（2006）『国際人的資源管理の比較分析』有斐閣。

鈴木竜太（2002）『組織と個人―キャリアの発達と組織コミットメントの変化―』白桃書房。

Szulanski, G.（1996）"Exploring Internal Stickiness: Impediments to the Transfer of Best Practice within the Firm," *Strategic Management Journal*, Vol. 17, pp. 27-43.

Tsai, W.（2002）"Social Structure of "Coopetition" within a Multiunit Organization: Coordination, Competition, and Intraorganizational Knowledge Sharing," *Organization Sci-*

ence, Vol. 13, No. 2, pp.179-190.

Van Maanen, J.（1978）"People Processing: Strategies of Organizational Socialization," *Organizational Dynamics*, Vol. 7, No. 1, pp. 19-36.

Von Hippel, E.（1994）"'Stick Information' and the Locus of Problem Solving: Implications for Innovation," *Management Science*, Vol. 40, No. 4, pp. 429-439.

Zander, U. and B. Kogut（1995）"Knowledge and the Speed of the Transfer and Imitation of Organizational Capabilities: An Empirical Test," *Organization Science*, Vol. 6, No. 1, pp. 76-92.

Exercise 10

【1】人的資源管理の主要な機能について，空欄に記入し整理せよ。

(1) 採用・配置

（①　　　　　）と従業員の（②　　　　　）の最適化

職務経験・（③　　　　　）（④　　　　　）・資質など

(2) 教育・訓練

部門・（⑤　　　）・（⑥　　　）ごとに職務に必要な技術や（⑦　　　）を習得

※一般的な知識　＋　（⑧　　　　　）知識の移転

(3) 評価

職種や（⑨　　　　　）ごとに所定の評価項目・（⑩　　　　　）を決定

　a)（⑪　　　　　）的指標　数字で示される評価基準

　　　　　　　　　　　　　※営業成果など

　b)（⑫　　　　　）的指標　数字では示せない評価基準

　　　　　　　　　　　　　※（⑬　　　　　）など

→ 評価の透明性や（⑭　　　）が職務成果や（⑮　　　　　）に影響

(4) コミュニケーション

a) 従業員間のコミュニケーション

円滑な（⑯　　　）遂行や効果的な（⑰　　　　　），継続的雇用を促進。

b) 企業と従業員間のコミュニケーション

・企業理念や経営方針などの（⑱　　　　　）を共有

・従業員の（⑲　　　　　）意識の向上

・現場の課題を経営方針や（⑳　　　　　）に反映

(5)　人的資源管理の「国境の壁」

> 労働慣行・（㉑　　　　　）慣行・（㉒　　　　　）・労働市場の状況
> 従業員の（㉓　　　　　　）・基礎学力・技能レベル・（㉔　　　　　　　）
> 特性など

※これらを克服し，世界レベルで効率的に人的資源を活用。

【2】国際人的資源管理の課題について，空欄に記入し整理せよ。

a）国境を越えた（①　　　　　）が困難

　　──→外国に移転させる人的資源の選抜・（②　　　　　　）には十分な考慮
　　　　が必要。

b）（③　　　　）や宗教，（④　　　　　），業務に対する価値観，生活習慣など
　　のギャップ。

　　──→現地の業務遂行に支障をきたす可能性

（課題）

> ・世界の拠点において円滑に職務を遂行できる人的資源の採用・（⑤　　　　）
> ・各拠点の（⑥　　　　）に適した人的資源の配置

【3】国際人的資源管理の対象について，空欄に記入し整理せよ。

(1)　本国人従業員

　　（①　　　　　　）拠点に勤務する従業員だけでなく，本国とは異なる
　　（②　　　　　　）や職務上の（③　　　　　　）環境に置かれる従業員を対
　　象とする。

(2)　現地人従業員

　　「（④　　　　　　）」に伴って現地人によるマネジメントにシフトする。

(3)　第三国の従業員

　　　各地域の中心拠点に人的資源管理機能を集中

　　　——→ 外国人従業員による第三国の従業員の採用・（⑤　　　　　　　）などを
　　　実施。

(4)　本国における外国人従業員

　　　「（⑥　　　　　　　）」

　　　　┌・本国拠点での高度な（⑦　　　　　　　）の移転
　　　　│・（⑧　　　　　　　）にかかわらず人的資源の有効活用
　　　　│・職務における（⑨　　　　　　　）の向上
　　　　└・本国人従業員の競争意識・（⑩　　　　　　　）の向上

【4】国際人的資源管理の類型について，空欄に記入し整理せよ。

(1)　本国志向

　　　（特徴）

　　　　　・外国拠点の管理職の多くは（①　　　　　　　）人。

　　　（メリット）

　　　　┌・管理職は本社の（②　　　　　　　）や戦略を理解し，本社からの
　　　　│　（③　　　　　　　）が効率的に機能。
　　　　└・企業のもつ（④　　　　　　　）が外部に漏洩しにくい。

(2)　現地志向

　　　（特徴）

　　　　　・外国拠点のマネジメントを（⑤　　　　　　　）人管理職に委譲。

　　　（メリット）

　　　　┌・現地の（⑥　　　　　　　）に的確に対応。
　　　　│・人的資源の（⑦　　　　　　　）が低い。
　　　　│・現地人の業務に対する（⑧　　　　　　　）が高まる。
　　　　└・（⑨　　　　　　　）などの面での問題解決が円滑に行われる。

（デメリット）

　　・（⑩　　　　　）レベルの利益よりも現地の利益が優先される可能性が
　　　ある。

(3)　世界志向

　　（特徴）

　　　　┌・世界レベルで（⑪　　　　　　）を統一する。
　　　　│・従業員の採用，（⑫　　　　），教育・訓練，（⑬　　　　　）などに
　　　　└　国境を設けない。

　　（メリット）

　　　　・（⑭　　　　　）レベルで自社のもつ人的資源を有効に活用できる。

　　（デメリット）

　　　　・調整に莫大な（⑮　　　　　　）と時間を要する。

【5】海外人材の採用・選抜について，空欄に記入し整理せよ。

a)　入社直後から国際業務を行う海外人材

　　部門別採用・（①　　　　　　　）

　　※採用時点で職種や（②　　　　　　）を特定

　　──　それに必要な技術や（③　　　　　　）・資質などの（④　　　　　　）
　　　　を基準に採用。

　　※「プール人材」の場合，（⑤　　　　　）的なコンピテンシーにより重点
　　　が置かれる。

b)「プール人材」から選抜

　　（⑥　　　　　　　）とプロファイルの最適化

c)「海外人材」としての基本的な要件

　　　　┌・（⑦　　　　　　）の操作能力
　　　　└・現地の文化に対する（⑧　　　　　　）

  ┌・国際業務に対する（⑨   ）
  └・本国とは異なる（⑩   ）でも職務を遂行する能力

【6】配置・異動について，以下の空欄に記入し整理せよ。

(1)　組織内キャリア発達

   国境を越えた（①   ）と（②   ）の繰り返し

   ──→（③   ）水準や（④   ）成果の高度化

    ＝「（⑤   ）」

   （3つの側面）

   a）（⑥   ）次元

     （⑦   ）の上昇による（⑧   ）方向への移動

   b）（⑨   ）次元

     様々な（⑩   ）の経験による（⑪   ）方向への移動

   c）（⑫   ）次元

     （⑬   ）の度合いや信頼の増大による（⑭   ）方向へ

    の移動

(2)　経験学習

   （⑮   ）の変換を通じて（⑯   ）を創造するプロセス

   ──→（⑰   ）・（⑱   ）・（⑲   ）・（⑳   ）

    の繰り返し

   a）国境を越えた経験学習の特異性

    ┌・職務に必要な（㉑   ）の範囲と水準
    ├・（㉒   ）や解決すべき職務上の問題
    └・人材の能力や（㉓   ）

b）経験学習の成果

　　・全社レベルでの（㉔　　　　　　　）能力
　　・多様な人材との（㉕　　　　　　　）能力，（㉖　　　　　　　　）能力，
　　　（㉗　　　　　　　　）能力
　　・（㉘　　　　　　　）理解力と発想力
　　・（㉙　　　　　　　　　）に対する対応能力

　　──→ 企業としての（㉚　　　　　　　　）が不可欠

【7】教育・訓練について，以下の空欄に記入し整理せよ。

(1)　教育・訓練の基本概念

（目的）
　　・職務に必要な（①　　　　　　　）や（②　　　　　　　）の獲得
　　・職務上の（③　　　　　　　）の理解
　　・適正な（④　　　　　　　）の導出

（タイプ）
a）（⑤　　　　　　　）
　　自己の職務に直接必要な（⑥　　　　　）や（⑦　　　　　）の獲得
　　──→ 既存の知識を新たな組織において利用可能な知識に（⑧　　　　　　）
b）（⑨　　　　　　　）
　　組織の（⑩　　　　　　　　　）能力や自己啓発，教養の獲得
　　──→ 組織における自己の（⑪　　　　　　　）を果たす知識の獲得

（形態）
a）（⑫　　　　　　　）
　　・仕事経験を（⑬　　　　　　　）
　　・（⑭　　　　　　　　）として体系化

　　　　⎯⎯ 従業員の能力水準の（⑮　　　　　）
　b)（⑯　　　　　　）
　　　・職務知識を実際の職務で（⑰　　　　　）
　　⎯⎯　高い（⑱　　　　　　　）で実際の職務に即したスキルやノウハウ
　　　　　を（⑲　　　　　）
　※（⑫　　　　　）と（⑯　　　　　　）を効果的に組み合わせ，それぞれの
　　（⑳　　　　　　　　　）を最適に導出

(2)　教育・訓練の「国境の壁」

　a)（㉑　　　　　）の差異
　　⎯⎯ 教育・訓練に使用する（㉑　　　　　）を統一する必要性
　b)（㉒　　　　　　　）手法の差異
　　⎯⎯ 特に（㉓　　　　　）における職務の実践で成果を左右
　c)（㉔　　　　　）の差異
　　⎯⎯　教育・訓練の対象や（㉕　　　　　　）を現地のコンテクスト
　　　　　に適合させる必要性
　d)　従業員の雇用形態と（㉖　　　　　　）の差異
　　⎯⎯　・知識獲得に対する従業員の（㉗　　　　　　）
　　　　　・企業の（㉘　　　　　）や（㉙　　　　　）の重要性に対する認識

(3)　入社前教育・訓練
　　加入しそうな種々の地位や集団にみられる（㉚　　　　　　）や態度の獲得
　　　＝「（㉛　　　　　）社会化」

　　（目的）
　　┌・組織の（㉜　　　　　）や環境の理解
　　│・新たな（㉝　　　　　）の理解
　　│・割り当てられた（㉞　　　　　）の適正な遂行
　　└・新たな組織の（㉟　　　　　）の共有

　　　　　── 組織に適合する（㊱　　　　　　）の満足

（個人レベルの成果）
　　　┌・組織参入時の（㊲　　　　　　　　）の抑制
　　　│・（㊳　　　　　　　　）の高度化
　　　│・（㊴　　　　　　）
　　　└・組織内での（㊵　　　　　　　　）の獲得

　　　── （組織レベルの成果）
　　　┌・（㊶　　　　　　　）の達成
　　　│・（㊷　　　　　　　）の高度化
　　　└・（㊸　　　　　　　　　）の回収

（国際人的資源管理における重要性）
　　　┌・組織や（㊹　　　　　　）の異質性
　　　│・（㊺　　　　　　）や生活環境の差異
　　　│・職務遂行上の（㊻　　　　　　　　）の差異
　　　└・従業員の価値観や（㊼　　　　　　　）の差異
　　　　　── 入社時の（㊽　　　　　　　　　）を抑制する重要性

【8】知識移転について，空欄に記入し整理せよ。

(1)　「知識」の概念
　　a)　企業がもつ（①　　　　　　）・特許・情報・（②　　　　　　）・（③　　　　　　）
　　b)　個人がもつスキル・（④　　　　　　）

　　┌　a)　（⑤　　　　　　）知
　　│　　　形式的・（⑥　　　　　　　）言語によって伝達可能なもの
　　│　b)　（⑦　　　　　　）知
　　└　　　特定状況における個人的な知識

　　※両者が（⑧　　　　　　）的役割を果たす

(2)　知識移転の方法

　　a)（⑨　　　　）知 ┌・知識のマニュアル化＝知識の（⑩　　　　　　）化
　　　　　　　　　　　　├・（⑪　　　　　　　　　　）の体系化
　　　　　　　　　　　　└・（⑫　　　　　　　）の統一化
　　　　　　　　　　※全社レベルで知識の（⑬　　　　　　　）を図る

　　b)（⑭　　　　）知 ┌・オフィシャルな（⑮　　　　　　　）
　　　　　　　　　　　　└・従業員間の円滑な（⑯　　　　　　）
　　　　　　　　　　※従業員の（⑰　　　　　　）により円滑な移転を促進

(3)　知識移転の成功要件

　　a)（⑱　　　　　　）の高度化

　　　新しい知識の価値を認識・（⑲　　　　　　）し，ビジネスの目的に適用する能力。

　　　──▶ 従業員が職務に活用することで（⑳　　　　　　　）に転換

　　　※世界レベルでの（㉑　　　　　　　）の高度化が課題

　　b)　知識の（㉒　　　　　　　）

　　　┌・多くの従業員が迅速に共有すべき知識
　　　│　　簡素化・（㉓　　　　）化・標準化 ── 知識の（㉔　　　　）が低下
　　　└・企業の優位性を形成するコアな知識
　　　　　　知識移転の対象を限定 ──（㉕　　　　　）されるリスクが低下

　　c)（㉖　　　　　　　）

　　　（㉗　　　　　　　）知の移転を促進する（㉘　　　　　　　）環境の形成

　　　┌・フォーマルな（㉙　　　　　　　）
　　　└・インフォーマルな（㉚　　　　　　　）の関係

第11章　ダイバーシティと異文化マネジメント

多国籍企業は，世界各国に拠点をもち，そこで勤務する人的資源の国籍，人種，宗教，言語，性別などは様々である。このような多様性のことをダイバーシティと呼び，多国籍企業が世界レベルで競争優位を獲得するためには，自社内に存在するダイバーシティを成功裏にマネジメントすることが不可欠である。とりわけ，多国籍企業の人的資源管理にとって重要なダイバーシティは文化的差異である。企業は，様々な文化的バック・グラウンドをもつ従業員が円滑にコミュニケーションを行い，その結果様々な面で生産性を向上させなければならない。換言すれば，自社のもつ文化的多様性を競争優位に転換することが不可欠であると言える。

そこで本章では，多国籍企業におけるダイバーシティの性質を踏まえ，文化的なダイバーシティを成功裏にマネジメントするための仕組みを学習する。

【1】多国籍企業とダイバーシティ

1

ダイバーシティ
文化的アイデンティティ

　ダイバーシティとは，文化的アイデンティティを形成する人種，民族，性別，社会階級，宗教，国籍といった人口学的変数の多様性であり（Ely and Thomas, 2001, p. 230），多様な人材を組織に組み込み，組織のパフォーマンスを向

5

パワーバランス
ダイバーシティ・マネジメント
組織変革

上させる目的のもとに，パワーバランスを変え，戦略的に組織変革を行うことがダイバーシティ・マネジメントである（谷口, 2005, p.266）。多国籍企業がもつ人的資源には，このようなダイバーシティが顕著に存在し，それらを競争

競争優位

優位に転換する戦略的なマネジメントが必要となる。

10

文化的アイデンティ
ティ
経営資源
　　　　　そのために企業は，多様な文化的アイデンティティから　1
構成されるメンバーを，潜在的に価値のある経営資源とし
てポジティブに位置づけなければならない。すなわち，業
務の遂行において，主要なタスクを再検討し，市場，製
品，戦略をより精緻化する上で，ダイバーシティを活用す　5
ることが不可欠である。そのために企業は，ダイバーシ
ティによって業務プロセスを強化し，ダイバーシティをも
つ経営資源を，学習・変化・再生のために活用する。そし
て，それらの経営資源は，文化的差異をコア業務や業務プ

文化的ダイバーシ
ティ
ロセスに適切に統合化され，文化的ダイバーシティが業務　10
に直接組み込まれる(Ely and Thomas, 2001)。
　　　　　企業内部にダイバーシティが存在すると，様々なメリッ
トとデメリットが生じる。具体的なメリットとして，第1
に従業員個人の職場や業務に対する満足度が向上する点が
挙げられる。その結果，能力水準の高い従業員を企業内部　15
に留めておくことが可能となるだけでなく，優秀な人的資
源を獲得することが可能になると考えられる。第2に，グ
ループ内およびグループ外部とのコミュニケーションが活

イノベーション
アイデア
発化し，イノベーションやアイデアの質と量が向上すると
いうメリットが考えられる。他方，ダイバーシティがもつ　20
デメリットとして，第1に，組織における役割の曖昧さや

コンフリクト
役割をめぐるコンフリクトが生じ，ダイバーシティをもつ
従業員間での業務上の摩擦を引き起こす可能性がある。第
2に，グループ内のダイバーシティによって能力的な差異

生産性
が存在すると，結果的に業務の円滑な遂行が阻害され，生　25
産性が低下することも考えられる。そして，これらの短期
的なインパクトが蓄積し，結果的に個人の行動パターンや
グループの成果，組織全体における成果といった長期的な
インパクトを生じさせる（Milliken and Martins, 1996）。
　　　　　企業がダイバーシティのもつデメリットを最小化すると　30

競争優位

同時にメリットを最大化し，組織に競争優位をもたらすた　1
めには，コスト管理や人的資源の獲得，マーケティング戦
略，創造性，問題解決などの面でダイバーシティを活用す
る必要がある（Cox and Blake,1991）。とりわけ多国籍企
業においては，ダイバーシティに関して次のような取り組　5
みが行われることによって，ダイバーシティによる優位性
を獲得できると考えられる。

業務ニーズ
コストの最適化

　　第1に，業務の性質に合わせて多様な人的資源を獲得
し，業務ニーズと従業員の能力を適合化すると同時に，コ
ストの最適化を図ること。すなわち，多国籍企業内部には　10
様々な業務があるが，それぞれの業務に必要とされる能力
と，個々のダイバーシティの特性を適合化させることに
よって，効率的に人的資源の能力を活用できる。第2に，

マーケティング戦略

マーケティング戦略に従業員のダイバーシティを活用し，
多国籍企業を取り巻く多様な市場のニーズに的確に対応す　15
ること。多国籍企業は世界各国の市場に対してマーケティ
ングを展開するため，それぞれの市場のニーズを，ダイ
バーシティをもつ従業員によって的確に捉え，製品やサー
ビスを提供することが可能となる。第3に，多様なアイデ

創造性
イノベーション
問題解決
シナジー効果

アや発想，能力を活用することによって創造性を高め，イ　20
ノベーションを促進すると同時に，問題解決を円滑に行う
上でもシナジー効果が期待できる。

【2】異文化マネジメント

ダイバーシティ

　　多国籍企業に存在する様々なダイバーシティのうち，国
境を越えた人的資源管理を行う上で，最も大きな障壁とな　25
るのが文化に関するダイバーシティである。ここでいう

文化

「文化」とは，言語や宗教，価値観や生活習慣，ビジネス
上の諸慣行を指す。他の経営資源とは異なり，国境を越え

た人的資源の移転が困難なのは，これらの要素が国によっ　1
て異なっており，その結果，事業活動の様々なレベルで支
障をきたすためである。しかしながら，企業のグローバル
化が進展した今日では，企業内部に様々な文化的背景をも
つ人々が存在している。グローバルなレベルで効率的な事　5
業展開を行うためには，多国籍企業のマネジャーは，これ

文化的障壁　　らの文化的障壁を克服し，異文化の経営環境をもマネジメ
ントする必要がある。

組織のマネジメント　　ここでは，文化の差異が組織のマネジメントにもたらす
マイナスのインパク　　インパクトについて述べるとともに，マイナスのインパク　10
ト　　トを克服し，プラスのインパクトから有益なパフォーマン
プラスのインパクト　　スを獲得するための条件を検討する。

多国籍企業には，様々な文化的背景をもった人々がい
る。インドやシンガポールのように，同じ国のなかでさ
え，宗教や生活習慣が異なる労働者が，同じ業務に従事す　15
るケースもある。外国での事業展開をマネジメントするマ
ネジャーは，これらの文化的差異に直面したとき，それを
克服し，プラスの効果をもたらすことができなければなら
ない。このような文化的差異が，組織にもたらすインパク
トには，プラス面とマイナス面がある（Adler, 1991）。　20

文化的差異　　組織のメンバーに文化的差異があると，その組織を円滑
に機能させる上で，明らかにマイナスのインパクトがあ
る。明確なコミュニケーションがとれないため，意思決定
や業務の遂行において，誤認が生じやすい。また，組織の

異質性　　状況を同じようには認識しない。さらに，人々の異質性が　25
結束力　　高いため，組織内での結束力が弱い。これらの要因が蓄積
コンフリクト　　されると，様々なコンフリクトが生じ，組織全体が混乱す
る。その結果として生産性を低下させることにつながるの
である。

創造性　　また他方，文化的差異があるために組織の創造性が高ま　30

生産性

り，効率的なコミュニケーションによって生産性が高まる　1
ケースもある。組織内部に多様な文化的背景をもつ人々が
存在することにより，様々な発想やアイデアが生まれる可
能性がある。効果的なコミュニケーションによって，これ

発想
アイデア
問題解決
集団主義

らの発想やアイデアを，意思決定や問題解決において利用　5
することも可能である。また，組織内での集団主義を抑制
する上でも効果がある。集団主義が支配的になると，業務
の効率と生産性が低下するが，多様性のあるメンバーから
構成される集団においては，これらの弊害が回避できる。

　次に，このような文化的差異を克服し，逆にそれらを利　10
用することによって，生産性を高めるための条件として，
以下の5点が考えられる（Adler, 1991）。

文化的バック・グラ
ウンド
配置

　第1に，複数の文化的バック・グラウンドをもつ従業員
に対して，業務の性質に見合った配置を行うことである。
すなわち，アウトプットの創造性が重視されるような業務　15
には，多様な文化的バック・グラウンドをもつ従業員を配
置することが望ましいが，標準作業を繰り返すような業務
には，同一の文化的バック・グラウンドの従業員が従事す
る方が効果的である。

　第2に，業務において，文化の差異による差別を行わ　20
ず，いかなる文化的バック・グラウンドをもつ従業員に
も，能力に応じて公正な権限を付与する点である。従業員
の文化的バック・グラウンドではなく，能力を基準とする

評価

評価を適切に行うことによって，文化的差異を生産性の向
上に結びつける可能性が増大する。　25

　第3に，個々の従業員が，それぞれの文化の相違点を的
確に認識することである。自分とは異なる文化を理解せず
に，効果的なコミュニケーションは実現しない。異文化間
でのコミュニケーションが円滑に行われない原因は，双方
が相手の文化を理解していないためであるとされている。　30

　　第4に，個々の従業員が，異文化の相手を相互に尊重す　　1
ることが挙げられる。そのためには，異文化の背景をもつ
メンバーとの交流を活発化させる必要がある。それによっ
て，双方の文化を理解し，受容する機会が増大する。ま
た，異文化に対する固定観念をもたないことも重要な条件　　5
である。

　　第5に，多様な文化的バック・グラウンドをもつ従業員
が，何らかの意思決定や業務を行った場合，必ずその成果
フィードバック　　をフィードバックする必要があるという点が挙げられる。
特定の意思決定や業務の結果だけでなく，そのプロセスに　　10
関しても，一定の判断基準のもとに評価を行うことによ
シナジー効果　　り，文化の多様性から生じるプラスのシナジー効果が期待
できる。

　　異文化の経営環境において，マネジャーがこれらの条件
を満たし，効果的な文化面でのマネジメントを行うことに　　15
より，異文化間におけるコミュニケーションからプラスの
シナジー効果を引き出し，人的資源の生産性を高めること
が可能なのである。

【3】コンテクスト・マネジメント

　　異なる文化的バック・グラウンドをもつ従業員が円滑に　　20
コミュニケーションを行い，企業が生産性を向上させるた
コンテクスト・マネ　　めには，組織レベルと従業員個人レベルでのコンテクス
ジメント　　ト・マネジメントを成功裏に行うことが不可欠である。
コンテクスト　　コンテクストとは，メッセージの送り手と受け手との間
に形成される人間関係上の前後関係，すなわち両者間に存　　25
在する文化的，社会的，心理的環境である（太田，1993，
p.34）。図表11は，コンテクストの概念を図示したもの
である。コンテクスト度の高いコミュニケーションでは，

【図表11】　コンテクストの概念

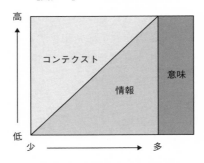

（出所）Hall（1993）邦訳，p.119 に加筆修正。

情報	伝達される情報のほとんどが個人に内在しており，メッ
コード化	セージとして伝達されるコード化された情報が非常に少な
	い特徴をもっている。したがって，コンテクスト度の高い
メッセージ	コミュニケーションには，メッセージの交換そのものは簡
	潔で時間がかからない反面，コミュニケーションの前提と
情報のプログラミン	して共有されている情報のプログラミングには時間を要す
グ	る。これに対し，コンテクスト度の低いコミュニケーショ

伝達される情報のほとんどが個人に内在しており，メッ 1
セージとして伝達されるコード化された情報が非常に少な
い特徴をもっている。したがって，コンテクスト度の高い
コミュニケーションには，メッセージの交換そのものは簡
潔で時間がかからない反面，コミュニケーションの前提と 5
して共有されている情報のプログラミングには時間を要す
る。これに対し，コンテクスト度の低いコミュニケーショ
ンでは，伝達される情報の大半がコード化されているとい
う特徴がある。つまり，コンテクストの欠けている部分を
補うために，情報の大半が伝達するメッセージのなかに含 10
まれている（Hall, 1993, 邦訳, p.118）。とりわけ，日本や
中国，アラブ諸国の人々がコンテクスト度の高いコミュニ
ケーションを行うのに対し，西ヨーロッパやアメリカの
人々はコンテクスト度の低いコミュニケーションを行うと
されている（江夏・桑名, 2006）。 15
　しかしながら，多様な国籍の従業員で構成される多国籍
企業では，コンテクスト度の高い従業員と，コンテクスト
度の低い従業員とが混在するだけでなく，従業員間に形成
されるコンテクストの性質も多様である。したがって，コ
ンテクストの異なる従業員間で，成功裏にコミュニケー 20

ションをとり，人的資源のマネジメントを行うためには，　1
単にコンテクスト度の高低だけでなく，コンテクストの性
質や，そこに内在するメッセージが何であるかを踏まえた
戦略的な対応が必要となる。

コンテクスト・マネ
ジメント
そこで，企業がコンテクスト・マネジメントを成功裏に　5
行うためには，次の3つの方法が考えられる。第1に，コ
配置
ンテクストの性質が同じ従業員を特定のグループに配置す
コミュニケーショ
ン・ノイズ
ることによって，コミュニケーション・ノイズを最小限に
抑制すること。この方法は，個々の組織のメンバーを文化
的バック・グラウンドが同じ従業員のみにすることで，コ　10
ミュニケーションのコンテクストを統一するものである。
低コンテクスト
第2に，グループのメンバー全員が，低コンテクストを前
提としたコミュニケーションを行うこと。たとえば，業務
に関する詳細なマニュアルを作成し，伝達されるべき情報
を最大限コード化することによって，個々の従業員のコン　15
テクスト度に関わらず，グループの全員が同一の情報を共
有できるようにする方法が考えられる。第3に，コンテク
ストの性質が異なる従業員を長期的に同一のグループに配
コンテクストの共有
化
置し，時間的経過を経てコンテクストの共有化を図るこ
と。つまり，異なるコンテクスト度の従業員が，長期的に　20
コミュニケーションを重ねることによって，コミュニケー
ションの前提となる情報がプログラミングされ，それらの
従業員間で円滑なコミュニケーションが可能になると考え
られる。いずれの方法が適切であるかは，企業内のダイ
バーシティの状況，職務の性質，従業員のバック・グラウ　25
ンドにあるコンテクストの性質や，コミュニケーション特
性などによって異なっている。

Group Discussion

1) いま，日本の生活用品メーカーが，アメリカの現地法人でダイバーシティ・

マネジメントを行うとする。現地において，様々な国籍や人種，性別の従業員を雇用し，開発，生産，マーケティングという3つの部門に配置すると仮定した場合，それぞれの業務ニーズとダイバーシティをどのように最適化すればよいか，具体的に考えよう。

2) 上記1)の企業が，マーケティングに関して従業員のダイバーシティを活用すると，どのような成果が期待できるか，具体的に考えよう。

3) 上記1)の企業が，社内での問題解決に従業員のダイバーシティを活用するとしたら，どのような問題をどのように解決できるか，具体的に考えよう。

4) 上記1)の企業で，従業員のダイバーシティによるデメリットが生じるとすると，どのような問題が考えられるか。具体的に考えよう。

5) 上記1)の企業で，異なるコンテクストをもつ多様な従業員間でコミュニケーションを円滑に行い，職務の生産性を向上させるためには，どのようなコンテクスト・マネジメントが有効か，具体的な職種や職務をイメージし，理由も含めて考えよう。

■ 参考文献

Adler, N. J. (1991) *International Dimensions of Organizational Behavior*, DWS-KENT. 江夏健一・桑名義晴（監訳）（1992）『異文化組織のマネジメント』マグロウヒル。

Cox, T. H. and S. Blake (1991) "Managing Cultural diversity: Implications for Organizational Competitiveness," *Academy of Management Executive*, Vol. 5, No. 3, pp. 45-56.

江夏健一・桑名義晴（編）（2006）『理論とケースで学ぶ国際ビジネス』同文舘出版。

江夏健一・首藤信彦（編）（1993）『多国籍企業論』八千代出版。

Ely, R. J. and D. A. Thomas (2001) "Cultual Diversity at Work: The Effect of Diversity Perspectives on Work Group Process and Outcomes," *Administrative Science Quarterly*, Vol. 46, pp. 229-273.

Hall, E. (1989) *Beyond Culture*, New York: Anchor Books. 岩田慶治・谷泰（訳）（1993）『文化を超えて』TBSブリタニカ。

車戸實（編）（1989）『国際経営論』八千代出版。

Milliken, F. J. and L. L. Martins (1996) "Searching for Common Threads: Understanding the Multiple Effects of Diversity in Organizational Groups," *Academy of Management*, Vol. 21, No. 2, pp. 402-433.

Moran, R. T. and J. R. Reisenberger (1994) *The Global Challenge*, New York: McGraw-Hill. 梅津祐良（訳）（1997）『グローバルチャレンジ―次世代国際企業の条件―』日経BP社。

太田正孝（1993）「グローバル・コミュニケーション・ネットワークと異文化マネジメント」『世界経済評論』第37巻8号，31-38ページ。

太田正孝（2008）『多国籍企業と異文化マネジメント』同文舘出版。
谷口真美（2005）『ダイバーシティ・マネジメント―多様性をいかす組織』白桃書房。

Exercise 11

【1】多国籍企業とダイバーシティについて，空欄に記入し整理せよ。

(1)　ダイバーシティとは
　　　文化的アイデンティティを形成する（①　　　　　），民族，性別，社会
　　　階層，（②　　　　　），（③　　　　　）といった人口学的変数の多様性。

(2)　ダイバーシティのメリットとデメリット
　　　（メリット）
　　　　　a）従業員個人の職場に対する（④　　　　　）が向上する。
　　　　　　—→　優秀な（⑤　　　　　）を獲得できる。
　　　　　b）（⑥　　　　　）やアイデアの質と量が向上する。
　　　（デメリット）
　　　　　a）役割をめぐる（⑦　　　　　）が発生する。
　　　　　b）円滑な業務遂行が阻害される　—→（⑧　　　　　）が低下する。

(3)　ダイバーシティ・マネジメント
　　　デメリットの最小化・メリットの（⑨　　　　　）
　　　　　—→　競争優位を獲得するための取り組み

　　　　　a）多様な（⑩　　　　　）を獲得
　　　　　　—→　・業務ニーズと従業員の（⑪　　　　　）を適合化
　　　　　　　　・（⑫　　　　　）の最適化
　　　　　b）（⑬　　　　　）戦略にダイバーシティを活用
　　　　　　—→　多様な（⑭　　　　　）に的確に対応

c）多様な（⑮　　　　）や発想による創造性の増大

　　──（⑯　　　　）の促進・問題解決の円滑化

【2】異文化マネジメントについて，空欄に記入し整理せよ。

(1)　異文化のインパクト

　　（マイナス面）

　　　　a）明確な（①　　　　）がとれない。

　　　　──（②　　　　）や業務の遂行に（③　　　　）が生じやすい。

　　　　b）組織の状況を同じように認識できない。

　　　　c）組織内でのメンバーの（④　　　　）が弱い。

　　　　──　組織内で（⑤　　　　）が発生 ── 組織が混乱

　　（プラス面）

　　　　a）組織の（⑥　　　　）が高まる。

　　　　──　様々な（⑦　　　　）やアイデアが生まれる。

⇩

　　　　効果的な（⑧　　　　）が行われれば，意思決定や

　　　　（⑨　　　　）に利用することが可能。

　　　　b）組織内部の（⑩　　　　）を抑制する。

　　　　──　業務の非効率性を回避

(2)　効率的な異文化マネジメントの条件

　　　　a）業務の性質に見合った（⑪　　　　）を行う。

　　　　b）業務において文化の相違による（⑫　　　　）を行わない。

　　　　──　業務の内容に応じた人的資源の配分

　　　　c）個々の従業員が文化の相違点を的確に認識する。

　　　　d）異文化のメンバー同士の交流を活発化させる。

　　　　──　双方の文化を理解し，（⑬　　　　）する機会が増加。

　　　　e）意思決定や業務の結果に関する（⑭　　　　）を実施する。

【3】コンテクスト・マネジメントについて，空欄に記入し整理せよ。

(1)　コンテクストとは
　　　メッセージの送り手と受け手の間に形成される（①　　　　　　），
　　　（②　　　　　　），心理的環境。

　　a）高コンテクスト・コミュニケーション
　　　　・伝達される（③　　　　　　）がほとんど個人に内在している。
　　　　・（④　　　　　）化された情報がほとんど伝達されない。
　　b）低コンテクスト・コミュニケーション
　　　　・伝達される（③　　　　　　）の大半が（④　　　　　）化されている。

(2)　多国籍企業におけるコンテクスト・マネジメント
　　　コンテクスト度・性質の異なる従業員が混在
　　　　　―→　組織の（⑤　　　　　　）を向上させるマネジメントが不可欠

　　a）コンテクストの性質が（⑥　　　　　　）従業員を特定グループに配置
　　　　する。
　　　　　―→　（⑦　　　　　　）を最小限に抑制
　　b）組織のメンバー全員が（⑧　　　　　　）を前提としたコミュニケー
　　　　ションを行う。
　　　　　―→　コンテクスト度に関わらず全員が同一の情報共有
　　c）コンテクストの性質が異なる従業員間での長期的なコミュニケーショ
　　　　ンを行う。
　　　　　―→　コンテクストの（⑨　　　　　　）

第 12 章　人的資源のグローバル統合

　国境を越えて事業展開を行う多国籍企業が，成功裏に人的資源管理を展開するための有力な戦略として，グローバル統合が挙げられる。企業活動のグローバル化が進展し，事業展開を行う国や地域が増加すると，企業は必然的に多くの国籍やバックグラウンドをもつ人的資源を雇用し，業務を遂行することになる。このような条件下で，人的資源のマネジメントにおいては，現地適応かグローバル統合かの選択もしくは両者間の調整が，いっそう重要な役割を果たすようになる。

　人的資源のグローバル統合とは，全社レベルでの人事制度の統一化と，従業員の組織適応によって，企業が世界レベルで人的資源を効率的に活用しようとする概念である。世界志向のマネジメントを展開する企業では，人的資源管理に関しても，従業員の国籍やバックグラウンドに関わらず，世界レベルで採用，配置，評価などを行っていることが多い。さらに，先進的な企業では，教育・訓練に関しても，世界各国で雇用する従業員を対象に，統一化されたトレーニング・プログラムを実施するケースもある。

　本章では，このような人的資源のグローバル統合に焦点を当て，その概念や仕組みを学習する。

【1】グローバル統合の概念　　1

人的資源のグローバ
ル統合
制度的統合

人事制度
人事異動

　人的資源のグローバル統合とは，能力水準の高い人的資源を世界レベルで効率的に活用する手段であり，「制度的統合」と「規範的統合」とに区分できる（古沢，2009）。制度的統合とは，人事制度を世界レベルで統合化し，国境　　5
を越えた人事異動を活発化させることである。これによっ

規範的統合
組織社会化
経営理念
ポリシー
企業文化
信頼関係
能力
技術
スキル

て，国籍に関わらず能力水準の高い人的資源を活用・登用することが可能となる。これに対し，規範的統合とは，国境を越えた従業員の組織社会化を通じて，世界レベルで経営理念やポリシー，企業文化が共有されると同時に，従業員間の信頼関係が構築されることである（古沢,2009, p.8）。さらに，規範的統合には，自社の職務を遂行するのに必要な能力や技術，スキルを全社レベルで共有することも含まれる。

人的資源管理の具体的な機能として，従業員の採用，配置，教育・訓練，評価，昇進，給与などをめぐるマネジメントが挙げられるが，人的資源のグローバル統合の概念は，従業員のタイプや事業展開を行う国に関わらず，上述の人的資源管理の機能を世界レベルで統一化し，人的資源の採用，配置，活用を全社レベルで最適化することであると言える。

グローバル統合による成果
人的配置
能力プロファイル
業務ニーズ

人的資源のグローバル統合による成果として，一般的には以下の4点が挙げられる。すなわち第1に，世界の様々な職種や職位に対して，適材適所の人的配置が可能になり，世界レベルで人的資源を有効に活用することが可能となる。世界各国で事業展開する企業が，従業員の国籍に関わらず，従業員の能力プロファイルと業務ニーズを適合させることにより，世界中に分散するポジションに対して最適な人的資源を配置することが可能になる。たとえば，アメリカの大手生活化学品メーカーでは，日本で採用された日本人従業員がフランスに配置され，ヨーロッパ市場向けの商品に関するマーケティングを担当している。このことは，従業員の国籍に関わらず，同社のヨーロッパ市場におけるマーケティング戦略で，日本人のもつ能力や知識，これまでの職務経験を活用していることを示している。

能力水準

第2に，世界レベルで従業員の能力水準が標準化される

と考えられる。世界各国で事業展開を行う企業にとって
は，国によって従業員のもつ技術やスキルの水準が異なる
と，アウトプットである製品の品質やサービスのレベルに
差異が生じる可能性が高い。そこで，人的資源のグローバ
ル統合がなされることによって，どの国の従業員であって
も，同じ企業において，同じ職種，同じ職位であれば，企
業が定める一定水準以上の能力をもつことが可能となり，

品質
標準化
その結果として，顧客に提供する製品やサービスの品質
も，世界レベルで標準化されると考えられる。たとえば，
日本の自動車メーカーでは，日本の工場に隣接した大規模
なトレーニング拠点に，世界各国の生産拠点から従業員を
集め，自動車の製造技術に関する研修を行っている。この
取り組みの目的は，世界中の生産拠点で同社の製造技術を
一定水準以上に標準化し，生産される自動車の品質を世界
各国で維持もしくは高度化させることである。

継続的な雇用
　第3に，能力水準の高い従業員の継続的な雇用が促進さ
れる。人的資源のグローバル統合によって，従業員は企業
の経営理念やポリシーを共有し，企業に固有の技術やスキ
ルを身につけることが可能になる。さらに，従業員間や企

離職意思
業に対する信頼関係が構築される結果として，従業員の離
職意思が抑制されると考えられる。たとえば，日本の大手
海運会社では，船舶のオペレーションに従事する船員を対
象に，全社共通のトレーニング・プログラムを実施し，職
務に必要な技術やスキルだけでなく，特に安全管理に関す
る同社に固有の厳格なポリシーを徹底的に教育している。
日本の海運会社で船舶のオペレーションに従事する船員
は，フィリピン人やインド人をはじめとする外国人が，そ
のほとんどを占めている。船員は，十数か国から数か月間
の契約ベースで雇用されるため，船舶のオペレーション現
場を構成する船員の国籍が様々であるだけでなく，現場の

メンバーが短期間で入れ替わるという特徴をもっている。　1
このため，海運会社が安全で効率的な船舶のオペレーショ
ンを行うためには，どの国の船員でも，同じ職位であれば
一定以上の技術をもっていなければならない。その上で，
職務の基本となる安全管理ポリシーを共有していることが　5
企業の優位性となり，品質の高い海上輸送サービスにつな
がると考えられる。さらに，企業の安全管理がオペレー
ション現場で徹底することによって，船員にとっての職場
の魅力度が向上し，短期間の契約ベースで雇用される船員

帰属意識　　　　　　　　の帰属意識とともに再契約率が高まるという効果も期待で　10
きる[1]。

イノベーション　　　　　　第4に，企業に固有のイノベーションが促進される。人
的資源のグローバル統合によって，従業員は企業理念やポ
リシーを共有した上で，統一化された教育・訓練を経て能
力水準が高度化する。企業は，全社レベルで統一化された　15
方針や目標のもとに，世界各国に分散する人的資源の能力
を，その国籍に関わらず効率的に活用することで，イノ
ベーションの成果を高度化させることが期待できる。たと
えば，スペインのカジュアルウェアブランド企業では，本
国に開発機能を集中させ，新たな製品のデザインを行って　20
いる。そこでは，多くの国籍からなるデザイナーが，企業
の定めるブランドのコンセプトにしたがって，商品開発に
従事している。世界各国に販売拠点をもつ同社は，世界レ
ベルで自社のブランド・イメージを統一する一方で，各国
のファッション・ニーズを的確に捉えた多様な製品を，ス　25
ピードをもって開発し，市場に投入することで優位性を獲
得している。そのためには，統一されたブランドのルール
の下で，開発に従事する人的資源の多様性から，イノベー
ションにおける創造性を高めることが不可欠であると言え
る。　　　　　　　　　　　　　　　　　　　　　　　　　30

【2】 グローバル統合の人的資源管理施策

1

　　制度的統合と規範的統合は，具体的に以下のような施策
によって促進される。制度的統合とは，人的資源管理の機
能を世界レベルで統一化し，従業員の国籍に関わらず，同
一の人事制度の下で採用，配置，教育・訓練，評価などを
行うことであるが，制度的統合の手段として，世界共通の
採用基準を設定したり，国籍ではなく能力ベースで世界の
拠点に配置したり，職務評価や昇進の基準，キャリアパス
や給与制度を世界共通の仕組みにするなどの方法が考えら
れる。また，世界各国の拠点に勤務する従業員のプロファ
イルや職務業績，職務評価などの人事情報をデータベース
化し，全社レベルで共有することで，配置や昇進などを世
界レベルで効率的に行うことができる。

　　他方，規範的統合とは，国籍に関わらず，企業のもつ企
業理念や企業文化，経営方針，職務に必要な技術やスキル
を全社レベルで共有すると同時に，従業員が国境を越えて
組織適応し，国境を越えて従業員間の信頼関係を形成する
ことである。規範的統合を促進する手段としては，組織適
応の可能性を基準とした採用や，統一化されたプログラム
による企業内教育・訓練，公正な評価・昇進・教育機会の
付与，国境を越えたプロジェクトや従業員参加の社内イベ
ントなどが考えられる[2)]。また，社内でのコミュニケー
ション言語を英語に統一し，多様化する従業員の国籍に関
わらず，コミュニケーションの促進を図るケースも規範的
統合のひとつの手段として捉えられる。さらに，世界各国
の拠点で，インターンシップなどの入社前施策を実施する
ことによって，従業員が自社の職務やそれに必要な技術や
スキルを事前に理解すると同時に，企業文化や職場環境を

5

10

15

20

25

制度的統合

採用基準

配置
職務評価
キャリアパス
給与制度
データベース化

規範的統合
企業理念
企業文化
技術，
スキル
信頼関係

採用
企業内教育・訓練
評価
昇進
教育機会
プロジェクト
社内イベント
コミュニケーション
言語
インターンシップ
入社前施策

体験し，入社後の規範的統合が促進されると言える。これ　1
らの施策を全社レベルで実施することで，規範的統合が達
成される。

　すなわち，規範的統合とは，世界各拠点での従業員の採
用段階において，規範的統合に適応しうる人的資源を選抜　5
した上で，世界レベルで統一化された企業内教育・訓練を
通じて，必要となる技術やスキルを共有させ，国境を越え
た人事異動やプロジェクトに参画させることによって，世
界レベルで企業文化やポリシーの共有化を促進すると同時
に，評価を通じて規範的統合を反映した職務成果をフィー　10
ドバックすることであると考えられる。

制度的統合　　　　　制度的統合と規範的統合は，それぞれ別個に議論すべき
規範的統合　　　ものではなく，世界レベルで統合化された人的資源管理の
　　　　　　　諸制度を通じて，従業員の規範的統合が促進されるものと
　　　　　　　の位置づけが考えられる。たとえば，従業員の採用に関し　15
　　　　　　　て，世界中の拠点から能力水準の高い従業員を獲得する仕
　　　　　　　組みをつくるだけでなく，規範的統合の可能性を視野に入
採用基準　　　　れた採用基準を設けるなどの取り組みが必要となる。それ
　　　　　　　によって，入社後の規範的統合がより容易に促進されると
企業内教育・訓練　考えられる。また，世界レベルで統一化された企業内教　20
知識の共有　　　育・訓練プログラムを整備し，知識の共有を図ると同時
ポリシー　　　　に，それを通じて様々な国籍の従業員が企業に固有のポリ
価値観　　　　　シーや価値観も共有でき，従業員間のコミュニケーション
コミュニケーション　が促進されると考えられる。さらに，全社レベルで同一の
評価基準　　　　評価基準を導入し，公正な評価のもとに，キャリア過程に　25
昇進機会　　　　おける昇進機会が従業員の国籍に関わらず与えられること
帰属意識　　　　によって，企業に対する従業員の帰属意識が高まり，能力
離職意思抑制　　水準の高い従業員の離職意思抑制ならびに継続的雇用が達
継続的雇用　　　成されると言える。このように，人的資源管理の制度面の
　　　　　　　統合化は，規範的統合を促進するための手段として位置づ　30

けられる。

　　企業は，人的資源管理の目標を明確にした上で，グロー
バル統合の目的とコストを考慮し，グローバル統合の対象
となる職種や職位を選別する。さらに，それぞれの職種や
職位に対して，どの機能を統合化するのかを決定する。た
とえば，上述の自動車メーカーは，製造担当者の教育・訓
練をグローバル統合の対象としているが，その目的は，世
界20か国の生産拠点において，自動車の製造技術を標準
化し，どこで生産した自動車であっても，品質を一定以上
にすることである。すなわち，世界各国の生産現場に従事
するすべての従業員が，企業に固有の技術やスキルを共有
することが不可欠となる。そこで，各国の生産拠点で製造
部門に所属する現場従業員のうち，トレーナーレベルで一
定以上の職務評価を得た者を対象に，日本で集合的な教
育・訓練を実施し，そこで得た技術やスキルを，各国の生
産拠点にフィードバックすることによって，すべての従業
員に共有させる仕組みをとっている。

【3】規範的統合と組織社会化

　　上述のように，企業レベルでの制度的統合の結果とし
て，従業員個人レベルでの規範的統合がもたらされると考
えられる。そこで，規範的統合とはどのようなものか，も
う少し詳しく説明する。

　　規範的統合は，世界レベルでの従業員の組織社会化と換
言できる。組織社会化とは，新しい組織における地位，状
況，役割について学習し，職務の遂行に必要な社会的知識
やスキルを獲得する過程と定義される（Van Maanen,
1978, p. 19）。組織社会化には，組織において達成される技
能形成と，組織における個人の文化受容の2つの側面があ

目標
目的，コスト
職種，職位
機能

規範的統合

組織社会化
社会的知識

技能形成
文化受容

技能的側面
文化的側面
組織社会化の目的
価値観
文化
コミュニケーション
技能，知識
アイデンティティ
モチベーション
組織社会化の成果
キャリア展望
受容感
有能感
組織コミットメント
職務満足
モチベーション
個人的成果
組織的成果

り，それぞれ「技能的側面」および「文化的側面」と呼ばれる（高橋, 1993, p.4）。組織社会化の目的として，一般的に以下の4点が挙げられる。すなわち第1に，組織の価値観，目標，文化などを個人が理解すること。第2に，個人が職場の規範を理解し，職場内でのコミュニケーションを円滑に行うこと。第3に，個人が，組織での職務遂行に必要とされる技能や知識を獲得すること。第4に，組織に対する個人のアイデンティティを確立し，組織における職務遂行に対するモチベーションを向上させることである（Fisher, 1986, p. 105）。さらに，組織社会化の成果は，個人レベルと組織レベルとに区別することもできる。個人的成果として，①ポジティブなキャリア展望，②受容感の獲得，③有能感の獲得，④組織コミットメント，⑤職務満足，⑥モチベーションの向上などが考えられる。さらに，これらの個人的成果が達成されることによって，組織的成果が導出される。組織的成果とは，①採用・教育コストの回収，②業績や革新への貢献，③コア人材への成長，④円滑な従業員の調整と統合の4点である（尾形, 2008, p.58）。

組織環境
多様性
適応能力

一般的な組織社会化の概念は，組織および個人が，国境を越えて構成されるという環境を前提としたものではないが，多国籍企業における組織社会化に固有の要因として，適合すべき組織が国境を越えた組織環境を有している点が挙げられる。すなわち，組織の観点からは，組織メンバーが多様な国籍やバックグラウンドから構成され，獲得すべき知識の多様性が高く，企業の理念やビジョン，企業文化や価値観の性質も多様であると言える。他方，従業員の観点からは，上述の点を踏まえ，組織社会化を達成するために必要とされる既存の経験や適応能力の水準が相対的に高いと考えられる。したがって，国境を越えて組織が形成さ

れる多国籍企業においては，従業員の組織社会化がいっそ　1
う重要かつ困難な課題であると言える。

【4】多国籍企業における規範的統合

　　多国籍企業が規範的統合を達成するためには，従業員間
のコミュニケーションが不可欠であると言える。世界に分　5
散する拠点間で従業員がコミュニケーションをとるために
は，以下のような手段が考えられる。第1に，従業員間の
face-to-face コミュニケーション，第2に，水平的プロ
ジェクトグループ，第3に，プロジェクト志向のトレーニ
ング，第4に企業の価値観を反映させた人的資源管理など　10
である（Evans, 1992, p. 90）。グローバル統合の最も初歩
的な活動は，世界に分散する各拠点の従業員が，face-to-
face のコミュニケーションをとることで，両者間に存在
する障壁を取り除くことである。たとえば，世界レベルの
部門別ミーティングや，トレーニング・プログラムなどを　15
通じて，情報や教育の共有化が促進されると同時に，個々
の従業員の組織化能力が養成される。また，グローバル統
合を達成する上でのキャリア・マネジメントにおける重要
な要素として，マネジメント能力の開発，異文化マネジメ
ント能力，国境を越えた知識移転などが挙げられる。そし　20
て，全社レベルで共有された価値観を，従業員の採用，社
会化，能力開発，昇進などの人的資源管理機能に適用する
ことで，グローバル統合が達成される（Evans, 1992）。
　　また，規範的統合が達成されるプロセスにおいて，個々
の従業員の心理や行動パターンも，その成果を左右する。　25
グローバル化する企業が競争優位を獲得するためには，従
業員が「グローバル・マインドセット」をもつことが必要
である（Gupta and Govindarajan, 2002）。マインドセット

コミュニケーション

face-to-face コミュ
ニケーション
水平的プロジェクト
グループ
トレーニング
人的資源管理

キャリア・マネジメ
ント
マネジメント能力
異文化マネジメント
能力
知識移転

マインドセット

**グローバル・マイン
ドセット**

とは，所与の環境において，自己を取り巻く情報を吸収・ 1
解釈・加工する能力のことであり，グローバル・マインド
セットとは，異なる文化や市場に存在する多様性に対して
開放的な意識をもち，その多様性をマネジメントする能力
を言う（Gupta and Govindarajan, 2002）。このようなマイ 5
ンドセットをもつ従業員が組織を構成する企業が，世界レ
ベルで優位性を獲得する。

　従業員がグローバル・マインドセットを構築する手段と
して，個人レベルでは，以下の4点が挙げられる。第1
に，語学や文化に関する知識を，自己学習，大学ベースの 10
教育，企業内セミナー，マネジメント・プログラムなどの

**企業内教育
国境を越えたプロ
ジェクト
外国文化
地理的・文化的多様
性**

公式な企業内教育を通じて習得すること。第2に，国境を
越えたプロジェクトに参加すること。第3に，外国勤務の
経験から外国文化を浸透させること。第4に，シニア・マ
ネジメントクラスの地理的・文化的多様性を増大させるこ 15
となどが挙げられている。他方，企業レベルで達成すべき
要件として，以下の3点が考えられる。第1に，能力主義

**内部労働市場
ジョブ・ローテー
ション
個人的・社会的関係**

に基づく内部労働市場を形成すること。第2に，地域や事
業部門，職種を越えたジョブ・ローテーションを実施する
こと。第3に，異なる国籍や子会社の従業員間での個人 20
的・社会的関係を形成することなどが指摘されている
（Gupta and Govindarajan, 2002, pp. 121-125）。

　グローバル・マインドセットをもつ従業員で構成される
企業は，具体的に以下の5点の優位性を獲得できる。第1

**ビジネス・チャンス
トレード・オフ
調整
新製品
技術
ベスト・プラクティ
ス**

に，ビジネス・チャンスに対して迅速に行動できる。第2 25
に，現地適応化と世界標準化のトレード・オフに対して，
より適切に対応できる。第3に，国境を越えて分散する活
動をより円滑に調整できる。第4に，新製品や技術をより
迅速に生み出すことができる。第5に，国境を越えた子会
社間で，ベスト・プラクティスをより効果的に共有できる 30

（Gupta and Govindarajan, 2002, p. 119）。

Group Discussion

1) 人的資源のグローバル統合が行われている任意の企業を1社取り上げ，採用情報などを参考に，その企業にとってグローバル統合を行う目的と手段は何か整理しよう。

2) 上記1) で選択した企業で，従業員がグローバル・マインドセットをもつためには，どのような施策が有効か，またその結果，どのような成果が期待できるか，現在その企業が置かれている状況に即して具体的に考えよう。

3) いま，世界100か国に展開する日本の化粧品メーカーがあるとする。そこで，人的資源のグローバル統合を行うとしたら，どの職種や職位，機能を対象にするか，制度的統合と規範的統合とに区別し，その目的と合わせて考えよう。

4) 上記3) のグローバル統合で，具体的にどのような施策を行えばよいか考えよう。

5) 上記4) の施策を行うことで，どのような成果が期待できるか，またそれは，3) で考えた目的と合致するか考えよう。

■ 注

1) 米澤（2018）は，日本の外航海運企業の船員戦略について，人的資源のグローバル統合の観点から具体的に論じている。

2) 古沢（2008）では，制度的統合の手段として，① 全世界統一のグレード制度，② 全世界統一の評価制度および報酬制度，③ 有能人材の登録・発掘システム，④ 育成施策，⑤ 情報共有化インフラ，規範的統合の手段として，① 採用活動，② 教育・啓蒙，③ 評価制度，④ 国際人事異動，⑤ 国境を越えたプロジェクト，⑥ 社内イベントなどが挙げられている。

■ 参考文献

Evans, P. A. (1992) "Management Development as Glue Technology," *Human Resource Planning*, Vol. 15, No. 1, pp. 85-105.

Fisher, C. D. (1986) "Organizational Socialization: An Integrative Review," in Rowland, K. M. and G. R. Ferris (ed) *Research in Personnel and Human Resource Management*, Vol. 4, London: JAI Press.

古沢昌之（2008）『グローバル人的資源管理論―「規範的統合」と「制度的統合」による人材マネジメント』白桃書房。

古沢昌之（2009）「国際人的資源管理における「規範的統合」と「制度的統合」―「現地化問題」の批判的検討にもとづいて」『世界経済評論』第53巻第5号，6-16ページ。

Gupta, A. K. and V. Govindarajan (2002) "Cultivating a Global Mindset," *Academy of Management Executive*, Vol. 16, No. 1, pp. 116-126.

尾形真実哉 (2008)「若年就業者の組織社会化プロセスの包括的検討」『甲南経営研究』第48 巻第 4 号，11-68 ページ。

Van Maanen, J. (1978) "People Processing: Strategies of Organizational Socialization," *Organizational Dynamics*, Vol. 7, No. 1, pp. 19-36.

高橋弘司 (1993)「組織社会化研究をめぐる諸問題―研究レビュー」『経営行動科学』第 8 巻第 1 号，1-22 ページ。

米澤聡士 (2018)『人的資源のグローバル統合―外航海運業の船員戦略』文眞堂。

Exercise 12

【1】人的資源のグローバル統合の概念について，空欄に記入し整理せよ。

(1)　人的資源のグローバル統合とは

　　　能力水準の高い人的資源を（①　　　　　）レベルで効率的に活用する手段

　　a)「（②　　　　　）的統合」

　　　┌・（③　　　　　）を世界レベルで統合化

　　　│　従業員の（④　　　）・（⑤　　　）・（⑥　　　）・（⑦　　　）・

　　　│　昇進・給与などの機能を（⑧　　　）レベルで統一化

　　　└・国境を越えた（⑨　　　　　）を活発化

　　　　──（⑩　　　　　）に関わらず能力水準の高い人的資源の登用・活用

　　b)「（⑪　　　　　）的統合」

　　　┌・国境を越えた従業員の（⑫　　　　　　　）

　　　│・経営理念・（⑬　　　　　）・（⑭　　　　　）などを共有

　　　│・従業員間の信頼関係を構築

　　　└・職務に必要な（⑮　　　　　　）・スキルなどを全社レベルで共有

(2)　グローバル統合の成果

　　a)　従業員の（⑯　　　　　）と業務ニーズを（⑰　　　　　）に関わらず

　　　　適合化

　　　　　世界の様々な（⑱　　　　　）・職位に対して（⑲　　　　　　　）の人

　　──　材配置が可能

　　b)　世界レベルで従業員の（⑳　　　　　　）が標準化

　　──　製品やサービスの（㉑　　　　　）が標準化

　　c）能力水準の高い従業員の（㉒　　　　　　　）

　　　──→ 従業員間の信頼関係によって（㉓　　　　　　　）を抑制

　　d）企業に固有の（㉔　　　　　　　）の促進

【2】グローバル統合の人的資源管理施策について，空欄に記入し整理せよ。

(1)　制度的統合に関する施策

　　a）世界共通の（①　　　　　　　）を設定。

　　b）国籍ではなく（②　　　　　　　）ベースによる配置。

　　c）世界共通の（③　　　　　）や昇進の基準，（④　　　　　　　）や給与制度。

　　d）世界各国の従業員のプロファイル・（⑤　　　　　）などを（⑥　　　　　）化。

(2)　規範的統合に関する施策

　　a）（⑦　　　　　　　）の可能性を基準とした採用

　　b）統一化されたプログラムによる企業内（⑧　　　　　　　）

　　c）（⑨　　　　　　　）な職務評価・昇進・（⑩　　　　　　　）の付与

　　d）国境を越えたプロジェクト

　　e）従業員参加の（⑪　　　　　　　）

　　f）社内での（⑫　　　　　　　）言語の統一化

　　g）（⑬　　　　　　　）などの入社前施策

　　　──→ 世界レベルで（⑭　　　　　　　）化された施策として実施

(3)　人的資源管理施策の策定

　　a）グローバル統合の（⑮　　　　　　　）と（⑯　　　　　　　）の明確化

　　b）グローバル統合の対象となる（⑰　　　　　　）や（⑱　　　　　　　）の選別

　　c）統合化する（⑲　　　　　　　）の決定

【3】組織社会化について，空欄に記入し整理せよ。

(1) 組織社会化の概念
　　　新しい組織における地位・状況・（① 　　　　　）について学習し，職務
　　　の遂行に必要な（② 　　　　）やスキルを獲得する過程。

　　　a)「（③ 　　　）的側面」
　　　　組織において達成される（④ 　　　　　）
　　　b)「（⑤ 　　　）的側面」
　　　　組織における個人の（⑤ 　　　　）受容

(2) 組織社会化の目的
　　　a) 個人が組織の（⑥ 　　　　）・目標・文化などを理解する。
　　　b) 個人が職場の（⑦ 　　　　）を理解し，（⑧ 　　　　　　）を円滑にする。
　　　c) 個人が組織での職務遂行に必要な（⑨ 　　　　）や知識を獲得する。
　　　d) 組織に対する個人の（⑩ 　　　　　）を確立し，（⑪ 　　　　　　）を向
　　　　上させる。

(3) 多国籍企業における組織社会化
　　　国境を越えた組織環境
　　　a) 組織メンバーが多様な（⑫ 　　　　　）や（⑬ 　　　　　　）から構成さ
　　　　れる。
　　　b) 獲得すべき（⑭ 　　　　）の多様性が高い。
　　　c) 企業理念やビジョン，（⑮ 　　　　　）や価値観の性質が多様。
　　　d) 必要とされる既存の経験や（⑯ 　　　　　）の水準が高い。
　　　　　── 組織社会化は重要かつ困難な課題

【4】多国籍企業と規範的統合について，空欄に記入し整理せよ。

(1)　各国拠点間のコミュニケーション

  a）従業員間の（①   ）コミュニケーション

  b）水平的プロジェクトグループの形成

  c）（②   ）志向のトレーニング

  d）企業の価値観を反映させた（③   ）

   ──→ 規範的統合の促進

(2)　グローバル・マインドセット

  a）グローバル・マインドセットとは

   異なる文化や多様性に対して（④   ）な意識をもち，多様性を

   （⑤   ）する能力。

  b）グローバル・マインドセットをもつ従業員で構成される企業の優位性

   ・ビジネスチャンスに対して（⑥   ）に行動できる。

   ・現地適応化と（⑦   ）のトレード・オフに対して適切に対応

   　できる。

   ・国境を越えた活動を適切に（⑧   ）できる。

   ・（⑨   ）や技術を迅速に生み出せる。

   ・国境を越えた子会社間で（⑩   ）を効果的に共有できる。

第13章　インターナル・マーケティングと
リテンション・マネジメント

　企業において，能力水準の高い人的資源を採用・育成し，自社の付加価値活動で最適に活用することと同様に，人的資源管理で重要な課題となるのが，能力水準の高い従業員を自社に引き留め，継続的に雇用することである。多国籍企業は，事業展開を行う多くの国で従業員を雇用するが，国や業種，職種や職位，個々のバックグラウンドなどによって，従業員のキャリア志向は様々である。とりわけ，長期的に同一の企業に勤務するのが一般的な日本とは異なり，組織間でキャリア発達を志向する傾向が強い海外では，能力水準の高い従業員を自社に引き留め，継続的に雇用することが，いっそう重要かつ困難な課題と言える。

　そこで本章では，能力水準の高い人的資源の継続的雇用を促進する有力な手段として，インターナル・マーケティングとリテンション・マネジメントに焦点を当て，その概念と仕組みを学習する。

【1】インターナル・マーケティングの概念　　1

インターナル・マー
ケティング
従業員満足
内部顧客
外部顧客

　インターナル・マーケティングとは，従業員を顧客とみなし，従業員満足を達成することを目的として，マーケティング的な手法を用いる人的資源管理の形態である。内部顧客である従業員は，外部顧客と同様に満足させるべき　　5
ニーズをもち，企業が内部顧客のニーズを満足させることによって，外部顧客が要求する品質のアウトプットを提供できるようになり，自社の競争ポジションが向上する。企業は，従業員のニーズを満足させることによって，従業員のモチベーションを高めると同時に，勤続期間を長期化さ　　10

従業員満足度
ロイヤルティ

せ，従業員満足度が高いほど，外部顧客の満足とロイヤル　1
ティを高めることが可能になるとされている（Ahmed
and Rafiq, 2003, p. 1177）。したがって，インターナル・
マーケティングの役割は，能力に満ちた人材が満足するよ
うな製品としての業務を介して，それらの才能を引き付　5
け，開発・動機付け・維持することである（木村, 2007,
p.203）。

　インターナル・マーケティングの手法は，現場従業員の
行動や態度がアウトプットの品質を著しく左右するサービ
ス企業でよく用いられる。サービス・マネジメントの章で　10
も述べたように，サービス企業では，顧客と直接的な接点

サービス品質

をもつ現場従業員のサービス・デリバリーがサービス品質
に影響を及ぼし，企業の優位性を決定する重要な要因とな
る。このようなサービス企業では，主に現場の従業員が自
己の職場や職務に満足しているかどうかで，サービス・デ　15
リバリーの水準が左右されると考えられている。このた

従業員満足

め，サービス企業は，従業員満足を重視した人的資源管理
施策をとることが多い。

　しかし，能力水準の高い人的資源を自社に引き留め，そ
の能力や技術，スキルを長期継続的に活用することは，ど　20
のような業種の企業にとっても，またいかなる職種につい
ても重要な課題である。とりわけ，国境を越えて事業展開

労働市場の特性
キャリア志向
労働観

する多国籍企業は，各国の拠点において，本国とは異なる
労働市場の特性のもとに，各国に固有のキャリア志向や労
働観をもつ従業員を対象とする人的資源管理を行わなけれ　25
ばならない。したがって，多国籍企業にとっては，多様な

雇用形態
雇用慣行

雇用形態や雇用慣行のもとで，能力水準の高い人的資源の

離職意思
継続的雇用

離職意思を抑制し，継続的雇用を達成するための戦略的な
取り組みが，いっそう重要な課題となる。

能力水準

　そこで，人的資源の多様性が高い多国籍企業が，能力水　30

準の高い人的資源の継続的雇用を達成する有力な手段とし　1
て，インターナル・マーケティングの手法が位置づけられ
る。インターナル・マーケティングが成功裏に行われる
と，多国籍企業が獲得しうるベネフィットとしては，以下
の3点が考えられる。第1に，雇用形態の異なる国におい　5
て，能力水準の高い従業員を長期継続的に雇用することが
可能になること。第2に，多様性をもつ従業員が，教育・
訓練によって，職務に関する知識，とりわけ暗黙知的要素
を効果的に習得し，それを職務で実践することによって，

職務水準　　　　職務水準の全社的標準化と高度化が図れること。第3に，　10
多様性の高い従業員が，各自が行うべき職務を的確に理解

エンパワーメント　することによって，現場でのエンパワーメントが効果的に
機能することである。

【2】インターナル・マーケティングのプロセスと
　　　　マーケティング・ミクス
15

　　　　インターナル・マーケティングのプロセスは，第1に，

戦略目標　　　　全社的な戦略目標に基づいて，それを達成するために，人

ミッション　　　的資源管理部門が果たすべきミッションを明確にする。全

経営成果　　　　社的な戦略目標とは，一般的に顧客満足の獲得による経営
成果の導出を言う。第2に，人的資源管理部門は，労働市　20

標的市場　　　　場の細分化と標的市場の選択を行い，ミッションを達成し
うる従業員を採用する。第3に，雇用した従業員に対し

インターナル・マー　て，インターナル・マーケティング・ミクスを展開する。
ケティング・ミクス　第4に，その結果，従業員満足とモチベーションが向上

従業員満足　　　　し，職務の質が改善される。これらのプロセスが効率的に　25

顧客満足　　　　展開されれば，顧客満足がもたらされ，企業の全社的な戦
略目標が達成される（Collins, 1991）。

　　　内部顧客である従業員を対象に展開するインターナル・

マーケティング・ミクスについて，伝統的なマーケティン　1
グ・ミクスの概念を用いて説明すると，それぞれの構成要
素は以下のように換言できる。すなわち，インターナル・
マーケティング・ミクスにおける「製品」とは，企業が従

製品

業員に提供する職務そのものである。したがって，企業は　5
従業員にとって魅力となり，その達成によって従業員満足
がもたらされるような職務設計を行うことが不可欠とな
る。また，従業員が職務を遂行する物理的環境や給与も，
インターナル・マーケティングのコンテクストでは「製

価格

品」として捉えることが可能である[1]。「価格」とは，従　10
業員が企業に提供する労働力や，効率的に職務を遂行する
能力のアウトプット，さらに従業員が特定の職務に適応す
るために負担する心理的および物理的コストやリスクを指
す。たとえば，雇用に関するリスクや，新たな職務に適応
することが可能であるかどうかの能力的なリスク，期待す　15

販売経路

る能力評価を受けられないリスクなどが含まれる。「販売
経路」とは，企業が従業員に対して職務を直接的に提供す
るチャネルを指す。またそれは，人的資源管理施策を実行

販売促進

する部門でもある。「販売促進」には，企業が能力水準の
高い従業員を雇用するために労働市場に対して行う採用活　20
動，採用を目的とする広報活動，従業員満足を達成し従業
員の継続的雇用を維持するための福利厚生，報奨制度，企
業と従業員との間のフォーマルないしインフォーマルなコ
ミュニケーションなどが含まれる。

【3】リテンション・マネジメントの概念　　　　25

リテンション・マネ
ジメント

　上述のインターナル・マーケティングを成功裏に展開す
るための手段として，リテンション・マネジメントが挙げ
られる。インターナル・マーケティングとリテンション・

マネジメントは，ともに従業員の職務満足や職場満足を導　1
出する人的資源管理手法である点で類似しているが，イン
ターナル・マーケティングは，企業が従業員満足を導出
し，その結果として顧客満足をもたらす一連の取り組みで
あるのに対し，リテンション・マネジメントは，従業員の　5
離職意思を抑制し，企業への帰属意識を高めることで，継
続的雇用を達成するための諸方策として捉えられる。
　リテンション・マネジメントは，高業績を挙げる（また
は挙げることが予想される）従業員が，長期間組織にとど
まってその能力を発揮することができるようにするための　10
人的資源管理施策全体として定義される（山本, 2009,
p.15）。また，リテンションに影響を及ぼす人的資源管理
機能は以下の3つであるとされている。すなわち第1に，
給与や昇進などに関する報酬マネジメント，第2に，優秀
者表彰や個々の従業員に対するエンパワーメントなどのモ　15
チベーション・マネジメント，第3に，トレーニングなど
従業員のキャリア発達などの長期的施策を中心とするキャ
リア・マネジメントである。そして，これらの人的資源管
理施策が，従業員にどのように知覚されるかによって，リ
テンション成果が決定される（山本, 2009）。　20
　人的資源管理施策に対する知覚は，個々の従業員の主観
によって形成されるため，同一の人的資源管理施策に対し
ても，従業員の国籍，職種，職位，職務経歴，就業動機，
企業や職務に対する期待度などのバックグラウンドによっ
て異なる可能性が高いと言える。また，人的資源管理施策　25
に対する知覚は，各国における経営環境，国ごとのキャリ
アの位置づけや，キャリア発達に関する価値観によっても
左右される。
　多国籍企業が，各国の拠点に勤務する従業員を対象に，
いかなる人的資源管理施策を実施し，それらがどのように　30

左欄の語句:

職務満足
職場満足

顧客満足

離職意思
帰属意識
継続的雇用

報酬マネジメント

モチベーション・マ
ネジメント

キャリア・マネジメ
ント

人的資源管理施策,
知覚

離職意思

　　従業員に知覚され，離職意思を抑制するかといったプロセ 1
スは，各国の拠点ごとに異なる様々な要因によって左右さ
れる。したがって，多国籍企業におけるリテンション・マ
ネジメントでは，世界レベルで効果的な人的資源管理施策
を導入するだけでなく，各国の人的資源を取り巻く諸要因 5
を考慮しながら，従業員の離職意思を抑制する行動パター
ンを形成することが不可欠であると言える。

離職行動
キャリア展望

　　国境を越えた人的資源管理と現地人従業員の離職行動と
を仲介する要素として，現地人従業員のキャリア展望に関
する知覚と，従業員と組織との一体化が挙げられる 10
(Reiche, 2007)。すなわち，リテンション・マネジメント
の成果は国際的な人的資源管理における現地人従業員の位
置づけ[2)]によって左右され，リテンション成果をもたらす

社会化

人的資源管理施策として，現地人従業員の社会化とトレー
ニング，世界レベルでの経営陣とのコンタクトと情報交 15
換，全社レベルでの人事情報の共有と管理職の活用，現地
人従業員の本国拠点での活用などが挙げられる (Reiche,
2007)。

【4】 リテンション・マネジメントと人的資源管理
　　　　施策
20

高業績労働施策

　　リテンション成果をもたらしうる人的資源管理施策は
「高業績労働施策」(High Performance Working Practices)
と呼ばれ，具体的には以下の9つが挙げられる。すなわ
ち，①頻繁な採用活動や配属先の熟慮などの戦略的な採
用・選抜，②十分な時間をかけた OJT や OFF-JT のト 25
レーニング・能力開発，③公正な職務評価や査定，④成果
報酬の導入などを含む給与制度の柔軟性，⑤従業員のスキ
ルや能力を十分活用できる職務設計，⑥企業の事業展開や

業績に関する情報共有などを含む従業員と企業とのコミュ　　1
ニケーション，⑦企業内における昇進可能性や雇用保障を
含む内部労働市場，⑧管理職と労働者の調和化，⑨ QC
サークルの導入をはじめとする職務の質である（Guest, et
al., 2003）。　　　　　　　　　　　　　　　　　　　　　　5

コントロール型，　　　　人的資源管理の性質は，コントロール型とコミットメン
コミットメント型　　ト型とに分類することができる。コントロール型人的資源
管理の特徴として，①限定的な業務内容，②個人ベースの
職務設計，③スキルレベルの低さ，④ヒエラルキー的組織
構造とトップダウンの意思決定，⑤職務に応じた個人ベー　　10
スの報酬などが挙げられ，他方コミットメント型人的資源
管理の特徴として，①個々の従業員の責任範囲の広さ，②
柔軟な職務設計，③フラットな組織構造，④スキルや職務
業績に応じたグループベースの報酬，⑤トレーニングの重
視などが考えられる（Walton, 1985）。　　　　　　　　　15

　　コミットメントを重視する人的資源管理施策は，以下の
３つの点で，企業に固有の人的資産を形成し，離職意思の
抑制を促進すると考えられる。すなわち第１に，従業員の
採用　　　　　　採用段階において，一般的なスキルが高い者を戦略的に選
導入教育　　　　別し，その従業員に対して導入教育を実施する。この組み　　20
合わせによって，職務を通じて学習可能なスキルの高い従
業員を育成することができる。第２に，従業員に自由裁量を
自由裁量　　　　付与するとともに，日常の職務における他の従業員との協
力を通じて学習可能な職務設計を提供する。このことが，
職務設計　　　　職務の質を向上させ，企業の競争優位をもたらすと考えら　　25
雇用保障　　　　れる。第３に，トレーニングに対する投資，雇用保障，高
給与　　　　　　水準の給与，業績管理制度によって，企業に対する従業員
業績管理制度　　の信頼が形成される（Batt, 2002）。
信頼
　　しかし，コントロール型の人的資源管理を行う企業や職
種であっても，従業員の離職意思を抑制し，継続的雇用を　　30

促進することは可能である。また，同一の企業において
も，事業展開を行う国や職種，職位などによって，コント
ロール型のマネジメントが適正な職務の遂行に効果的であ
る場合も多い。重要なのは，従業員の離職意思を抑制する
リテンション要因が何であるかを明確に判断し，そのリテ
ンション要因を形成する人的資源管理施策や組織づくりな
どの取り組みを行うことである。さらに，企業側の人的資
源管理施策が従業員側にどのように知覚され，いかなる性
質のコミットメントを形成するかをフォローアップするこ
とも不可欠である。なぜならば，従業員の離職意思を抑制
するためには，リテンション・マネジメントに対する従業
員の心理過程を踏まえた上で，なぜ従業員が同一の企業に
留まるのか，またなぜ離職するのかを明確にし，効果的な
施策を検討する必要があるためである。

【5】リテンション・マネジメントとコミットメント

個々の人的資源管理施策が従業員のリテンションをもた
らすプロセスには，従業員の離職意思決定に至る心理過程
と行動パターンが介在する。したがって，企業レベルでの
人的資源管理施策の有無だけでなく，それらに対する個々
の従業員レベルでの知覚や，離職意思抑制をもたらす心理
過程を検討する必要があると言える。

人的資源管理施策とリテンション成果を仲介する重要な
心理的要因として，コミットメントが挙げられる。コミッ
トメントとは，「特定の組織に対する従業員個人の一体感
とインボルブメントの強さ」であり，具体的には①組織の
目標と価値に対する強い信念と受容性，②組織の利益のた
めに多大な努力をする意欲，③組織のメンバーシップを維
持しようとする強い意思を言う（Mowday, et al., 1979, p.

リテンション要因

知覚
コミットメント

心理過程

心理過程
行動パターン

コミットメント

インボルブメント

職務満足

226)。コミットメントと類似した概念に職務満足が挙げら　1
れるが，コミットメントは組織に対する従業員のより一般
的な情緒的対応全体を言う広範な概念である。これに対し
職務満足とは，特定の職務に対する従業員の対応を指す。
したがって，コミットメントは，目標や価値も含めて従業　5
員を雇用する組織への忠誠を強調するのに対し，職務満足
は，従業員が自己の義務を遂行する特定の機能環境を強調
したものである。コミットメントは職務満足よりも時間の
経過を経ても安定したものであるのに対して，職務満足は
日々の職場での出来事に影響を受ける。コミットメントの　10
態度は，時間をかけてゆっくり変化するものであり，従業
員個人が，自己と組織の関係を考慮しながら形成される
(Mowday, *et al.,* 1979, p. 226)[3]。したがって，コミットメ
ントは従業員の職務満足が時間の経過を経て蓄積され，そ
の結果もたらされるものであると言える。　15

　組織において雇用を維持するためには，従業員が組織に
対して3つの別個のコミットメントもつ必要がある。そし
て，コミットメントの度合いが大きいほど離職意思の抑制
が可能となり，リテンション効果が期待できると考えられ

感情的コミットメント

る。それらは，①欲求（感情的コミットメント），②必要　20
性（継続的コミットメント），③義務（規範的コミットメ

継続的コミットメント

ント）から構成される (Meyer and Allen, 1991, p. 61)。感
情的コミットメントは，組織におけるメンバーシップを維

規範的コミットメント

持する欲求を反映したものであり，組織における職務経験
の蓄積によって，組織における自己の快適性と能力が向上　25
するのに伴って増大する。従業員の職務経験は，所属する
組織の構造や特徴によって決定され，また従業員個人の性
格によっても左右される。継続的コミットメントは，組織
に留まる必要性を反映したものであり，退職することに
よって従業員側に発生するコストを認識する結果もたらさ　30

れる。たとえば，キャリア選択における代替選択肢の有無
や，転職することで新たに必要となる投資の多寡などに
よって，コミットメントの度合いが左右される。規範的コ
ミットメントは，組織に留まる義務を反映したものであ
り，ロイヤルティ規範の内部化と組織から受ける報酬に報
いようとする意識によってもたらされる。具体的には，従
業員に対する組織の投資や企業風土，組織による社会化の
程度が影響を及ぼすとされている（Meyer and Allen,
1991, pp. 82-83）[4]。

【6】リテンション要因と心理過程

　　上述のように，リテンション・マネジメントが成果を挙
げるためには，対象となる従業員のコミットメントが形成
される必要がある。そのコミットメントは，企業が実施す
る人的資源管理を中心とする諸方策を，従業員がポジティ
ブに知覚することで導出される。その知覚の対象となるの
が，リテンション要因である。リテンション・マネジメン
トを成功裏に展開するためには，リテンション要因がどの
ように知覚され，いかなるコミットメントを形成するかと
いう心理過程を明確にする必要がある。

リテンション要因　　一般的に，従業員の離職意思を抑制するリテンション要
因として，以下の4点が考えられる。すなわち第1に，国
給与水準　や業種，職種を問わず重要なリテンション要因として，給
給与制度　与水準および給与制度が挙げられる。これによって，経済
的なベネフィットの獲得可能性に関する従業員の知覚が決
定される。具体的には，給与額だけでなく，給与制度の透
明性や，給与決定プロセスにおける公正性も，離職意思の
感情的コミットメン　形成に大きな影響を及ぼすと言える。給与制度に関するポ
ト　ジティブな知覚が形成されると，感情的コミットメントが

導出され，継続的雇用が促進される。　1

　　第2に，給与制度とならんで重要なリテンション要因と

評価・昇進制度　なるのが，評価・昇進制度やその運用における公正性であ
る。企業内での昇進機会の有無や，昇進の可能性によっ
て，将来のキャリア展望や，経済的ベネフィットの増加に　5
関する知覚が左右される。この知覚が，同一の企業に留ま
ろうとする感情的コミットメントや，企業側から提示され
る経済的または非経済的な報酬に報いようとする規範的コ
ミットメントをもたらす。

企業内教育・訓練　　　第3に，企業内教育・訓練もまた，重要なリテンション　10
要因となりうる。企業独自のトレーニング・プログラムを
通じて，企業に固有の技術やスキルといった知識を獲得し
た従業員は，それらの知識を自社内で活用することで，企
業内でのキャリア発達を志向する度合いが高まり，このこ
とが感情的コミットメントを形成するほか，従業員自らに　15
対する企業の教育投資から，規範的コミットメントが増大
すると考えられる。他方，企業内教育・訓練を通じて，従
業員が企業に固有の知識を獲得すると，他企業への離職に
伴うリスクやコストが増大するとの知覚を得て，継続的コ
ミットメントが導出されるとも考えられる。　20

経営参加施策　　第4に，従業員の経営参加施策が考えられる。一定以上
の職位を対象に，経営者とのコミュニケーション機会を設
けたり，社内システムを通じて現場従業員から経営者への
意見提示や改善提案などが可能となっている企業は多い。
これらの施策は，一般従業員に企業経営との一体化を知覚　25
させ，規範的コミットメントを形成する役割を果たすと言
える。

　　また，人的資源管理施策以外にも，従業員の離職意思を
抑制するリテンション要因は存在する。たとえば，現場の
管理体制や職務マニュアルの充実によって，従業員にとっ　30

【図表13】　リテンション・プロセスの概念

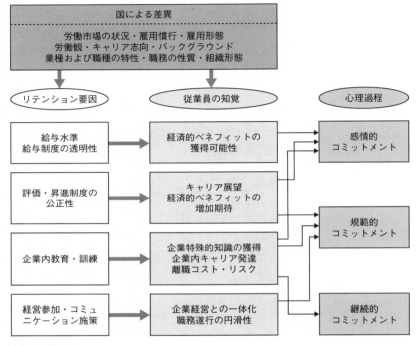

（出所）筆者作成。

ての職場や職務の魅力度が高まり，感情的コミットメント 1
が増大する。また，職務設計や職務自体の質は，従業員の
職務満足だけでなく，キャリア展望に対してもポジティブ
な知覚を導出し，感情的コミットメントをもたらすと考え
られる。さらに，既存の従業員がもつ能力の高さや，企業 5
がもつ優位性，企業に対する社会的信頼性も，リテンショ
ン要因となりうる。これらは，いずれも人的資源管理施策
以外の要因であり，従業員の継続的雇用を目的とした施策
が直接的にコミットメントを形成するものではないが，業
種や職種，国によっては，リテンション要因としての重要 10
度が高い場合もある。

　　特定のリテンション要因が成果をもたらすかどうかは，　　1
事業展開を行う国や業種，職種によって異なる場合が多
い。すなわち，各国の労働市場の状況や雇用慣行，従業員
の労働観，学歴や職務経験などのバックグラウンド，キャ
リア志向，雇用形態，職務の性質，勤務する職場の組織形　　5
態などによって，いかなる施策がリテンションに対して効
果的であるかが異なると考えられる。したがって，多国籍
企業が，能力水準の高い従業員の継続的雇用を目的とする
施策を実施する場合，事業展開を行う国において，従業員
を取り巻く上述の要因を十分考慮した上で，リテンショ　　10
ン・プロセスを検討する必要があると言える。

Group Discussion

1) 任意の多国籍企業を1社選び，企業情報などを参考に，その人的資源管理施策をインターナル・マーケティング・ミクスの概念を用いて説明せよ。

2) 上記1) の施策によって従業員満足がもたらされると，企業はどのようなベネフィットを得られるか，具体的に考えよう。

3) 任意の多国籍企業を1社選び，リテンション・マネジメントが必要と思われる国と職種を特定せよ。また，その理由は何か考えよう。

4) 3) において，従業員の離職意思を抑制するリテンション要因は何か。選んだ企業の業種や職種，対象とする国に固有の要因も踏まえて考えよう。

5) 4) で考えたリテンション要因をもたらすには，どのような施策が効果的か。人的資源管理施策とそれ以外の要素に分けて考えよう。

6) 5) で考えた施策は従業員にどのように知覚され，どのようなコミットメントを形成するか考えよう。

■ 注

1) インターナル・マーケティングにおいて，「製品」を企業から従業員に提供する要素として捉えるならば，企業内教育・訓練も「製品」とみなすことができる。

2) 多国籍企業の人的資源管理の性質によって，本国志向型，現地志向型，地域志向型，世界志向型に分類される。

3) Meyer and Allen (1991) は，コミットメントをさらに「態度」のコミットメントと

「行動」のコミットメントに分類した。「態度」のコミットメントは，従業員が組織との関係を考えるプロセスを指すのに対し，「行動」のコミットメントは，特定の組織に従業員が組み込まれていくプロセスを指す。

4）Meyer and Allen が提示したコミットメントとリテンションの関係に関する概念モデルは，Meyer and Allen（1991）p. 68, Figure 2 に図式化されている。

■ 参考文献

Ahmed, P. K. and M. Rafiq（2003）"Internal Marketing Issues and Challenges," *European Journal of Marketing*, Vol. 37, No. 9, pp. 1177-1186.

Batt, R.（2002）"Managing Customer Services: Human Resource Practices, Quit Rates, and Sales Growth," *Academy of Management Journal*, Vol. 45, No. 3, pp. 587-597.

Collins, B.（1991）"Internal Marketing: A New Perspective for HRM," *European Management Journal*, Vol. 9, No. 3, pp.261-269.

Guest, D. E. and J. Michie, N. Conway, and M. Sheehan（2003）"Human Resource Management and Corporate Performance in the UK," *British Journal of Industrial Relations*, Vol.41, No. 2, pp. 291-314.

木村達也（2007）『インターナル・マーケティング―内部組織へのマーケティング・アプローチ』中央経済社。

Meyer, J. P. and N. J. Allen（1991）"A Three-Component Conceptualization of Organizational Commitment," *Human Resource Management Review*, Vol. 1, No. 1, pp. 61-89.

Mowday, R.T. and R. M. Steers, and L. W. Porter（1979）"The Measurement of Organizational Commitment," *Journal of Vocational Behavior*, Vol. 14, pp. 224-247.

Reich, B. S.（2007）"The Effect of International Staffing Practices on Subsidiary Staff Retention in Multinational Corporations," *International Journal of Human Resource Management*, Vol. 18, No. 4, pp. 523-536.

Walton, R. E.（1985）"From Control to Commitment in the Workplace," *Harvard Business Review*, March-April 1985, pp. 77-84.

山本寛（2009）『人材定着のマネジメント―経営組織のリテンション研究』中央経済社。

Exercise 13

【1】インターナル・マーケティングの概念について，空欄に記入し整理せよ。

(1) インターナル・マーケティングとは

従業員を（①　　　　　　）とみなし，（②　　　　　　）を達成することを
目的として，（③　　　　　　）的な手法を用いる人的資源管理の形態。

(2) インターナル・マーケティングの成果

a）外部顧客が要求する品質の（④　　　　　　）を提供することが可能に
なる。

b）従業員の（⑤　　　　　　）が向上し，勤続期間が（⑥　　　　　　）す
る。

c）外部顧客の（⑦　　　　　　）が向上する。

(3) 多国籍企業にとってのベネフィット

a）（⑧　　　　　　）の異なる国でも，従業員を長期継続的に雇用できる。

b）（⑨　　　　　　）が効果的に行われ，（⑩　　　　　　）の全社的標準化
が可能になる。

c）多様性のある従業員でも現場での（⑪　　　　　　）が効果的に機能す
る。

【2】インターナル・マーケティングのプロセスについて，空欄に記入し整理せよ。

(1) インターナル・マーケティングのプロセス

a）全社的な（①　　　　　　）に基づいて人的資源管理部門の（②　　　　　　）
を明確にする。

b）労働市場の（③　　　　　　）と（④　　　　　　）の選択を行う。

　　　c)　従業員に対して（⑤　　　　　　）を展開する。
　　　d)（⑥　　　　　　　　）満足を導出し，顧客満足がもたらされる。

(2)　インターナル・マーケティング・ミクス
　　　a)「製品」――企業が提供する（⑦　　　　　　　　）・（⑧　　　　　　　）環境・
　　　　　給与
　　　b)「価格」――従業員が提供する（⑨　　　　　　）・（⑩　　　　　　　　）のア
　　　　　ウトプット
　　　　　心理的および物理的（⑪　　　　　　）やリスク
　　　c)「販売経路」――職務を提供するチャネル・（⑫　　　　　　）部門
　　　d)「販売促進」――採用活動・（⑬　　　　　　）活動・福利厚生・
　　　　　（⑭　　　　　　）制度
　　　　　フォーマルおよびインフォーマルな（⑮　　　　　　　）

【3】リテンション・マネジメントの概念について，空欄に記入し整理せよ。

(1)　リテンション・マネジメントとは
　　　（①　　　　　　　）を挙げる従業員が，長期間組織にとどまってその能力を
　　　発揮することができるようにするための（②　　　　　）。

　　　a)（③　　　　　）マネジメント―― 給与や（④　　　　　）など
　　　b)（⑤　　　　　）マネジメント―― 優秀者表彰や（⑥　　　　　　　）など
　　　c)（⑦　　　　　）マネジメント―― 従業員の（⑧　　　　　）など

(2)　多国籍企業のリテンション・マネジメント
　　　国ごとの人的資源管理施策に対する「知覚」の違いにより効果が異なる
　　　⎡従業員の（⑨　　　　　）・（⑩　　　　　）・（⑪　　　　　）・（⑫　　　　　）・⎤
　　　⎢（⑬　　　　　）　　　　　　　　　　　　　　　　　　　　　　　　　　　　　⎥
　　　⎣経営環境・キャリアの位置づけ・（⑭　　　　　　）に関する価値観など⎦

【4】リテンション・マネジメントと人的資源管理施策について，空欄に記入し整理せよ。

(1)　「高業績労働施策」とは
　　a）戦略的な（①　　　　　　）・選抜
　　b）時間をかけた（②　　　　　）
　　c）公正な（③　　　　　　）や査定
　　d）（④　　　　　　）の柔軟性
　　e）スキルや能力を活用できる（⑤　　　　　）
　　f）事業展開などに関する（⑥　　　　　）共有や（⑦　　　　　）
　　g）企業内における（⑧　　　　）可能性や（⑨　　　　　　）保障
　　h）管理職と労働者の（⑩　　　　　）化
　　i）（⑪　　　　　　）の質

(2)　コミットメントとは
　　特定の組織に対する従業員個人の一体感と（⑫　　　　　　）の強さ
　　a）組織の（⑬　　　　　）と価値観に対する強い信念と（⑭　　　　　）
　　b）組織の（⑮　　　　　）のために多大な努力をする意欲
　　c）組織の（⑯　　　　　）を維持しようとする強い意思
　　―→ 人的資源管理施策と（⑰　　　　　）を仲介する心理的要因

(3)　3つのコミットメント
　　a）（⑱　　　　　）的コミットメント
　　　・組織における（⑲　　　　　　）を維持する欲求
　　　・組織における快適性と（⑳　　　　　）の向上に伴って増大
　　b）（㉑　　　　　）的コミットメント
　　　・組織に留まる必要性
　　　・退職に伴う（㉒　　　　　　）の認識

c)（㉓　　　　　）的コミットメント

　　・組織に留まる義務
　　・（㉔　　　　　）の内部化や（㉕　　　　　　）に報いようとする意識

【5】リテンション・プロセスについて，図中の空欄に記入し整理せよ。

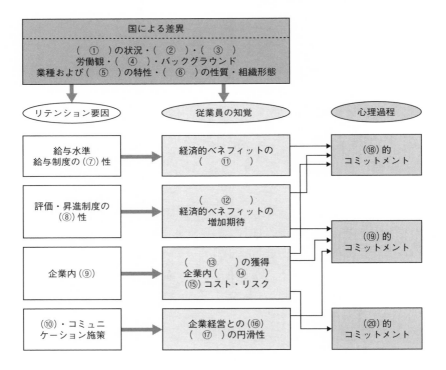

第14章　戦略提携

多国籍企業は，様々な経営戦略を用いて自社の競争優位を構築しているが，近年活発に行われている戦略のひとつに，国境を越えた企業間での戦略提携がある。戦略提携とは，自社の競争優位を高めるために，他社の優位性を利用する目的で，特定の業務に関して提携関係を結ぶものである。多国籍企業は，外国企業との間で国境を越えた提携関係を結ぶことによって，世界レベルで他社の経営資源を取り込み，それらを効率的に活用することが可能である。その主たる要因として，近年では，様々な業種においてグローバル化が進展し，事業展開の幅が拡大している点や，技術水準の高度化や，イノベーションの迅速化に伴って，自社の経営資源や能力だけでは，十分な戦略的対応が困難となっている点が挙げられる。そこで，多国籍企業は，自社にはない外国企業のもつ経営資源や何らかの優位性を取り込むと同時に，自社のもつ優位性を相手企業に提供し，それらを相互に効果的に活用することで，ともに競争優位を獲得しようとする。本章では，国際戦略提携の概念や要因，特性について学習する。

【1】戦略提携の概念

戦略提携　　戦略提携とは，企業が他社の何らかの優位性を利用することによって，自社の競争優位を構築することを目的に，主に研究開発，生産，販売などの各付加価値活動レベルで，多くの場合本来ならば競合関係にある企業と，戦略的に提携関係を結ぶことである。そして，このような提携関

国際戦略提携　　係を外国企業との間で結ぶのが，国際戦略提携である。

外国企業との間で提携関係を形成することの重要性は，

以下の３点であると考えられる。第１に，事業展開の範囲　1
が広いため，提携関係を結ぶ相互の企業にとって，利用可
経営資源　　能な経営資源が多くの国に分散している点が挙げられる。
競争優位　　このことは，多国籍企業が世界レベルで競争優位を獲得す
る上で，戦略提携が有力な手段であることを示している。　5
たとえば，日本とフランスの自動車メーカーが提携を結
び，自動車の生産拠点を相互に活用する場合，いずれも世
界各国に工場をもっているため，生産能力に余裕のある工
場を相互活用することで，より効率的に生産設備を稼働さ
せることが可能になる。　10

優位性　　　第２に，外国企業が優位性をもつ経営資源と，自社のそ
れとの差異が大きく，自社にはない相手企業の優位性を活
用することで，より効果的にベネフィットを獲得できる点
である。たとえば，スウェーデンのカジュアルウェアブラ
ンド企業が，バングラデシュの衣料品メーカーと提携を結　15
び，自社ブランド製品の生産を委託する場合，前者は世界
規模で多くの店舗を展開し，販売力や製品開発力などの点
で優位性をもつのに対し，後者は圧倒的な低コストでの生
産能力を優位性としている。いずれも，自国企業にはない
異なる優位性を外国企業がもっており，これらの差異を相　20
互に活用することで，大きなベネフィットを獲得できる。

第３に，外国企業のもつ多様な優位性を活用できる点で
ある。外国企業には，本国企業にはない多様な経営資源が
多く存在することから，提携関係を結ぶ双方の企業が，相
互の経営資源や優位性を組み合わせることで，いずれも自　25
イノベーション　　社のみでは不可能なイノベーションを行ったり，事業展開
を進展させることが可能となる。たとえば，アメリカのイ
ンターネット企業と日本の自動車メーカーが提携関係を結
び，インターネット技術を活用した次世代乗用車を開発す
る場合，いずれの企業も優れたイノベーション能力を備え　30

ているが，それぞれ異なる分野での研究開発を行うこと　1
で，性質の異なる両者の技術を組み合わせ，製品としての
優位性を発揮することが期待される。

　戦略提携は，一般的に，出資関係のない企業間で，成文
化された契約に基づいて，双方の企業がそれに定められた　5
義務を履行する形で行われるが，広義として捉えるなら

合弁事業
長期取引関係

ば，合弁事業や長期取引関係も戦略提携に含まれる（竹
田，1992）。合弁事業とは，いずれか一方もしくは双方の企
業が相手企業に出資し，株式を所有することによって，相
手企業の経営をコントロールするものである。たとえば，　10
食品メーカーが外国の企業と共同で出資し，原材料の調達
を専門に行う合弁企業を設立するケースがこれに当たる。
この場合，合弁企業の出資比率によって，意思決定に対す
る影響力は異なるが，近年の戦略提携では，相手企業への
出資を伴うケースも多くなっているため，出資関係を伴う　15
戦略提携として捉えることも可能である。また，長期取引
関係とは，出資関係も契約関係もないものの，長期継続的
に取引を繰り返すことを言う。たとえば，自動車メーカー
が外国に生産拠点を設置し，出資関係のない現地の部品
メーカーから継続的に部品の調達を行っているケースが挙　20
げられる。この場合，両者は単なる部品の受発注という取
引関係を超え，完成品メーカーによる新製品の開発プロセ
スに中間財メーカーが参画することもある。このような両
者の関係は，他社のもつ優位性を自社に取り込み，それを
活用するという点において，戦略提携の性質をもっている　25
と考えられる。

【2】 戦略提携の形態

　多国籍企業が行う国際戦略提携は，主に技術開発，調

達，生産，販売の４つのレベルで行われる（竹田, 1992）。　1

技術提携　　　　　　技術提携には，提携した企業同士が共同で研究開発を行

共同研究開発　う共同研究開発や，相手先企業に自社が開発した技術を供

技術供与　与し，ロイヤルティを獲得する技術供与などの形態があ

る。たとえば，フィンランドの携帯端末メーカーとアメリ　5

カの半導体メーカーが共同で次世代携帯端末の開発を行う

ケースがこれに当たる。この場合，異業種に属する両者

が，それぞれの分野でもつ圧倒的な技術力を統合化し，イ

ノベーションの水準を高めると同時に，速度を迅速化する

メリットがある。また，研究開発には莫大なコストとリス　10

クを負うため，自社だけで研究開発を行うよりも，他社と

共同で行うことにより，これらのコストとリスクを分散さ

せる狙いもある。

調達提携　　　　　　調達提携とは，原材料や中間財，製品の調達に関して，

他社と提携関係を結ぶものである。たとえば，アメリカと　15

日本の大手スーパーが，それぞれ自社の店舗で販売する商

品を，世界中に分散するベンダーから共同で調達するケー

スがこれに当たる。この場合，大量発注することによっ

規模の経済性　て，多国籍企業の優位性である規模の経済性を最大限に獲

得し，コストを削減することが可能となるだけでなく，ベ　20

バーゲニング・パ　ンダーに対するバーゲニング・パワーが増大することも期

ワー　待できる。

生産提携　　　　　　生産提携には，特定の製品に関して共同で生産を行う共

共同生産　同生産と，提携相手企業に自社製品の生産を委託する生産

生産委託　委託とがある。また，提携先企業から生産を受託し，相手　25

OEM　先ブランドを付した商品を生産する形態をOEM（Origi-

nal equipment manufacturing）と呼ぶ。たとえば，台湾

のパソコンメーカーが，日本の大手電機メーカーと提携を

結び，日本企業のブランドを付したパソコンを生産受託す

るケースがこれに当たる。生産提携は，主たる提携内容が　30

生産活動であっても，技術開発の段階から何らかの形で両　1
社が参画するケースもある。

販売提携　　　　　　販売提携とは，提携相手の企業がもつマーケティング面
の優位性，すなわち，現地市場に関する様々な情報，充実
流通・販売チャネル　した流通・販売チャネルやノウハウなどを利用して，現地　5
市場への効率的な参入を図る手段である。たとえば，イギ
リスの大手百貨店が，日本の老舗百貨店と提携を結び，日
本市場での自社ブランド製品について，販売活動を委託す
るケースがこれに当たる。販売提携は，外国市場への参入
初期によく用いられるが，現地市場が拡大するにつれて，　10
販売網の迅速な整備が必要な場合や，より細分化された市
場セグメントに深く浸透したい場合にも有効である。販売
提携を結ぶ場合，提携相手の現地企業にとっては，多国籍
企業の製品を販売することで，取り扱う製品の品揃えが豊
富になり，市場を拡大することにつながるというメリット　15
がある。

【3】 戦略提携の要因

　次に，国際戦略提携がなぜ行われるのか，その要因につ
いて整理する。多国籍企業が国境を超えた戦略提携を行う
要因として，競争要因，技術要因，経営要因の3つがあ　20
る。

競争要因　　　　　　競争要因とは，特定の市場で企業が直面する他社との競
争において，自社が競争優位を獲得し，競争的地位を向上
させることである。具体的には第1に，特定の市場で，自
市場占有率　　　　　社が市場占有率を拡大することが挙げられる。進出先の市　25
場において，すでに競争優位を獲得している現地企業があ
る場合，その企業との戦略提携を通じて，自社と直接的な
競合関係となることを避けると同時に，双方の企業がもつ

経営資源や優位性を効率的に活用することが可能となる。

第2に，外国の市場で自社が現地企業としての地位を確保することである。資産の所有や事業への参入などに関して，進出先の政府が何らかの規制を設け，外国企業の活動を制限している場合，戦略提携によって，進出先国の現地企業がもつ権利を利用し，ベネフィットを獲得することが可能となる。また，外国企業が，戦略提携を結んだ企業を通じて，現地の企業や行政機関などとの関係をより円滑に構築することも期待できる。第3に，特定の市場に参入する際に，現地企業のネットワークを利用し，現地市場への浸透を図ることである。外国に進出する企業は，進出先でのサプライチェーンを構築する必要があるが，現地の中間財メーカーや卸売業者，物流業者，販売会社などと強固な関係を構築している現地企業と提携することで，より迅速な現地市場への浸透が可能となる。たとえば，日本の飲料メーカーが中国市場に進出する場合，現地での市場占有率を獲得するために，中国の大手飲料メーカーと戦略提携を行う場合が考えられる。このケースでは，現地市場においてすでに競争優位を確立している中国の飲料メーカーがもつ販売網や営業力を活用し，参入当初から効率的に市場に浸透することが可能になる。このように，多国籍企業にとっての市場は世界中に分散しているため，現地企業との提携によって，現地市場における自社の競争ポジションを高めることが可能となる。

技術要因とは，他社の技術面での優位性を利用し，あるいは自社のもつ優位性との相乗効果によって，技術力を高度化させることである。第1に，同一業種ないしは同一製品を生産する企業同士が，既存の能力を相互に高度化し，相乗効果を期待するケースが挙げられる。具体的には，共同研究という形で研究開発を行ったり，双方の技術を交換

ネットワーク

サプライチェーン

技術要因

相乗効果

クロスライセンス	するクロスライセンスを行ったりする。これには，研究開 1

発に関するコストとリスクを分散させる目的もある。第2
に，生産する製品ラインの拡充が挙げられる。技術革新の

製品ライフサイクル　迅速化に伴って，製品ライフサイクルが短縮化し，それと
同時に顧客のニーズが多様化する。このため，単一の企業 5
で多品種の製品をすべて生産するのが困難となり，他社と
提携を結ぶことによって，すべての製品ラインを確保する
目的で行われる。

　たとえば，日本の自動車メーカーが，フランスの自動車
メーカーと戦略提携を結び，世界戦略車の共同開発を行う 10
ケースが考えられる。この場合，両者は相互に優位性をも
つそれぞれの技術を活用し，それらを効率的に活用するこ
とによってイノベーションを促進することが可能となる。
また，開発に伴う莫大なコストとリスクを，両者で負担す
ることにより軽減することも考えられる。さらに，乗用車 15
の開発を共同で行うことにより，開発に要する時間を短縮
する効果も期待できる。このように，高度な技術をもつ多
国籍企業同士が，国境を越えて提携することにより，両者

イノベーション　のイノベーションの能力や規模，速度が著しく高度化する
可能性がある。 20

経営要因　　　　　経営要因とは，企業の経営戦略そのものに動機が存在す
規模の経済性　るものである。第1に，規模の経済性を獲得する点が挙げ
られる。提携を結ぶことによって，特定の製品に生産を特

単位費用　　　化し，それぞれの生産量を増加させることで単位費用を低
経営資源　　　下させることが可能となる。第2に，経営資源の確保であ 25
る。これまでにも述べたように，企業にはヒト・モノ・カ
ネ・情報・技術などのベネフィットを生み出す要素，すな
わち経営資源が存在し，経営資源の水準が企業の競争優位
を決定する。これらの経営資源へのアクセスは，容易なも
のではなく，経営資源を高度化するには，さらにコストと 30

リスクが伴う。このため，戦略提携によって経営資源への　　　1
アクセスを容易にし，これに関するコストとリスクを低下

合理化　　させる目的がある。第3に，様々な面での事業活動の合理
化が指摘できる。戦略提携を結び，製品開発や生産，流
通，販売などの各業務を共同で行うことでコストを削減し　　5
たり，余剰設備を効率的に利用することが可能となる。上
述の自動車メーカー同士の戦略提携では，使用する部品の
規模の経済性　共通化によって規模の経済性を獲得し，両者の生産コスト
を削減することが可能である。また，両者が世界に設置し
ている生産拠点のなかで，余剰生産能力をもつ拠点で相手　　10
企業の自動車を生産することによって，世界レベルで無駄
のない経営資源の活用が可能となる。

　企業のグローバル化が進展する今日では，特定の企業が
もつ経営資源も世界レベルで分散している。しかしなが
ら，自社の付加価値活動に必要としながらも，自社にはな　　15
い優れた経営資源を他社がもっていることも多い。このよ
うな場合，複数の企業が世界レベルで分散する相互の経営
資源を効率的に組み合わせ，自社の付加価値活動に内部化
することによって，相互に競争優位を獲得することが可能
となる。　　　　　　　　　　　　　　　　　　　　　　　20

【4】 戦略提携の特性

　戦略提携の特性として，以下の点が挙げられる。

戦略性　　すなわち第1に，提携関係の戦略性が挙げられる。すな
わち，提携関係を結ぶ複数の企業は，相互に相手企業のも
つ優位性を活用することを目的としており，提携関係から　　25
得られるベネフィットが相互にバランスしなければ，両者
の提携関係は成立しない。また，いったん提携関係を結ん
だ企業が，提携関係から得られるベネフィットがバランス

しないと判断した場合，即座に提携関係が解消されるとい　1
う性質をもっている。提携関係を結ぶ両者の目的は，それ
ぞれ異なっている場合も多い。たとえば，同じ自動車メー
カー同士の戦略提携でも，片方の企業が相手国でのマーケ
ティング能力の獲得を期待しているのに対し，もう片方の　5
企業は，相手企業の優れた技術の獲得を目的としている場
合もある。国境を越えて提携関係を結ぶ場合，相手企業の
企業文化　事業展開の性質や優位性，企業文化などに対する理解がな
信頼関係　され，十分な信頼関係が構築されるかどうかによって，戦
略的な関係の性質が左右される。また，戦略提携を結ぶ企　10
業は，相手企業のもつ優位性を的確に評価し，相手企業が
もつどの優位性を，自社のどの部分に活用するのかを明確
化し，自社の戦略に成功裏に反映させなければならないと
言える。

複雑性　　第2に，提携関係の複雑性が挙げられる。とりわけ近年　15
では，企業の付加価値活動の多様化に伴って，国境を越え
た異業種の企業間での戦略提携が目立つようになってい
る。たとえば，アメリカの自動車メーカーが，日本の電機
メーカーと提携を結び，電気自動車に使用する部品の共同
開発を行うケースや，アメリカのインターネット企業が，　20
韓国の電機メーカーと提携し，携帯電話端末の共同開発を
行うケースもある。また，提携関係が複雑化し，特定の企
業が複数の企業と同じ付加価値活動をめぐって提携を結ぶ
ことも多い。たとえば，日本の航空会社が世界の複数の航
空会社と提携を結び，空港設備の利用や予約の管理，共同　25
運航便のオペレーションなどを行っているケースがこれに
当たる。いずれも，複雑化した提携関係のなかで，各企業
補完関係　間で補完関係が成り立つことが不可欠な要件であると言え
る。

不安定性　　第3に，提携関係の不安定性が挙げられる。戦略提携で　30

は，提携を結ぶ企業間の関係は，提携によって双方がとも　1
にベネフィットを得られるとの知覚を前提に成り立ってい
る。このため，両者の提携関係は不安定なものであり，長
期的に継続するとは限らない。このことから，事業計画の

コスト　　　　　　　立案が困難となるなどのコストが生じるが，その一方で，　5
ベネフィット　　　　関係の不安定性から得られるベネフィットも存在する。具
　　　　　　　　　　　体的には，需要の変化に柔軟に対応する能力や，自社に
バーゲニング・パ　とってのバーゲニング・パワーを強化できる点，またリス
ワー　　　　　　　　ク・ヘッジの役割を果たす点が挙げられる。たとえば，日
リスク・ヘッジ　　　本のアパレル・ブランド企業が中国の衣料品メーカーと提　10
　　　　　　　　　　　携を結び，自社で販売する商品の生産を委託している場
　　　　　　　　　　　合，季節によって変動する需要に合わせて発注できるだけ
　　　　　　　　　　　でなく，複数のメーカーと提携関係を結ぶことによって代
　　　　　　　　　　　替選択肢をもつため，価格や納期，品質などに関してバー
　　　　　　　　　　　ゲニング・パワーを強化できるというメリットがある。さ　15
　　　　　　　　　　　らに，中国での人件費が高騰し，生産コストが上昇した場
　　　　　　　　　　　合，機動的に提携先企業を変更し，別の国や地域にシフト
　　　　　　　　　　　することによって，経営環境の変化にも柔軟に対応するこ
　　　　　　　　　　　とが可能である。

◯ Group Discussion

1) 最近のニュースのなかから，国際戦略提携の事例を1つ選び，両者が提携した内容と要因を整理しよう。

2) 上記1) の戦略提携で，自社にはなく，相手企業がもつ経営資源とは何か考えよう。

3) 上記1) の戦略提携で，両者のベネフィットはバランスするか考えよう。

4) 上記1) の戦略提携は，成功裏に目的を達成できるか，理由も含めて考えよう。

5) 任意の多国籍企業を1社選び，その企業が戦略提携をするとしたら，どのような国のどのような企業と，どのような形態の戦略提携を行うのが望ましい

か考えよう。

6）上記5）の戦略提携の要因は何か考えよう。

7）上記5）の戦略提携を行った結果，自社にどのようなベネフィットがもたらされるか考えよう。

8）上記5）の戦略提携を行うことで，相手企業が得られるベネフィットは何か，またそれは，両者間でバランスするか考えよう。

■ **参考文献**

江夏健一（1995）『国際戦略提携』晃洋書房。

江夏健一・桑名義晴（編）（2006）『理論とケースで学ぶ国際ビジネス』同文舘出版。

江夏健一・首藤信彦（編）（1993）『多国籍企業論』八千代出版。

Porter, M. E（1986）*Competition in Global Industries*, Boston: Harvard Business School Press. 土岐坤ほか（訳）（1989）『グローバル企業の競争戦略』ダイヤモンド社。

竹田志郎（1992）『国際戦略提携』同文館。

竹田志郎（1998）『多国籍企業と戦略提携』文眞堂。

山倉健嗣（1993）『組織間関係』有斐閣。

Exercise 14

【1】国際戦略提携の概念について，空欄に記入し整理せよ。

(1)　戦略提携とは

　　　企業が他社の何らかの（①　　　　　　）を利用することによって，自社の
　　　（②　　　　　　）を構築することを目的に，研究開発・生産・販売などの
　　　（③　　　　　　）を，多くの場合（④　　　　　　）関係にある企業と
　　　（⑤　　　　　　）に提携関係を結ぶこと。
　　　※国境を越えて結ばれる戦略提携 ── 国際戦略提携

(2)　国際戦略提携の特徴

　　　a）利用可能な（⑥　　　　　　）が多くの国に分散
　　　　　── 世界レベルでの競争優位獲得に有力な手段
　　　b）経営資源や優位性の（⑦　　　　　　）が大きい
　　　　　── 自社にはない相手企業の優位性を活用
　　　　　　　※より効果的に（⑧　　　　　　）を獲得
　　　c）外国企業のもつ（⑨　　　　　　）な経営資源の利用可能性
　　　　　── 双方の優位性の（⑩　　　　　　）によるイノベーションや事業
　　　　　展開の発展

(3)　広義の戦略提携

　　　a）（⑪　　　　　　）
　　　　　※相手企業に出資し経営をコントロール
　　　b）（⑫　　　　　　）
　　　　　※取引関係を超えて相手企業の経営へ参画

【2】国際戦略提携の形態について，空欄に記入し整理せよ。

(1)　技術提携
　　　a)（①　　　　　　）——　共同で研究開発を行う。
　　　b)　技術供与　　　　——　技術を供与し，その代償として
　　　　　　　　　　　　　　　（②　　　　　　　）を獲得する。

(2)　調達提携
　　　・原材料や（③　　　　　　　　）・製品の調達に関して提携を結ぶ。

(3)　生産提携
　　　a)（④　　　　　）——　共同で生産を行う。
　　　b)（⑤　　　　　）——　他社に生産を委託する。
　　　c)（⑥　　　　　）——　相手先ブランドによる生産を受託する。

(4)　販売提携
　　　・提携相手企業の（⑦　　　　　　　）面の優位性を利用
　　　　　　　　　　　　　　　↓
　　　　　　　⎡　現地市場の情報　　　　　　　　　　⎤
　　　　　　　⎣（⑧　　　　　　　）・販売チャネル　⎦

【3】国際戦略提携の要因について，空欄に記入し整理せよ。

(1)（①　　　　　　　）要因
　　　他社との競争において自社の（②　　　　　　　）を獲得すること。
　　　⎡・（③　　　　　　）の拡大
　　　⎢・特定市場で（④　　　　　　）としての地位の確保
　　　⎣・現地企業の（⑤　　　　　　）の利用

(2)　(⑥　　　　　　) 要因

　　他社の (⑦　　　　　) 面の優位性を利用，または自社との (⑧　　　　　)
　　効果により，技術力を高度化すること。

> ・技術革新の (⑨　　　　　　) 化および (⑩　　　　　) 化に対応。
> ・同一業種ないし同一 (⑪　　　　　　) を生産する企業同士が，双方
> 　の技術や能力を (⑫　　　　　) 効果によって高度化。
> ・製品 (⑬　　　　　) の短縮化，ニーズの (⑭　　　　　) 化に対応。

(3)　(⑮　　　　　　) 要因

　　企業の (⑯　　　　　) そのものに動機が存在。

> ・(⑰　　　　　) の獲得
> ・(⑱　　　　　) の確保
> ・事業活動の (⑲　　　　　)

【4】戦略提携の特性について，空欄に記入し整理せよ。

(1)　提携関係の (①　　　　　) 性

> ・(②　　　　　) が相互にバランスしなければ成立しない。
> ・両者の (③　　　　　) はそれぞれ異なる場合が多い。

　　　　　　　　　　　　↓

　　※相手企業の (④　　　　　) の性質・優位性・(⑤　　　　　) に対
　　する理解，十分な (⑥　　　　　) 関係の構築が不可欠

(2)　提携関係の (⑦　　　　　) 性

> ・(⑧　　　　　) の企業間での提携が増加
> ・(⑨　　　　　) の提携相手企業が存在

　　　　　　　　　　　　↓

　　※提携企業間で (⑩　　　　　) が成り立つことが必要

(3) 提携関係の（⑪　　　　　　）性

- ・（⑫　　　　　）の変化への柔軟な対応
- ・自社にとっての（⑬　　　　　　）の強化
- ・（⑭　　　　　）の役割

↓

※提携関係の（⑮　　　　　　）からベネフィットを獲得

第15章　CSR戦略

　多国籍企業は，多くの国で事業展開を行い，様々な形で現地の社会と接している。近年では，企業は利潤を獲得するだけでなく，企業と社会との関係を良好に維持しなければならないという考え方が浸透しつつある。企業には，果たすべき様々な社会的責任があり，それらは一般的にCSR（Corporate Social Responsibility）と呼ばれている。多国籍企業は活動規模が大きく，経済的な面だけでなく社会的にも様々なインパクトをもたらすため，各国社会からの注目度も高い。したがって，多国籍企業は，活動を行うそれぞれの国で社会的責任を適切に果たし，「良き企業市民」として社会に受け入れられることが，事業展開を成功裏に行う上で不可欠であると言える。このような社会的責任を適切に果たし，戦略的に社会との関係を良好に維持することを，CSR戦略と言う。本章では，企業の社会的責任とCSR戦略の仕組みについて学習する。

【1】企業の社会的責任　　　　　　　　　　1

良き企業市民
社会貢献責任

ステイクホルダー

法的責任

経済的責任

　企業の社会的責任（CSR）は，法的責任と経済的責任とに大別でき，さらに広義のCSRとして，社会貢献責任が含まれる。企業は，株主，従業員，取引先，顧客，社会全体というステイクホルダーに対して，それぞれ異なる社会的責任を負う（亀川・高岡, 2007, p.132）。多国籍企業の場合，これらのステイクホルダーが世界レベルで存在し，各国において異なるCSRニーズをもっている。法的責任とは，事業展開を行う各国の法律を遵守する義務であり，納税や製造物責任を通じて，社会に貢献することを指す。　　10

経済的責任とは，雇用を創出し，所得の維持・向上を図る
ほか，良い製品を市場に提供することによって顧客を満足
させると同時に，適正な利益を株主に還元することなどを
含んでいる（亀川・高岡, 2007）。これらはいわば，企業本
来の目的を達成することによって，同時に社会にも貢献す
る性質のものである。これに対し，企業が戦略的に行う
CSR は，広義の CSR すなわち社会貢献責任を果たし，最
終的には自社の利益を獲得する目的で行われる。

多国籍企業は，活動を行う各国で，法的責任と経済的責
任を適正に果たさなければならないのは言うまでもない

社会貢献活動

が，社会的責任に関する対応を戦略的に捉え，社会貢献活
動によるメッセージをステイクホルダーに効果的に発信す
ることによって，様々なベネフィットを獲得することが可
能である。

【2】多国籍企業活動と CSR の重要性

多国籍企業の経営において，社会的責任が注目されるよ
うになったのは，1960 年代後半に入ってからのことであ
る。その歴史的な背景として，主にアメリカ社会における
企業と社会の位置づけが，以下のように変化したことが挙
げられる（車戸, 1997）。

第 1 に，ヨーロッパや日本の経済成長に伴って，世界経
済におけるアメリカの相対的な影響力が低下した点が挙げ
られる。このためアメリカ企業は，外国において以前のよ
うな政治的圧力に依存することが困難となり，その結果，
受入国の社会に適応する必要性が増大した。

第 2 に，特に 1970 年代以降，ヨーロッパや日本の企業
が競争力を増大させるにしたがって，アメリカ企業は国内
でも外国企業との競争を余儀なくされつつあった。そのた

めアメリカ企業の経営は，大規模な合理化を伴うことが多 1
くなり，工場の閉鎖や労働の省力化，ドラスティックな雇
用調整などを行わざるを得なくなった。その結果，主に従
業員の雇用という面で，企業と社会との関係が悪化した。

　第 3 に，もともとアメリカは，自由を求めて移住した 5
人々によって建国された国であり，様々な人種や宗教の国
民が，それぞれのコミュニティーを形成している。そし
て，自己の属するコミュニティーの維持・発展のために，
寄付行為などの社会貢献を行うとともに，外部からの干渉
を嫌う傾向がある。そこで，特定のコミュニティーで活動 10
する企業に対しても，そのコミュニティーの維持・発展に
貢献するような活動を期待するのである。

　このような背景によって，企業による社会的責任への対
応が重要性を増大させつつある。企業は，利潤のみを追求
するのではなく，事業活動を行う社会のひとりの「市民」 15
として，社会の維持・発展に貢献しなければならないので
ある。

　企業の社会的責任に関する問題は，当初アメリカにおい
て注目されていたが，今日では，その他の先進諸国や発展
途上国においても，重要な問題として位置づけられるよう 20
になっている。たとえばヨーロッパにおいては，各社の環
境問題への対応が特に注目されており，またアジア各国に
おいては，多国籍企業の活動が，雇用や技術水準の向上を
通じて，国の経済発展に貢献することが期待されている。
多国籍企業は，その規模や活動のダイナミズムが非常に大 25
きく，社会におけるプレゼンスも非常に大きい。つまり多
国籍企業の行動は，社会において顕著に目立つといえる。
したがって，多国籍企業がこのような社会的責任を軽視
し，社会に対する貢献活動を行わなければ，活動する国の
社会において批判の対象となるだけでなく，市場がその企 30

プレゼンス

業を受け入れなくなるのである。このような意味で，社会　1
的責任（CSR）の戦略は，多国籍企業にとって非常に重要
な要素であるといえる。

【3】多国籍企業と CSR 戦略

　上述のとおり，多国籍企業は，世界の様々な国で大規模　5
な事業展開を行っているため，各国社会でのプレゼンスが
非常に大きい。このため，多国籍企業がどのような社会貢
献活動を行い，どのような形で社会的責任を果たすのかと
いった点について，各国社会の注目度が高い。社会に対す
る貢献が高く評価されれば，良き企業市民として社会に受　10
け入れられ，ステイクホルダーとの間に良好な関係を構築
することが可能である。したがって，多国籍企業は戦略的
な CSR 活動を積極的に行い，活動を行う国々で社会との
関係を良好に維持することによって，後述するベネフィッ
トを獲得することが不可欠である。　15

CSR 戦略　　多国籍企業による CSR 戦略の目的は，活動する世界各
国において，あくまでも社会貢献責任を果たすことを通じ
た経済的ベネフィットの獲得にある。したがって，多国籍
企業は，各国の社会貢献に対するニーズを的確に理解した
上で，国ごとに効果的な CSR 活動を展開する必要がある。　20
多国籍企業の CSR 戦略は，全社レベルの企業理念に基づ
いて策定され，各国レベルで調整・遂行される。CSR 活
企業イメージ　動は，企業イメージを決定する重要な要素であるため，基
CSR ポリシー　本的な CSR ポリシー，すなわち CSR に対する企業の基本
姿勢だけでなく，CSR の対象と目的などの基本的なフ　25
レームワークが，全社レベルで決定されなければならな
戦略テーマ　い。次に，CSR ポリシーに基づいて，全社レベルでの戦
略テーマを決定する。たとえば，発展途上国における医療

CSR活動

支援や教育支援，環境対策，歴史的文化遺産の維持，人権 1
の保護などが考えられる。それと同時に，CSR活動に
よって，結果的にどのようなベネフィットを獲得できるの
かも考慮する必要がある。その上で，個々のCSR活動に
ついて決定する。具体的には，CSR活動の対象とCSR活 5
動の方法や期間，活動を実行するにあたってのパートナー
シップなどについて各国レベルで検討する。なぜならば，
企業のCSR活動に対するニーズや，市場におけるCSRへ
の関心度，CSR活動にコミットする団体などが，国に
よって著しく異なるからである。このため，同一のテーマ 10
のもとにCSR活動を行っても，何を対象にどのような活
動を行えば，いかなるベネフィットを獲得できるかという
点において，国によって大きな差異が生じる可能性があ
る。

【4】CSR戦略の手段 15

フィランソロピー
社会貢献活動

経済的責任

企業のCSR戦略は，広義のCSRすなわち社会貢献責任
を果たすことによって，社会にメッセージを発信し，結果
的に経済的なベネフィットを獲得するものである。一般的
に企業が行うCSR戦略は，フィランソロピーと呼ばれる
社会貢献活動を通じて行われるが，本来の事業展開を通じ 20
た経済的責任によっても，社会にメッセージを発信するこ
とは可能である。

企業が経済的責任を通じて行うCSR活動として，第1
に，従業員の雇用に関する施策が挙げられる。たとえば，
特定の国において教育機会に恵まれないマイノリティの従 25
業員を定期的に採用することによって，マイノリティの
人々の雇用を創出・維持し，所得を安定させるだけでな
く，業務を通じて様々な技術やスキルを身につけることが

可能になる。第2に，自社で製造・販売する製品やサービ　　1
ス，製造過程を通じて，社会貢献することも可能である。
たとえば，環境に優しい自動車を，廃棄物の出ない生産シ
ステムの工場で生産すれば，自社の製品と製造過程そのも
のが，環境保護の役割を果たす。第3に，取引関係を通じ　　5
た社会貢献も考えられる。具体的には，発展途上国から原
料を調達する際，現地の人々の生活を安定させる取引価格
フェアトレード　　を設定し，調達を行うフェアトレードや，取引先にも厳格
CSR 調達　　　　な CSR 基準を遵守させる CSR 調達などの手法によって，
生産者の生活水準を向上させるだけでなく，サプライヤー　　10
の社会的信頼度を向上させることが可能である。

社会貢献責任　　　　これに対し，社会貢献責任を果たすことによる CSR 活
動は，一般的にフィランソロピーと呼ばれる。具体的に
は，学校などの教育機関や福祉施設，その他の非営利団体
などへの寄付行為や，従業員による様々なボランティア活　　15
動である。

寄付行為　　　　寄付行為は，現金や製品，技術，設備など様々な形で行
われる（Kotler, 2007, 邦訳 p. 170）。また，CSR 戦略にお
いて寄付行為の対象となるのは，主に次のようなものであ
教育施設　　　る。第1に，大学などの教育施設に対して，人的資源の育　　20
成を目的として行われる寄付行為が挙げられる。具体的に
は，学校建設の費用を寄付したり，学生に対して奨学金を
支給したり，教員を企業から派遣したり，自社で製造した
教育機器や設備を寄付するなどの方法がある。また近年で
は，企業が出資して，独自に学校を設立・運営するケース　　25
医療機関　　　もある。第2に，医療機関への寄付行為や，医療支援を行
医療支援　　　うものである。具体的には，医療施設の建設だけでなく，
難病治療薬の寄付，HIV の予防や，HIV 感染者の親をも
つ子供のケアーなどが挙げられ，自社製品を利用して健康
維持活動の普及を試みるケースもある。第3に，地震や天　　30

災害 **義援金**	災などの災害発生時に，義援金や自社の製品を寄付した
	り，自社の流通網を活用して支援物資を輸送したりする方
	法がある。さらに，災害で両親を失った子供達を支援対象
歴史的文化遺産	とする場合もある。第 4 に，歴史的文化遺産の修復費や美
	術館の運営費の負担，スポーツ育成機関への設備提供やト
文化的施設	レーナーの派遣といった文化的施設や団体への寄付行為が
NPO 団体	挙げられる。これらの寄付行為は，NPO 団体を通じて支

災などの災害発生時に，義援金や自社の製品を寄付した 1
り，自社の流通網を活用して支援物資を輸送したりする方
法がある。さらに，災害で両親を失った子供達を支援対象
とする場合もある。第 4 に，歴史的文化遺産の修復費や美
術館の運営費の負担，スポーツ育成機関への設備提供やト 5
レーナーの派遣といった文化的施設や団体への寄付行為が
挙げられる。これらの寄付行為は，NPO 団体を通じて支
援対象を決定し，実施する場合が多い。また，資金の調達
方法に関しては，企業のみが出資するケースもあるが，従
業員が集めた募金と同額を企業が負担して寄付する場合も 10
ある。さらに，マーケティング戦略の一環として，自社製
品の販売を通じて顧客から募金を集めるなど，顧客参加型
の手法も展開される。

　従業員のボランティア活動に関しては，支援対象は様々
であり，企業が支援対象を決めた上で従業員を参加させる 15
場合や，従業員が支援対象を決定し，活動に参加するため
の有給休暇を企業が与える場合もある。また，企業が主催
するボランティア活動に，顧客のなかから参加者を募集す
る形のものもある。また，顧客も参加して社会問題を解決
するための働きかけを行う活動も行われている。たとえ 20
ば，化粧品メーカーが，製品開発過程での動物実験に反対
する署名を顧客から集め，行政に働きかけを行った結果，
いくつかの国で法案が成立したケースがこれに当たる。

　このように，CSR 戦略の手段には様々な形があり，多
国籍企業は，各国の CSR を取り巻く市場環境を的確に捉 25
え，効果的に市場へのメッセージを発信することが不可欠
である。その結果，良き企業市民として各国の社会に受け
入れられ，様々なステイクホルダーとの関係を良好に維持
することによって，世界レベルでベネフィットを獲得する
ことが可能となる。 30

（左欄キーワード）

ボランティア活動

市場環境
メッセージ
良き企業市民
ステイクホルダー

【5】CSR戦略のベネフィット

1

　　多国籍企業がCSR戦略を遂行し，社会的責任を的確に果たすことによって，活動を行う国や地域の社会には様々なベネフィットがもたらされる。具体的には，貧困問題の改善や教育の充実，労働問題の改善や医療環境の充実，文化遺産の保護など，その効果が及ぶ対象と範囲は様々である。CSR本来のベネフィットは，このような社会全体に関するものであるが，多国籍企業にとっては，このようなCSR活動も戦略的な意味をもっている。すなわち，多国籍企業はあくまでも利潤を追求する営利団体である以上，CSR活動が，単なる社会福祉活動ではなく，めぐりめぐって自社にとって何らかの利益となる必要がある。そこで，多国籍企業がCSRを戦略的に行うベネフィットとして，次の5点が挙げられる。

　　第1に，株主に関しては，社会的責任を果たす企業に対する投資行動が積極的に行われるようになるにしたがって，資金調達が容易になる。今日では，株主が投資対象を決定する際に，その企業が社会的責任を果たしているかどうかを基準とする傾向が見られる。したがって，CSR戦略を展開する企業に対する投資が活発化することが期待される。第2に，従業員に関しては，自社のフィランソロピー活動を通じて，社会貢献に関するモチベーションが増大し，日常の業務を離れた経験から幅広い視野をもつことが可能となる。さらに，CSR戦略によって企業イメージが向上すれば，自社に多くの人的資源を引き付け，能力水準の高い従業員を獲得する機会が増大すると考えられる。第3に，顧客に関しては，社会的責任を果たすことが企業イメージの改善につながり，自社に対する消費行動にプラ

（左欄外）
貧困問題の改善
教育の充実
労働問題の改善
医療環境の充実
文化遺産の保護

資金調達

企業イメージ

消費行動

スの影響を及ぼすと考えられる。たとえば，環境対策につ　1
ながる製品を販売した場合，製品そのものの差別化がなさ
れるだけでなく，社会に貢献する企業イメージが醸成さ
れ，顧客を引き付けることが可能となる。第4に，取引先
に関しては，社会的責任を果たすことで自社の信頼度が向　5
上し，円滑な取引が可能となるだけでなく，新規パート

取引機会　ナーとの取引機会が増加する可能性がある。また，中間財

サプライチェーン　メーカーを含むサプライチェーン全体でCSRポリシーを
遵守することによって，自社で販売する最終製品に対して

社会的信頼　社会的信頼を獲得することが可能となる。第5に，社会全　10
体に対する面では，社会貢献活動の対象から直接的に得ら
れるベネフィットがある。たとえば，医療施設や教育機関
に設備や備品を寄付した場合，そのメンテナンスには自社
の技術が必要となるため，自社と何らかの取引が将来的に
発生する可能性は高い。また，学校の生徒に奨学金を支給　15
した場合，その生徒や家族が，長期的に見て自社の顧客と
なる可能性もある。

　多国籍企業の場合，多くの国々で事業展開を行っている
ため，国によって果たすべき社会的責任の対象や規模が異

CSR戦略のベネ　なっている。このため，CSR戦略のベネフィットが，ど　20

フィット　のステイクホルダーからどの程度獲得できるかは，国に
よって様々である。しかしながら，世界各国で活動を行う
多国籍企業は，事業展開を行うすべての国で社会的責任を
的確に果たさなければ，その影響は特定の国だけでなく世
界の国々に及び，ステイクホルダーとの良好な関係を維持　25
することが困難になる可能性がある。したがって多国籍企
業は，活動するすべての国において社会的責任を適切に果
たし，「良き企業市民」として受け入れられると同時に，
世界レベルでCSR戦略を展開する必要があると言える。

Group Discussion

1) 企業情報などを参考に，CSR活動を積極的に行う多国籍企業を1社選び，世界でのCSR戦略としての取り組みを整理せよ。

2) 上記1）のCSR活動は，各国でどのような社会的責任を果たすのか，具体的に考えよう。

3) 上記2）の社会的責任を果たすことで，その企業は，どのようなステイクホルダーから，どのようなベネフィットを得られるか，具体的に考えよう。

4) いま，日本の小売企業がミャンマーに新たに進出し，大型商業施設を展開しようとしているとする。現地においてCSR戦略を行うとすれば，果たすべき社会的責任は何か，具体的に考えよう。

5) 上記4）の社会的責任を果たすCSR戦略のテーマを決定せよ。

6) 上記5）の戦略テーマに基づいて，具体的なCSR活動，すなわちCSR活動の対象，期間，方法，パートナーシップなどを考えよう。

7) 上記6）のCSR活動は，どのようなステイクホルダーから，どのようなベネフィットを得られるか，具体的に考えよう。

■ 参考文献

江夏健一・桑名義晴（編）（2006）『理論とケースで学ぶ国際ビジネス』同文舘出版。

江夏健一・首藤信彦（編）（1993）『多国籍企業論』八千代出版。

伊吹英子（2005）『CSR経営戦略―「社会的責任」で競争力を高める』東洋経済新報社。

亀川雅人・高岡美佳（2007）『CSRと企業経営』学文社。

Kotler, P. and N. Lee（2005）*Corporate Social Responsibility: Doing the Most Good for Your Company and Your Cause*, New Jersey: John Wiley & Sons. 恩藏直人（監訳）（2007）『社会的責任のマーケティング―「事業の成功」と「CSR」を両立する』東洋経済新報社。

車戸實（編）（1989）『国際経営論』八千代出版。

李正文（1998）『多国籍企業と国際社会貢献』文眞堂。

谷本寛治（2004）『CSR経営―企業の社会的責任とステイクホルダー』中央経済社。

Exercise 15

【1】企業の社会的責任について，空欄に記入し整理せよ。

(1)　法的責任

　　　納税や（①　　　　　　　）などの法律を遵守する責任

(2)　経済的責任

　　　・（②　　　　　　　）を創出し，（③　　　　　　　）の維持・向上を図る。

　　　・良い製品を提供し（④　　　　　　）を満足させる。

　　　・適正な利益を（⑤　　　　　　）に還元する。

　　　　　　　　　　　⇩

　　　※企業本来の目的を達成すると同時に社会貢献を達成

(3)　社会貢献責任

　　　（⑥　　　　　　　）に対する対応を企業が戦略的に行うこと

　　　　　　　　　　　⇩

　　　※社会貢献活動を通じて（⑦　　　　　　）へのメッセージを効果的に発信

【2】多国籍企業と CSR 戦略について，空欄に記入し整理せよ。

(1)　CSR の重要性

　　　多国籍企業　──　各国で大規模な事業展開

　　　┌・各国社会での（①　　　　　　）が非常に大きい

　　　└・（②　　　　　　）が高い

　　　　　　　　　　　⇩

　　　※「良き（③　　　　　　）」として各国の（④　　　　　　）との関係を良

　　　好に維持し（⑤　　　　　　）を獲得することが不可欠。

(2) CSR 戦略のプロセス

・全社レベルで（⑥　　　　　　）に基づき CSR の目的と（⑦　　　　　　）
を決定。

↓

・全社レベルで CSR 戦略の（⑧　　　　　　）を決定

↓

・CSR 戦略の対象・（⑨　　　　　　）・期間などを（⑩　　　　　　）レベ
ルで決定。

※ CSR 活動に対するニーズ，市場における CSR への（⑪　　　　　　）
などが異なる。

【3】CSR 戦略の具体的手段について，空欄に記入し整理せよ。

(1) 経済的責任の CSR 活動

a) 従業員の（①　　　　　　）に関する施策

b) 製品やサービス，（②　　　　　　）を通じた社会貢献

c)（③　　　　　　）関係を通じた社会貢献

(2) 社会貢献責任の CSR 活動（④　　　　　　）

a) 学校など教育機関の建設資金，奨学金，機械設備など寄付。

b) 病院など（⑤　　　　　　）機関の建設資金，機械設備，医薬品などの寄付。

c) 災害などの復興援助

d) 文化遺産や美術，スポーツなどの（⑥　　　　　　）への寄付。

e) 従業員や顧客による（⑦　　　　　　）活動

【4】CSR 戦略のベネフィットについて，空欄に記入し整理せよ。

(1) 社会に対するベネフィット

・（①　　　　　　）問題の解決

・（②　　　　　　）の充実

・労働問題の改善

・（③　　　　　　　）の充実

・（④　　　　　　　）の保護　など

　※戦略的 CSR には企業にとってのベネフィットが必要

(2)　株主に関するベネフィット

・投資行動の活発化　──　（⑤　　　　　　　　）が容易になる

(3)　従業員に関するベネフィット

・社会貢献に対する（⑥　　　　　　　）の向上

・（⑦　　　　　　　）の高い従業員を雇用する機会の増大

(4)　顧客に関するベネフィット

・企業イメージの改善　──　顧客の（⑧　　　　　　　）にプラスの影響

(5)　取引先に関するベネフィット

・（⑨　　　　　　　）の向上　──　円滑な取引が可能になる

　※（⑩　　　　　　）全体の CSR 戦略によって（⑪　　　　　　　　）に対す

　る社会的信頼を獲得

(6)　社会貢献活動の直接的なベネフィット

・寄付した製品の（⑫　　　　　　　）など

Exercise 解答

Exercise 1

【1】①資産　②事業　③コントロール　④子会社　⑤関連会社　⑥提携　⑦子会社　⑧孫会社　⑨雇用　⑩貿易　⑪産業構造（⑨から⑪順不同可）⑫内需　⑬中小　⑭発展途上国

【2】①組織構造　②海外子会社数　③地域別分布（②③順不同可）　④経営成果　⑤売上　⑥人的資源　⑦本国人従業員数　⑧外国人従業員数

【3】①立地優位性　②配置　③調整　④価値連鎖　⑤ベネフィット　⑥組織化　⑦優位性　⑧調達　⑨生産　⑩販売（⑨⑩順不同可）　⑪研究開発⑫財務（⑪⑫順不同可）　⑬価値連鎖　⑭規模の経済　⑮生産性　⑯輸送・保管　⑰リスク　⑱市場特性　⑲知識　⑳全社　㉑責任分担　㉒技術　㉓経営環境

【4】①本国　②本国　③本国　④親会社　⑤一貫性　⑥現地　⑦戦略　⑧本国　⑨現地　⑩情報　⑪双方向　⑫経営環境　⑬地域　⑭地域　⑮地域本社　⑯規模の経済性　⑰経営資源　⑱意思決定　⑲世界　⑳経営資源㉑統合　㉒経営資源　㉓標準化

【5】①インターナショナル　②能力　③能力　④グローバル　⑤中央集権的⑥分散　⑦親会社　⑧マルチナショナル　⑨自立　⑩市場環境　⑪知識⑫トランスナショナル　⑬相互依存　⑭役割　⑮統合化

【6】①統合　②経営環境　③業種　④企業　⑤付加価値活動　⑥機能（③から⑥順不同可）　⑦ベネフィット

Exercise 2

【1】①外国人従業員　②発想　③企業姿勢　④複雑　⑤意思決定　⑥コントロール　⑦報酬　⑧情報　⑨配置　⑩本国志向　⑪本社　⑫本国人　⑬本社　⑭統制　⑮現地志向　⑯現地拠点　⑰現地人　⑱経営環境　⑲迅速　⑳地域志向　㉑配置　㉒地域　㉓合理化　㉔世界志向　㉕システム・アプローチ　㉖双方向　㉗国籍　㉘能力　㉙資源配分　㉚品質　㉛

コミット

【2】①基本的経済格差　②政府　③多国籍企業　④天然資源　⑤資本　⑥労働　⑦工業技術　⑧経営管理技術　⑨企業家能力（④から⑨順不同可）　⑩国境　⑪経営資源　⑫取引　⑬資源　⑭輸送手段　⑮受入国社会　⑯イノベーション　⑰受入国社会　⑱イノベーション　⑲経営管理　⑳制約要因　㉑工業技術　㉒経営管理　㉓企業家　㉔総合化

【3】①寿命　②新製品　③成熟製品　④標準化製品（②から④順不同可）　⑤所得　⑥労働　⑦市場　⑧生産拠点　⑨タイムラグ　⑩多国籍企業　⑪戦略的意図　⑫サプライチェーン

【4】①産業組織　②不完全性　③競争　④寡占優位　⑤製品開発　⑥マーケティング（⑤⑥順不同可）　⑦ファイナンス　⑧規模の経済

【5】①不完全　②不完全　③諸政策　④輸入制限　⑤外国為替管理（④⑤順不同可）　⑥規制　⑦知識　⑧取引　⑨インセンティブ　⑩不完全　⑪資源配分　⑫経営管理命令　⑬中間財　⑭知識　⑮技術　⑯ノウハウ（⑮⑯順不同可）　⑰コスト　⑱企業特殊的　⑲外部　⑳暗黙知　㉑ヒューマン・コンタクト　㉒取引　㉓内部化

【6】①生産管理　②マーケティング　③人的資源　④リスク　⑤天然資源　⑥輸送　⑦インフラストラクチャー　⑧諸政策　⑨不確実性　⑩資源ベネフィット

Exercise 3

【1】①投資家　②企業　③永続的　④10％以上　⑤株式　⑥貸借　⑦経営　⑧カネ　⑨ヒト　⑩モノ　⑪情報　⑫技術　⑬企業文化（⑨から⑬順不同可）　⑭経営資源

【2】①市場追求　②市場　③貿易障壁　④為替　⑤コスト追求　⑥輸出　⑦低コスト　⑧質　⑨インフラストラクチャー　⑩資源追求　⑪調達コスト　⑫鉱物　⑬農業（⑫⑬順不同可）　⑭低コスト　⑮安定的　⑯戦略的資産追求　⑰研究開発　⑱マーケティング　⑲技術　⑳技術情報　㉑イノベーション　㉒効率追求　㉓規模の経済性　㉔比較優位　㉕意思決定

【3】①雇用　②空洞化　③中間財　④労働集約度　⑤貿易構造　⑥完成品

⑦中間財　⑧完成品　⑨中間財　⑩完成品　⑪外貨獲得　⑫産業構造　⑬産業空洞化　⑭中間財　⑮独占　⑯人的資源　⑰産業空洞化　⑱媒体　⑲技術移転　⑳クロスライセンス　㉑企業内教育・訓練　㉒経営手法　㉓ボードメンバー　㉔マーケティング　㉕人的資源管理　㉖研究開発（㉔から㉖順不同可）　㉗イノベーション　㉘人的資源　㉙グローバルネットワーク　㉚社会　㉛経済動向　㉜社会規範　㉝文化

【4】①本国　②企業　③コントロール（経営）　④外国

【5】①生産　②人件費　③中間財　④マーケティング　⑤輸送費　⑥関税（⑤⑥順不同可）　⑦環境的　⑧文化的　⑨政治的　⑩情報（⑦から⑩順不同可）　⑪消散　⑫技術　⑬最小

【6】①輸出　②海外直接投資　③国際提携　④国際提携　⑤海外直接投資

Exercise 4

【1】①制約要因　②戦略　③政策　④立地優位性　⑤利潤　⑥GDP　⑦輸出　⑧産業競争力　⑨技術水準　⑩評価　⑪戦略　⑫政策

【2】①促進　②租税　③助成金　④生産設備　⑤行政手続　⑥制限　⑦参入　⑧出資　⑨就労・雇用　⑩知的所有権　⑪法体系　⑫ハード・インフラ　⑬港湾　⑭通信（⑬⑭順不同可）　⑮教育　⑯技術　⑰能力水準（⑯⑰順不同可）

【3】①貿易　②国際取引　③経済発展　④最恵国待遇　⑤内国民待遇　⑥物品の貿易　⑦関税　⑧原産地　⑨貿易関連投資　⑩知的所有権　⑪紛争処理（⑩⑪順不同可）

【4】①国　②関税　③サービス貿易　④投資　⑤知的所有権　⑥人的資源　⑦経営環境　⑧EPA　⑨二国間　⑩プレーヤー　⑪FTA

【5】①関税　②サービス貿易　③国際分業　④輸出　⑤生産活動　⑥輸出　⑦規模の経済性　⑧生産コスト　⑨輸送　⑩中間財　⑪地理的近接性　⑫輸送　⑬サプライチェーン　⑭参入規制　⑮高付加価値　⑯就労制限　⑰人的資源

【6】①投資環境　②相対　③バーゲニング　④政策　⑤立地選択　⑥バーゲニング　⑦調和化された政策　⑧集約

Exercise 5

【1】①立地選択　②ベネフィット　③優位性　④自然的　⑤創造された　⑥開発　⑦創造された　⑧地理的条件　⑨消費　⑩必要不可欠　⑪知覚　⑫産業部門　⑬戦略　⑭工程　⑮時間　⑯相互作用　⑰創造された資産　⑱創造された資産　⑲通商政策　⑳経済発展　㉑競合　㉒差異　㉓付加価値活動　㉔調整

【2】①天然資源　②中間財　③地理的条件　④近接性　⑤低コスト・低スキル　⑥サポーティング・インダストリー　⑦ハード・インフラ　⑧技術・スキル　⑨ビジネス慣行　⑩法体系　⑪行政システム　⑫自由貿易協定

【3】①企業　②集中　③補完　④創造された資産　⑤開発　⑥利用（⑤⑥順不同可）　⑦生産性　⑧アクセス　⑨調整　⑩モチベーション　⑪イノベーション　⑫顧客　⑬情報　⑭イノベーション　⑮新規事業　⑯事業規模　⑰要求水準　⑱イノベーション　⑲世界市場　⑳優位性（生産性でも可）

【4】①再配置　②生産拠点　③近接性　④リードタイム　⑤生産コスト　⑥人件費　⑦自動化　⑧労働集約度　⑨高品質製品　⑩所得水準　⑪渡航経験　⑫付加価値　⑬通商政策　⑭貿易障壁　⑮輸出

Exercise 6

【1】①川上　②川下　③国境　④原材料　⑤中間財　⑥生産　⑦流通　⑧販売　⑨輸送　⑩オーガナイザー　⑪組織化

【2】①販売　②製品　③数量　④タイミング　⑤コスト　⑥中間財　⑦優位性　⑧経営資源　⑨移動　⑩ヒト　⑪情報　⑫技術（⑩から⑫順不同可）　⑬立地優位性　⑭配置　⑮調整　⑯調達　⑰販売（⑯⑰順不同可）　⑱不安定　⑲経営環境　⑳迅速

【3】①距離　②適時性　③インフラストラクチャー　④港湾　⑤通関手続　⑥輸送　⑦製品ニーズ　⑧川上　⑨生産技術　⑩製品　⑪選択　⑫生産

【4】①市場予測　②製品　③数量　④タイミング　⑤コスト　⑥市場　⑦需

要　⑧在庫　⑨機会損失　⑩構成企業　⑪サービス品質　⑫人的資源
⑬対応能力　⑭オーガナイザー　⑮組織化　⑯情報　⑰市場環境　⑱不
測事態　⑲経済　⑳為替レート　㉑政治　㉒自然　㉓不安定　㉔ベネ
フィット

【5】①分散　②事前　③予備的　④サプライヤー　⑤分散　⑥サプライヤー
⑦取引関係　⑧標準化　⑨代替可能性　⑩事後　⑪平常時　⑫復旧　⑬
代替選択肢　⑭サプライチェーン全体　⑮利害関係　⑯統合化

Exercise 7

【1】①デモグラフィック　②人口　③民族構成（②③順不同可）　④経済的
⑤所得水準　⑥所得分布（⑤⑥順不同可）　⑦産業　⑧文化的　⑨宗教
⑩生活習慣（⑨⑩順不同可）　⑪政治的　⑫法律　⑬規制（⑫⑬順不同
可）⑭産業　⑮規模　⑯構造（⑮⑯順不同可）　⑰サプライチェーン　⑱
競合　⑲競合　⑳ニーズ　㉑購買行動パターン（⑳㉑順不同可）　㉒機会
㉓脅威（㉒㉓順不同可）　㉔強み　㉕弱み（㉔㉕順不同可）　㉖市場環境
㉗製品　㉘戦略（㉗㉘順不同可）　㉙市場環境　㉚プロセス　㉛対応策

【2】①セグメント　②市場細分化変数　③都市　④所得　⑤宗教（④⑤順不
同可）　⑥ライフスタイル　⑦購買状況　⑧使用目的

【3】①無差別　②同一　③マーケティング・コスト　④優位性　⑤集中　⑥
マーケティング・ミクス　⑦多様化　⑧顧客層　⑨コスト

【4】①ニーズ　②競合　③自社　④イメージ　⑤相対化　⑥軸　⑦競合製品
⑧競合製品　⑨側面攻撃　⑩ニッチ　⑪潜在　⑫正面　⑬同様　⑭差別
化　⑮包囲攻撃　⑯先発優位　⑰リスク・ヘッジ　⑱生産　⑲マーケ
ティング（⑱⑲順不同可）　⑳迂回攻撃　㉑潜在　㉒競争　㉓研究開発

【5】①アイディア　②製品コンセプト　③製品開発　④市場テスト　⑤ニー
ズ　⑥品質　⑦機能　⑧デザイン　⑨形状（⑥から⑨順不同可）　⑩付帯
サービス　⑪アクセス　⑫販売手法　⑬従業員　⑭アフターサービス
⑮市場環境　⑯ニーズ　⑰物的　⑱環境下　⑲文化的　⑳文化　㉑新奇
㉒文化創造　㉓調整　㉔文化　㉕機能　㉖デザイン　㉗ブランドイメー
ジ

The

the

the

【6】①マークアップ　②生産コスト　③流通コスト　④販売コスト（②から④順不同可）　⑤単位コスト　⑥ターゲットリターン　⑦投資収益率　⑧知覚価値　⑨バリュー　⑩高品質　⑪低価格　⑫現行レート　⑬競合他社　⑭目的　⑮基準

【7】①卸売　②小売（①②順不同可）　③百貨店　④専門店　⑤インターネット販売（③から⑤順不同可）　⑥流通事情　⑦卸売　⑧小売（⑦⑧順不同可）　⑨コスト効率　⑩販売能力（⑨⑩順不同可）　⑪拡大　⑫チャネル　⑬購買機会　⑭浸透　⑮知名度　⑯流通コスト　⑰コントロール　⑱排他的　⑲自社　⑳権限　㉑希少性価値　㉒プロモーション　㉓販売規模　㉔選択　㉕戦略的　㉖標的顧客　㉗価格　㉘戦略的　㉙プロモーション

【8】①同一　②標的市場　③製品計画　④価格設定　⑤販売経路選定　⑥プロモーション（②から⑥順不同可）　⑦マーケティング・コスト　⑧ブランドイメージ　⑨市場環境　⑩ニーズ　⑪特性　⑫ニーズ　⑬戦略的意図　⑭マーケティング戦略　⑮プロセス

【9】①個人　②販売　③購買前後　④共有　⑤定性　⑥双方向性　⑦膨大　⑧抽出　⑨目的　⑩分析　⑪購買行動　⑫代替　⑬手段　⑭市場　⑮適合　⑯精度　⑰個人情報　⑱微視的　⑲国境の壁　⑳個人　㉑国境の壁　㉒個人　㉓購買行動　㉔規模　㉕範囲（㉔㉕順不同可）　㉖接続性　㉗トレンド　㉘潜在的　㉙不確実性　㉚接触状況　㉛販売状況　㉜最適化　㉝リアル　㉞インターネット　㉟販売チャネル　㊱囲い込み　㊲オムニチャネル　㊳オンライン　㊴流通事情　㊵個人　㊶マーケティングニーズ　㊷ポジティブ　㊸接触状況　㊹信用度　㊺態度　㊻購買行動

Exercise 8

【1】①広告　②セールス・プロモーション（①②順不同可）　③プロモーション・ミクス　④情報　⑤購買行動

【2】①マーケティング　②売上　③消費者行動　④購買行動　⑤商品カテゴリー　⑥ブランド・ロイヤルティ　⑦コミュニケーション　⑧心理的変化　⑨知名度　⑩ブランド態度　⑪購入意図率（⑨⑪順不同可）　⑫製品ライフサイクル　⑬競合　⑭差別化　⑮購買動機（⑫⑮順不同可）

【3】①売上高比率　②競争者対抗法　③ライバル企業　④支出可能額　⑤目標課題達成　⑥広告目標　⑦種類　⑧競争ポジション　⑨戦略的重要性　⑩ライバル企業　⑪価値観

【4】①メディア・ミックス　②特性　③役割　④インパクト　⑤コスト　⑥露出時間　⑦情報量　⑧信頼性　⑨メッセージ　⑩インパクト　⑪ターゲット　⑫即時性　⑬メディア事情　⑭接触状況　⑮広告目標

【5】①コピー　②情報　③インパクト　④ビジュアル　⑤映像　⑥コンセプト　⑦サウンド　⑧音楽　⑨イメージ　⑩コンセプト　⑪規制　⑫媒体　⑬時間帯　⑭ビジュアル　⑮言葉　⑯ニュアンス　⑰宗教　⑱社会環境

Exercise 9

【1】①顧客　②物的経営資源　③無形　④解決策　⑤コア　⑥周辺的　⑦コンティンジェント・サービス　⑧国籍　⑨宗教　⑩目的（⑧から⑩順不同可）　⑪コンティンジェント・サービス　⑫変動性　⑬消滅性（⑫⑬順不同可）　⑭多様性　⑮不連続性　⑯不均質性　⑰標準化　⑱対等　⑲利他的　⑳状態　㉑等価交換　㉒付加価値　㉓上位

【2】①文化・哲学　②市場セグメント　③サービス・コンセプト　④デリバリー・システム（①から④順不同可）　⑤デリバリー・システム　⑥顧客　⑦インプット　⑧消費　⑨サービス品質　⑩インプット　⑪内部　⑫ブランド・イメージ　⑬デリバリー・システム　⑭教育・訓練　⑮サービス品質

【3】①供給者　②受領者（①②順不同可）　③顧客満足　④事前期待　⑤能力　⑥サービス・デリバリー　⑦コンピテンシー　⑧トレーニング・システム　⑨協調　⑩エンパワーメント　⑪権限

【4】①役割　②社会的知識　③職務　④知識　⑤価値観　⑥目標（⑤⑥順不同可）　⑦規範　⑧コミュニケーション　⑨アイデンティティ　⑩継続　⑪固定化　⑫組織適応　⑬教育・訓練　⑭不均質　⑮OJT　⑯組織環境　⑰統合　⑱技能　⑲組織文化　⑳コミュニケーション　㉑サービス・デリバリー　㉒OJT　㉓職務満足　㉔モデリング　㉕感情的経験　㉖ベスト・プラクティス

Exercise 10

【1】①業務ニーズ　②プロファイル　③職務実績　④能力（③④順不同可）　⑤職種　⑥職位（⑤⑥順不同可）　⑦スキル　⑧企業特殊的　⑨職位　⑩評価者　⑪定量　⑫定性　⑬コミュニケーション能力　⑭公正性　⑮モチベーション　⑯職務　⑰知識移転　⑱経営情報　⑲経営参加　⑳経営計画　㉑雇用　㉒労働関係法規　㉓キャリア観　㉔コミュニケーション

【2】①移動　②教育・訓練　③言語　④ビジネス慣行（③④順不同可）　⑤育成　⑥文化的環境

【3】①外国　②職務環境　③コミュニケーション　④ヒトの現地化　⑤教育・訓練　⑥内なる国際化　⑦技術　⑧国籍　⑨創造性　⑩モチベーション

【4】①本国　②経営方針　③コントロール　④優位性　⑤現地　⑥経営環境　⑦コスト　⑧モチベーション　⑨労務管理　⑩全社　⑪人事制度　⑫配置　⑬評価（⑫⑬順不同可）　⑭世界　⑮コスト

【5】①経験者採用　②職務　③スキル　④コンピテンシー　⑤潜在　⑥業務ニーズ　⑦外国語　⑧適応能力　⑨意欲　⑩環境

【6】①配置　②移動　③能力　④職務　⑤組織内キャリア発達　⑥階層　⑦職位　⑧垂直　⑨技術・職能　⑩職能　⑪水平　⑫中心性　⑬責任　⑭中核（内円）　⑮経験　⑯知識　⑰経験　⑱反省　⑲思考　⑳行動　㉑知識　㉒経営環境　㉓価値観　㉔意思決定　㉕関係構築　㉖マネジメント　㉗交渉（㉕から㉗順不同可）　㉘異文化　㉙不確実性　㉚キャリア・マネジメント

【7】①能力　②知識（①②順不同可）　③行動パターン　④職務成果　⑤トレーニング　⑥技術　⑦スキル（⑥⑦順不同可）　⑧再構成　⑨能力開発　⑩マネジメント　⑪役割　⑫OFF-JT　⑬理論化　⑭トレーニング・プログラム　⑮標準化　⑯OJT　⑰実践　⑱コスト効率　⑲移転　⑳ベネフィット　㉑言語　㉒コミュニケーション　㉓OJT　㉔労働観　㉕インストラクション　㉖キャリア展望　㉗モチベーション　㉘投資意欲　㉙人的資源　㉚価値観　㉛予期的　㉜目標　㉝職責　㉞タスク　㉟価値観

　　㊱人的ニーズ　㊲リアリティ・ショック　㊳技能水準　㊴職務満足　㊵
　　キャリア展望　㊶継続的雇用　㊷職務水準　㊸教育・訓練コスト　㊹職
　　務　㊺職務環境　㊻ビジネス慣行　㊼労働観　㊽リアリティ・ショック
【8】①技術　②生産システム　③業務マニュアル（①から③順不同可）　④ノ
　　ウハウ　⑤形式　⑥論理的　⑦暗黙　⑧補完　⑨形式　⑩可視　⑪ト
　　レーニング・システム　⑫評価基準　⑬標準化　⑭暗黙　⑮トレーニン
　　グ・システム　⑯コミュニケーション　⑰インフォーマルなコミュニ
　　ケーション　⑱吸収能力　⑲吸収　⑳組織知　㉑組織知　㉒粘着性　㉓
　　コード　㉔粘着性　㉕模倣　㉖コミュニケーション　㉗暗黙　㉘コミュ
　　ニケーション　㉙階層構造　㉚ヨコ

Exercise 11

【1】①人種　②宗教　③国籍（①から③順不同可）　④満足度　⑤人的資源
　　⑥イノベーション　⑦コンフリクト　⑧生産性　⑨最大化　⑩人的資源
　　⑪能力　⑫コスト　⑬マーケティング　⑭市場ニーズ　⑮アイデア　⑯
　　イノベーション
【2】①コミュニケーション　②意思決定　③誤認　④結束力　⑤コンフリク
　　ト　⑥創造性　⑦発想　⑧コミュニケーション　⑨問題解決　⑩集団主
　　義　⑪配置　⑫差別　⑬尊重　⑭フィードバック
【3】①文化的　②社会的（①②順不同可）　③情報　④コード　⑤生産性　⑥
　　同じ　⑦コミュニケーション・ノイズ　⑧低コンテクスト　⑨共有化

Exercise 12

【1】①世界　②制度　③人事制度　④採用　⑤配置　⑥教育・訓練　⑦評価
　　（④から⑦順不同可）　⑧世界　⑨人事異動　⑩国籍　⑪規範　⑫組織社
　　会化　⑬ポリシー　⑭企業文化（⑬⑭順不同可）　⑮能力（技術でも可）
　　⑯能力プロファイル　⑰国籍　⑱職種　⑲適材適所　⑳能力水準　㉑品
　　質　㉒継続的な雇用　㉓離職意思　㉔イノベーション
【2】①採用基準　②能力　③職務評価　④キャリアパス　⑤職務業績（職務
　　評価でも可）　⑥データベース　⑦組織適応　⑧教育・訓練　⑨公正　⑩

教育機会　⑪社内イベント　⑫コミュニケーション　⑬インターンシップ　⑭統一　⑮目的　⑯コスト（⑮⑯順不同可）　⑰職種　⑱職位（⑰⑱順不同可）　⑲機能

【3】①役割　②社会的知識　③技能　④技能形成　⑤文化　⑥価値観　⑦規範　⑧コミュニケーション　⑨技能　⑩アイデンティティ　⑪モチベーション　⑫国籍　⑬バックグラウンド（⑫⑬順不同可）　⑭知識　⑮企業文化　⑯適応能力

【4】① face-to-face　②プロジェクト　③人的資源管理　④開放的　⑤マネジメント　⑥迅速　⑦世界標準化　⑧調整　⑨新製品　⑩ベスト・プラクティス

Exercise 13

【1】①顧客　②従業員満足　③マーケティング　④アウトプット　⑤モチベーション　⑥長期化　⑦ロイヤルティ　⑧雇用形態　⑨教育・訓練　⑩職務水準　⑪エンパワーメント

【2】①戦略目標　②ミッション　③細分化　④標的市場　⑤インターナル・マーケティング・ミクス　⑥従業員　⑦職務　⑧物理的　⑨労働力　⑩能力　⑪コスト　⑫人的資源管理　⑬広報　⑭報償　⑮コミュニケーション

【3】①高業績　②人的資源管理施策　③報酬　④昇進　⑤モチベーション　⑥エンパワーメント　⑦キャリア　⑧キャリア発達　⑨国籍　⑩職種　⑪職位　⑫職務経歴　⑬就業動機（⑨から⑬順不同可）　⑭キャリア発達

【4】①採用　②トレーニング　③職務評価　④給与制度　⑤職務設計　⑥情報　⑦コミュニケーション　⑧昇進　⑨雇用　⑩調和　⑪職務　⑫インボルブメント　⑬目標　⑭受容性　⑮利益　⑯メンバーシップ　⑰リテンション成果　⑱感情　⑲メンバーシップ　⑳能力　㉑継続　㉒コスト　㉓規範　㉔ロイヤルティ規範　㉕報酬

【5】①労働市場　②雇用慣行　③雇用形態　④キャリア志向（②から④順不同可）　⑤職種　⑥職務　⑦透明　⑧公正　⑨教育・訓練　⑩経営参加　⑪獲得可能性　⑫キャリア展望　⑬企業特殊的知識　⑭キャリア発達

⑮離職　⑯一体化　⑰職務遂行　⑱感情　⑲規範　⑳継続

Exercise 14

【1】①優位性　②競争優位　③付加価値活動　④競合　⑤戦略的　⑥経営資源　⑦差異　⑧ベネフィット　⑨多様　⑩組み合わせ　⑪合弁事業　⑫長期取引関係

【2】①共同研究開発　②ロイヤルティ　③中間財　④共同生産　⑤生産委託　⑥OEM　⑦マーケティング　⑧流通

【3】①競争　②競争優位　③市場占有率　④現地企業　⑤ネットワーク　⑥技術　⑦技術　⑧相乗　⑨迅速　⑩高度（⑨⑩順不同可）　⑪製品　⑫相乗　⑬ライフサイクル　⑭多様　⑮経営　⑯経営戦略　⑰規模の経済性　⑱経営資源　⑲合理化

【4】①戦略　②ベネフィット　③目的　④事業展開　⑤企業文化　⑥信頼　⑦複雑　⑧異業種　⑨複数　⑩補完関係　⑪不安定　⑫需要　⑬バーゲニング・パワー　⑭リスク・ヘッジ　⑮不安定性

Exercise 15

【1】①製造物責任　②雇用　③所得　④顧客　⑤株主　⑥社会的責任　⑦ステイクホルダー

【2】①プレゼンス　②注目度　③企業市民　④ステイクホルダー　⑤ベネフィット　⑥CSRポリシー　⑦対象　⑧戦略テーマ　⑨方法　⑩各国　⑪関心度

【3】①雇用　②製造過程　③取引　④フィランソロピー　⑤医療　⑥文化的施設　⑦ボランティア

【4】①貧困　②教育　③医療環境（②③順不同）　④文化遺産　⑤資金調達　⑥モチベーション　⑦能力水準　⑧消費行動　⑨信頼度　⑩サプライチェーン　⑪最終製品　⑫メンテナンス

索　　引

著者略歴

米澤聡士

1992 年	早稲田大学商学部卒業
	生命保険会社勤務を経て
1995 年	早稲田大学大学院商学研究科修士課程修了
1999 年	早稲田大学大学院商学研究科博士後期課程単位取得
	早稲田大学産業経営研究所助手・久留米大学商学部講師・助教授
	日本大学経済学部准教授を経て
現　在	日本大学経済学部教授　博士（商学）早稲田大学
専門分野	国際ビジネス論　多国籍企業論　国際人的資源管理

ワークブック　国際ビジネス

2023 年 4 月 1 日　第 3 版第 1 刷発行　　　　　　　　検印省略

著　者	米　澤　聡　士
発行者	前　野　　　隆
発行所	株式会社 **文眞堂**

東京都新宿区早稲田鶴巻町 533
電　話　03（3202）8480
FAX　03（3203）2638
http://www.bunshin-do.co.jp/
〒 162-0041 振替 00120-2-96437

製作・真興社
Ⓒ 2023
定価はカバー裏に表示してあります
ISBN978-4-8309-5218-0 C3034